数字赋能房地产业高质量发展研究

SHUZI FUNENG FANGDICHANYE GAOZHILIANG FAZHAN YANJIU

贾甜夏 著

西安交通大学出版社
XI'AN JIAOTONG UNIVERSITY PRESS

图书在版编目(CIP)数据

数字赋能房地产业高质量发展研究 / 贾甜夏著. — 西安 :
西安交通大学出版社,2024.6
ISBN 978-7-5693-3707-5

Ⅰ. ①数… Ⅱ. ①贾… Ⅲ. ①数字技术—应用—房地产业—产业发展—研究—中国 Ⅳ. ①F299.233-39

中国国家版本馆 CIP 数据核字(2024)第 062831 号

书　　名 数字赋能房地产业高质量发展研究
著　　者 贾甜夏
责任编辑 柳　晨
责任校对 杨　璠
责任印制 程文卫
封面设计 任加盟

出版发行 西安交通大学出版社
(西安市兴庆南路 1 号　邮政编码 710048)
网　　址 http://www.xjtupress.com
电　　话 (029)82668357　82667874(市场营销中心)
(029)82668315(总编办)
传　　真 (029)82668280
印　　刷 西安五星印刷有限公司

开　　本 787 mm×1092 mm　1/16　**印张** 11.75　**字数** 251 千字
版次印次 2024 年 6 月第 1 版　2024 年 6 月第 1 次印刷
书　　号 ISBN 978-7-5693-3707-5
定　　价 98.00 元

如发现印装质量问题,请与本社市场营销中心联系。
订购热线:(029)82665248　(029)82667874

目　　录

第一章　房地产业数字经济发展概述

当今时代是信息技术蓬勃发展的时代，信息化浪潮引领着社会生产生活向网络化、数字化和智能化不断创新发展。没有信息化就没有现代化，数字化转型是提升国家经济核心竞争力的关键所在。适应和引领经济发展新常态，增强发展新动力，我国的现代化进程要将信息化建设贯穿始终，更好地释放和发挥信息化发展潜能。建设网络强国，以信息化来驱动现代化发展，是实现中国式现代化的重要举措。

第一节　数字技术与数字经济

数据已经成为一种新型生产要素，将数据融入生产、分配、流通、消费和社会服务管理过程中，是实现各个环节数字化、网络化、智能化的基本条件，推动着生产方式、生活方式以及社会治理方式发生深刻的变革。数字经济是通过直接地或者间接地利用数据来引导资源发挥更大作用，推动经济高质量发展的一种经济形态。数据是房地产业数字经济时代的关键生产要素，是房地产业基础性、战略性资源，是推动房地产业高质量发展的重要引擎。

一、数字技术发展现状

随着数字时代的到来，我国经济迎来了前所未有的发展机遇。各行业积极利用数字技术推进产业的数字化转型，解决产业存在的结构性问题，推动经济实现高质量发展。

(一)数字技术的内涵与特征

数字技术是构成数字经济的技术基础，数字技术的广泛应用使得传统产业的生产、分配、交换、消费等环节都能够实现创新性变革，催生出一系列经济新模式和新业态，对于推进经济高质量发展具有重要意义。

1. 数字技术的内涵

数字技术是将各种信息(包括图、文、声、像或其他)转化为计算机能够识别的语言进行运算、加工、储存、传递、还原的技术，包括但不限于第五代移动通信网络(5G)、大数据、物联网、云计算、人工智能、区块链、虚拟现实(VR)、工业互联网、量子计算等。数字技术凭借着强大的创新能力和发展韧性，在提高信息获取的速度和精度上为高速精准助力，在降低交易成本和优化要素配置方面提质增效，成为当今世界经济发展的重要推动力量。

数字技术是构成数字经济的技术基础。数字技术的创新和融合为数字经济提供了重要的推动力，为数字产业的蓬勃发展提供了有效支撑。数字技术创新了生产、分配、交换和消费等经济社会的环节，同时也促进了科技升级、产业转型和供给侧结构性改革。一方面，数字技术持续深化对传统产业的渗透，以及数字经济基础产业持续加大对传统产业的融合与投入，催生一系列经济新模式和新业态；另一方面，传统产业的数字化速度不断加快，数字技术促进了传统产业效率水平和产出水平的提高，为经济高质量发展提供新动能。

2. 数字技术的特征

数字技术具有通用性、延展性、创新性、渗透性等特征。

(1)通用性

数字技术具有较强的通用性，其中的逻辑部件呈现标准化的特点，能够通过不同的组合方式建成各类系统。

(2)延展性

数字技术具有较强的延展性，通过数字资源的重组，能够创造新产品、新服务，极大地降低交易费用和显著提高生产效率。运用数字技术，所有产品都有了数字生命周期，并最终实现对物理世界中产品的改造升级，人们将正确的数据在恰当的时间传递给合适的人和机器，以信息流带动技术流、资金流、人才流、物资流，优化资源的配置效率。

(3)创新性

一方面，创新技术在持续进行创新演进；另一方面，数字技术作为创新驱动器，促进了各个领域的变革，提高了社会经济效率和创造力。数字技术已经具备把隐性知识转化为显性知识的能力，整个社会的知识资产不再只是学术成果，而是可以经由比特化、代码化、软件化转变为便于操作使用的模型，从而为人们的生产生活赋能，创造出更大的价值。

(4)渗透性

数字技术能够广泛渗透到生产、分配、交换和消费的各个环节。数字技术将现代化经济体系塑造成一个系统整体，有效提升了整个经济体系的运行效率。同时，与传统科学技术相比，数字技术更易于产生规模经济效应。数字技术与传统的生产要素进行融合，能够显著提升传统生产要素的配置效率，提高包括物质资本、人力资本、公共资本、土地、技术等其他生产要素的边际生产率，进而有利于实现递增的规模经济效应。数字化产品的边际成本很低，数字化的产品和平台一旦开发完成，其使用的扩散边界几乎是零，因此数字化产品的规模能够做得很大。此外，数字技术的发展也更容易促进上下游的集聚效应。

(二)数字技术与“互联网＋”

“互联网＋”作为一种新的经济形态，是发展数字经济的重要手段和典型形式。“互联网＋”在各行各业广泛应用，对于推动数字经济发展具有重要作用。

1.“互联网＋”的内涵

“互联网＋”是以互联网为主的信息技术(包括移动互联网、云计算、大数据技术等)与工业、商业、金融业等传统行业的全面融合，是对传统行业的升级换代。“互联网＋”的核心要素是跨界融合、连接万物，更是线上与线下的融合。

“互联网＋”代表一种新的经济形态，即充分发挥互联网在生产要素配置中的优化和集成作用，将通过互联网产出的创新成果运用到经济社会的各个领域中，促进技术的进步、生产效率的提升以及企业组织的变革，提升传统行业的生产力与创新水平，形成以互联网为基础设施和生产工具的新型经济发展形态，提升经济发展的质量和效益。

2.“互联网＋”是数字经济发展的重要手段

“互联网＋”强调的是连接，是互联网对其他行业提升激活、创新赋能的价值迸发；而数字经济呈现的是产业与互联网全面连接之后的产出和效益。数字经济的概念与“互联网＋”战略的主题思想是一脉相承的，“互联网＋”是手段，数字经济是其结果。

第一，“互联网＋”进一步促进了信息的流动和传播，拓宽了市场和消费者的范围，为数字经济提供了更广阔的商业机遇；第二，通过互联网技术的应用，企业可以实现生产过程的数字化和智能化，改变了传统产业的生产和管理方式；第三，“互联网＋”还提供了开放创新的环境，企业、个人通过互联网平台能够更顺畅地进行数据共享和合作创新，推动了科技成果的快速转化和应用，有利于数字经济的蓬勃发展；第四，在“互联网＋”信息和知识的获取变得更加便捷，大大提高了人们的生活质量和工作效率，为经济高质量发展和人民生活更加美好带来了更多的福祉。

(三)数字技术的快速发展推动了数字化转型

近年来，数字技术快速发展，催生出一大批新应用、新业态、新模式。数字技术不是以线性方式而是以指数方式发展，呈现加速发展态势。数字化转型可以实现数据、资本、技术、劳动力等资源的跨界流动与优化配置，驱动企业开展技术创新，实现产业技术升级。

1. 数字技术的广泛应用

2023 年 2 月，中共中央、国务院印发《数字中国建设整体布局规划》，“构筑自立自强的数字技术创新体系”成为强化数字中国关键能力的重要目标。2021 年 10 月 18 日，习近平总书记在主持中央政治局第三十四次集体学习时指出，“要加强关键核心技术攻关，牵住自主创新这个‘牛鼻子’，发挥我国社会主义制度优势、新型举国体制优势、超大规模市场优势，提高数字技术基础研发能力，打好关键核心技术攻坚战，尽快实现高水平自立自强，把发展数字经济自主权牢牢掌握在自己手中”。在过去的 10 年里，数字经济在中国的各行各业都得到了蓬勃发展，今天已经上升为国家战略。

当前，数字技术日益融入经济社会发展各领域，深刻影响和改变着中国。5G 通信、人工智能和远程医疗等让生产生活更加便利；网上购物、移动支付和云服务等新型业态不断产生。在工厂车间，人工智能高效协调任务、管控过程，大幅提高生产效率；走进茶园，数字化管理系统实时提示着茶园的光照度、风向、风速等信息，为管护工作提供信息支撑……放眼大江南北，数字技术正在赋能千行百业，为经济社会高质量发展注入强大动力。

2.“互联网＋”对传统产业的变革

自从智能手机引领着互联网进入移动时代，移动互联网使人们多年来的行为习惯发生了深刻的改变。如果说劳动使人类成为直立行走的伟大生灵，那么移动互联网则正在使现代人类从固定的物理办公空间走出来，无时无刻不连接世界，促进人类文明向开放、融合的时代迈进。

“互联网＋”不仅推动了互联网与现代制造业、生产性服务业等的融合创新，还推动了大数据、云计算、物联网等新一代信息技术的创新和新一代 IT(信息技术)产业的发展，为经济社会发展带来了深刻的变化。在全球新一轮科技革命和产业变革中，互联网与各领域的融合发展对各国经济社会发展产生了战略性和全局性的影响。

“互联网＋”正在以中国经济转型新驱动力的角色席卷各个行业，“互联网＋”带来了两个维度的重要变革：第一，从分散到集群。传统的互联网对产业的改造呈现为点状，而近年来互联网公司的平台化发展进入成熟期，互联网给传统行业带来的变革呈现出更完整的综合性解决方案和一站式连通的特点。第二，从提速到创新。提高效率和优化资源配置是互联网进入传统行业的最明显优势。随着更多信息交互渠道的打通，“互联网＋”将能够在传统行业中挖掘出新的商业模式，助力传统行业释放价值。

世界互联网统计数据(internet world stats，IWS)发布的数据显示：在 2011—2020 年的 10 年间，全球互联网用户数量持续高速增长。截至 2020 年 5 月，全球互联网用户数量已达 46.48 亿，占世界人口的比重为 59.6％。中国工业和信息化部提供的信息显示：中国移动物联网用户规模快速扩大，截至 2022 年底，用户连接数达 18.45 亿户，比 2021 年底净增 4.47 亿户，占全球总数的 70％。麦肯锡全球研究院发布《中国的数字化转型：互联网对生产力与增长的影响》报告指出，中国的网民规模持续增长，互联网正在从根本上重构中国人的生活方式。随着互联网更深入地渗透进各个行业，互联网正在重塑一切行业，这意味着一切行业都将以互联网为方向进行经营理念、商业模式、业务流程的结构性调整，由此产生了大量的新产业、新业态与新模式。

“所有行业都值得用互联网的方式重构一遍”，这是互联网行业中一句响亮的口号。随着互联网基础设施的日渐成熟，数字化浪潮正在深刻地影响人们的工作和生活，同时也在深刻改变中国经济的方方面面。从最开始互联网行业与传统行业相对独立、和平共处，到互联网对传统企业的渗透和影响越来越深入，两者已经形成不可剥离的关系。数字化正在重构所有行业，用全新的技术优化业务运作流程，打造企业全新的数字能力。不管是“互联网＋”，还是“＋互联网”，最核心的不是将互联网当作工具，而是能切实有效地利用互联网思维和技术提高行业自身的效率，形成新的商业模式。互联网与传统行业的融合、延伸已成为一种普遍趋势，各个领域的传统企业都在积极利用互联网对优化资源配置、提高生产效率以及服务功能等方面起到的巨大促进作用，探索“互联网＋”时代所带来的创新机会。利用数字化全面提升企业一线业务的效率，借助互联网技术及数据构建全新的生态环境，培育企业的独特竞争力。

二、数字经济的内涵与特征

2016年，在二十国集团(G20)领导人峰会上，我国倡导签署了《二十国集团数字经济发展与合作倡议》，这是我国官方文件第一次使用“数字经济”的提法。2017年政府工作报告又指出，“推动‘互联网＋’深入发展、促进数字经济加快成长，让企业广泛受益、群众普遍受惠”。

(一)数字经济的内涵

数字经济是继农业经济、工业经济之后的一种新的经济社会发展形态。《二十国集团数字经济发展与合作倡议》中提出，数字经济是指使用数字化的知识和信息作为关键生产要素、以现代信息网络作为重要载体、以信息通信技术(ICT)的有效使用作为效率提升和经济结构优化的重要推动力的一系列经济活动。2022年11月25日北京市第十五届人民代表大会常务委员会第四十五次会议通过的《北京市数字经济促进条例》指出，数字经济是指以数据资源为关键要素，以现代信息网络为主要载体，以信息通信技术融合应用、全要素数字化转型为重要推动力，促进公平与效率更加统一的新经济形态。发展数字经济目前已成为国家战略。

1. 数字经济是以数字技术为基础的融合性经济

数字经济是移动互联网、云计算、大数据等新一代通用技术深入经济社会各个层面后产生的结果，是引领全球经济增长的重要引擎之一。数字技术是构成数字经济的技术基础。随着数字经济的深入发展，其内涵不断演化，难以十分准确地进行界定，所有与数字技术相关的行业都可视作数字经济范畴。此外，由于数字经济是一种融合性经济，通过数字化转型增加产出、提升效率的其他行业也是数字经济的组成部分。

2. 提出数字经济概念有助于与国际对标

近年来，我国数字经济发展状况良好，只是长期以来我们用的不是数字经济的概念，而是信息经济。对于信息经济，不同的人理解各异，我国一直以来将“信息经济”作为“数字经济”的同义词。鉴于信息经济概念可能产生的歧义以及多数国家都通用数字经济，我国于2016年提出数字经济概念，这有助于我国更好地与国际对标，推动数字经济发展，开展跨国经济合作。

(二)数字经济的特征

作为一种新的经济形态，数字经济与几类传统经济形态相比有以下显著特征。

1. 数据是经济发展的关键生产要素

随着数字技术及其相关商业模式的不断发展，数字技术从助力经济发展的辅助工具转变为引领经济发展的核心引擎。数字技术及其在经济社会发展方方面面的应用(即信息化)，推动数据(信息)成为继物质、能源之后的又一种重要战略资源。数据资源将是企业的核心资源，谁掌握了数据，谁就具备了优势。

数据具有智能化的特征，禀赋独特，共享方便、复制简单、增长迅猛，可实现无限供给，突破了传统要素的供给约束，成为经济社会的基础性战略资源。如同农业时代的土地和劳动力、工业时代的资本和技术一样，数据已成为数字经济时代的关键生产要素，通过与资本、土地、技术等传统生产要素相结合，同时借助数字技术对各项生产要素进行优化配置，提升所有生产要素的边际生产率，有效推动经济增长。科学研究和商业经济等多个领域积极施行数据驱动型创新发展，数据驱动发展成为我国创新发展的重要形式和方向。

2. 数字基础设施是经济社会的新型基础设施

新一代信息技术的应用日趋成熟，极大地拓展了信息化的作用范围和形式，使基础设施建设发生了重大的变化。像水、电、公路一样，数字技术已成为生产生活必备要素，数字基础设施为人们新的生产生活方式提供了平台和保障。随着数字经济的发展，数字基础设施的范畴随之扩大，既包括宽带、无线网络等信息基础设施，也包括对传统物理基础设施进行数字化改造形成的融合基础设施，如安装了传感器的自来水总管、数字化停车系统、数字化交通系统等。以上两类基础设施共同为数字经济发展提供必要的基础条件，表明数字基础设施已经成为我国经济发展不可或缺的新型基础设施。

3. 数字经济具有开放包容、普惠共享的价值

数字经济具有人人参与、共建共享的特点，主要表现形态为普惠科技、普惠金融和普惠贸易。科技领域中的按需服务业务(例如云计算)，为用户提供获取计算、存储与网络资源的机会，成本大为节约；在金融领域，依托互联网的大数据信用评分模型让更多人切身享受到可以在很大程度上规避风险的金融信贷服务；在贸易领域，各类贸易主体都能借助网络数据平台获得准确信息，把握机遇参与更大范围的全球贸易，在更加广泛的交易活动中获得利益，对于促进贸易秩序更加公平公正发挥重要作用。

4. 对从业者和消费者的数字素养要求显著提高

在数字经济时代到来之前，各类工作岗位并未对从业者提出统一性的素养要求，只有部分知识密集型的工作对从业者有一定的文化素养要求。然而在数字经济时代，随着数字技术向各领域渗透，各行各业的从业者在掌握专业技能的基础上，越来越需要同时拥有数字技能。可以说，具有较高的数字技能是各行业从业者在职场的关键竞争力。

提高数字素养既有利于数字生产，同时还有利于数字消费，是数字经济发展的关键要素和重要基础。过去，农业经济和工业经济对消费者几乎没有要求，任何人都能无门槛地进行消费；但在数字经济时代，消费者需要具备基本的数字素养，才能够正确地运用数字化产品和服务。近来很多公益组织面向社区老年人提供电脑、手机使用方法的课程和讲座，实质上就是帮助老年人提升数字素养，便于他们更顺利地在数字经济场景下进行消费和生活。

(三)数字产业化与产业数字化

从数字经济的核心内容出发，中国信息通信研究院在《中国数字经济发展白皮书(2017 年)》中指出，数字经济包括数字产业化和产业数字化两个部分。数字技术与传统产业融合，通常会给传统产业带来“互补整合”与“优化整合”两种结果，前者指的是数字产业化，后者指的是产业数字化。数字产业化与产业数字化是数字经济的核心，代表了数字经济发展的主要方向。实质上，数字产业化是数字技术向产业化的演进，而产业数字化是传统产业所做的数字化转型，两者都是数字技术创造价值的手段和表现形式。

1. 数字产业化

数字产业化是数字经济的基础部分，是数字技术落地创造价值的过程，即围绕数据归集、传输、存储、处理、应用、展现等数据链应用各环节形成的技术、产品和服务等有关产业，主要包括电子信息制造业、软件和信息服务业及信息通信业，以及物联网、大数据、云计算、人工智能、区块链等新一代信息技术产业。

数字产业化为数字经济发展提供技术、产品、服务和解决方案等。数字技术对生产制造全流程持续渗透，行业企业不断研发新产品，拓展新兴产业形态，将数字技术带来的便利转化为新型的商业价值和社会价值，同时不断强化信息基础设施建设，为数字经济发展奠定坚实的基础。

2. 产业数字化

产业数字化是数字经济的延伸部分，是在原有产业的基础上利用数字技术进行创新和升级，促进产出增加和效率提升，推动传统产业的数字化变革，催生新产业、新业态、新模式。数字技术赋能传统产业链，革新传统生产流程与生产模式，驱动传统产业结构优化升级，提高各个流程与环节的效率，降低生产成本，提高传统产业价值的创造力与竞争力。

得益于数字技术的持续赋能，产业数字化呈现迅猛发展的态势，并逐渐成为国内数字经济增长的核心驱动力。

三、数字经济发展的态势

数字经济是近年来我国经济发展最为活跃的领域。我国是仅次于美国的互联网大国，是互联网产业规模、企业规模、应用终端规模大国，互联网经济的规模快速扩张，对国家经济增长的拉动作用越发显著。

(一)我国数字经济的发展现状

作为数字经济发展大国，我国数字经济发展的优势和成效日益凸显，数字经济已经在经济社会高质量发展中发挥稳增长促转型重要引擎的作用。2012—2021 年，我国数字经济占国内生产总值(GDP)比重从 21.6%提升至 39.8%，规模超过 45 万亿元，成为推动经济增长的主引擎之一。2021 年 3 月 12 日，国家“十四五”规划纲要发布，

"数字经济核心产业增加值占 GDP 比重"首次成为体现创新驱动的指标；到 2025 年，数字经济核心产业增加值占 GDP 比重将达到 10%。

1. 我国已进入数字经济时代

2021 年我国数字经济规模为 45.5 万亿元，这一经济规模由两部分构成：数字产业化和产业数字化。根据中国信息通信研究院发布的《中国数字经济发展白皮书(2022 年)》，2021 年我国数字产业化规模为 8.35 万亿元，产业数字化规模达 37.18 万亿元。从统计角度来讲，数字经济本身就是实体经济的重要组成部分。2022 年我国数字经济占 GDP 比重提升至 41.5%，规模达 50.2 万亿元，总量稳居世界第二。基于我国数字经济规模及其占 GDP 的比重，数据已经成为创造经济增加值的核心生产要素，可以认为，我国已进入数字经济时代，发展数字经济的条件基本成熟。

2. 我国数字经济发展有较强的优势

我国政府长期以来高度重视基础设施的建设，产业配套能力也比较强，有助于促进数字技术与实体经济的融合。我国的人口规模优势在数字经济发展中也发挥了重要作用，包括 4 亿多中等收入群体在内的 14 亿人口形成了超大规模的内需市场，有利于形成规模经济。庞大的客户群体，使长尾市场的定制化需求有了较大的发展空间。我国不仅消费者数量庞大，而且各种数字应用的渗透率都居于世界前列，数字消费者指数排名全球第一。强大的数字基础设施与产业配套能力、庞大的客户群体与突出的数字技术渗透率，共同构成了我国发展数字经济的独特优势。

我国的数字经济已经扬帆起航，正在引领经济增长从低起点高速追赶，走向高水平稳健超越；供给结构从中低端增量扩能，走向中高端供给优化；动力引擎从密集的要素投入，走向持续的创新驱动；技术产业从模仿式跟跑、并跑，走向自主型并跑、领跑，为最终实现经济发展方式的根本性转变提供了强大的动力。

(二)数字经济发展的重要意义

目前，我国的数字经济正在向深化应用、规模发展和普惠共享的新阶段转型。应充分发挥优势，在增强数字经济整体发展实力的同时，提升新基建、数字技术产业等数字经济重点产业和关键环节的国际竞争力，不断做强做优做大我国的数字经济。数字经济通过影响生产要素配置改变了传统的经济发展模式，通过改变生产效率影响了经济增长方式，通过革新生产方式改变了经济结构。数字经济发展对我国的经济增长、经济社会高质量发展以及增进民生福祉具有极为重要的意义。

1. 数字经济是经济增长的新动能

数字技术对经济增长的促进作用十分明显，数字经济的扩张创造了许多新的经济机会，显著地改善了经济和社会效益，日益成为全球经济发展的新动能。《二十国集团数字经济发展与合作倡议》指出，数字经济正在经历高速增长、快速创新，是全球经济增长日益重要的驱动力，在加速经济发展、提高现有产业劳动生产率、培育新市场和产业增长点、实现包容性增长和可持续发展方面正发挥着重要作用。

牛津经济研究院和埃森哲提出了数字化密度指数，来衡量数字技术在各国企业和经济中的渗透程度。研究显示，提高数字化密度能显著促进经济增长。世界经济论坛《2011—2012 年度全球信息技术报告》的分析也表明，数字化程度每提高 10%，人均 GDP 将增长 0.5%～0.62%。

随着数字经济的快速发展，我国数字经济在国民经济中的地位不断提高，占 GDP 的比重也快速提升，1996 年我国数字经济占 GDP 的比重仅为 5%，2016 年达到 30.61%，到 2022 年提升至 41.5%，数字经济在国民经济中的地位进一步凸显。随着数字技术在各行业、各领域深入应用，数字资源日益成为社会经济发展的一项重要资源，而且能够实现跨界流动，加快了数字创新推动经济体系重构的过程，促使经济社会运行与治理模式发生了翻天覆地的变化，数字经济产业逐渐发展为经济发展的战略支撑。

2. 数字经济有利于实现经济的高质量发展

数字经济是融合性经济，赋能效应显著，不仅能实现自身的快速发展，还有助于推动传统产业优化资源配置、调整产业结构、实现转型升级。新一代信息技术通过与传统产业全方位、深层次的融合，引领传统产业进行数字化改造，显著提高各行业的数字化、网络化与智能化程度，从而催生出符合市场需求的新业态、新模式，提供更优质的产品、更便利的服务、更丰富的业态，增强用户体验，优化消费环境，提高了行业企业的生产效率和利润水平。

在新一轮科技革命和产业革命的带动下，我国在数字经济领域形成了创新创业的浪潮，数字经济的发展孕育了一大批极具发展潜力的创新型企业，成为激发创新创业的驱动力量，促进了生产能力大幅跃升。数字技术还能够通过实现无纸化、在线化和网络传输减少对部分物资的消耗，有助于节能减排，促进绿色发展，满足生态环境的需要。数字经济带来的企业不断提高的创新能力、绿色低碳节能的效果，均是实现经济高质量发展的重要保障。

3. 数字经济有助于增进民生福祉

数字经济的快速发展，能够有效地满足居民升级消费的市场现状，更好地满足广大人民日益增长、不断升级和富有个性化的物质文化和生态环境的需要。通过构建基于互联网的新技术、新产品、新模式、新业态，推动产品和服务由低端向高端、由生存型产业结构向品质型产业结构转变，满足消费者的需求，提升人民幸福感。

数字化水平的提高有助于增进社会福祉。数字经济有利于消弭地区之间的数字鸿沟，数字经济给人们带来的幸福感体现在公共服务和日常生活中的各个方面。例如以数字校园、智慧交通、远程医疗、网络直播等新业态为代表的一系列普惠性、基础性的数字发展成果，能够切实让人民群众共享“数字红利”，赋能人民的美好生活。

第二节 房地产业数字经济发展的背景

2021 年 5 月 28 日习近平总书记在中国科学院第二十次院士大会、中国工程院第十五次院士大会和中国科学技术协会第十次全国代表大会上发表重要讲话时强调："科技立则民族立，科技强则国家强。"在数字信息时代，数字化建设是科技竞争和创新思维角逐的重要战场，亦是综合国力竞争的重要组成部分，更是国家科技和经济"硬实力"以及文化和治理"软实力"的集中体现。纵观人类社会发展历程，未来整个社会的发展趋势已经非常清晰，数字科技时代已经到来，而未来能保持领先的企业也一定是具有科技竞争力的企业。

一、国家层面数字化转型的相关政策

数字经济的发展，离不开国家政策的引导和支持。

(一)关于数字化转型、产业数字化的政策

我国作为数字经济的引领者，政府从国家层面制定了一系列数字化相关的政策文件，以引导数字化发展。关于数字化转型的政策不断深化和落地，旨在推动国家制造业向智能化、数字化、网络化方向转型升级。

1. 国家层面关于数字化转型的相关政策

2012 年 11 月，党的十八大推动数字经济逐渐上升为国家战略。2013 年 8 月 8 日，《国务院关于促进信息消费扩大内需的若干意见》从增强信息产品供给能力、培育信息消费需求、提升公共服务信息化水平、加强信息消费环境建设等方面支持信息领域新产品、新服务、新业态的发展。

2016 年 9 月，G20 杭州峰会将数字经济作为"二十国集团创新增长蓝图"四大行动之一，强调数字经济对宏观经济调控、推动供给侧结构性改革、推进实体经济发展和其他政策影响的重要作用。

2017 年 12 月 8 日，习近平总书记在主持中共中央政治局就实施国家大数据战略进行第二次集体学习时强调，"要构建以数据为关键要素的数字经济"。"我们要坚持以供给侧结构性改革为主线，加快发展数字经济，推动实体经济和数字经济融合发展，推动互联网、大数据、人工智能同实体经济深度融合，继续做好信息化和工业化深度融合这篇大文章，推动制造业加速向数字化、网络化、智能化发展。"

2018 年政府工作报告中提出深入开展"互联网＋"行动，实行包容审慎监管，推动大数据、云计算、物联网的广泛应用，新兴产业蓬勃发展，传统产业深刻重塑。

2020 年 4 月 7 日，国家发展改革委、中央网信办印发《关于推进"上云用数赋智"行动　培育新经济发展实施方案》，提出大力培育数字经济新业态，深入推进企业数字化转型，打造数据供应链，以数据流引领物资流、人才流、技术流、资金流，形成产业链上下游和跨行业融合的数字化生态体系，构建"设备数字化—生产线数字化—车间数字化—工厂数字化—企业数字化—产业链数字化—数字化生态"的典型范式。主要方向为：筑基础，夯实数字化转型技术支撑；搭平台，构建多层联动的产业互联网平台；促转型，加快企业"上云用数赋智"；建生态，建立跨界融合的数字化生态；兴业态，拓展经济发展新空间；强服务，加大数字化转型支撑保障。

2020 年 11 月 3 日，《中共中央关于制定国民经济和社会发展第十四个五年规划和二〇三五年远景目标的建议》发布，其中 6 次提及“数字化”，17 次提及“数字”，对服务业、金融、公共文化、政府、数字经济、数字中国等不同方面提出要求。《建议》提出要“发展数字经济，推进数字产业化和产业数字化，推动数字经济和实体经济深度融合，打造具有国际竞争力的数字产业集群。加强数字社会、数字政府建设，提升公共服务、社会治理等数字化智能化水平”。2021 年 11 月党的十九届六中全会把发展数字经济写入《中共中央关于党的百年奋斗重大成就和历史经验的决议》。2022 年 10 月党的二十大报告对促进数字经济和实体经济深度融合作出重大部署。

2. 国家层面关于产业数字化的相关政策

2014 年 2 月 27 日习近平总书记在中央网络安全和信息化领导小组第一次会议上指出，“当今世界，信息技术革命日新月异，对国际政治、经济、文化、社会、军事等领域发展产生了深刻影响。信息化和经济全球化相互促进，互联网已经融入社会生活方方面面，深刻改变了人们的生产和生活方式。我国正处在这个大潮之中，受到的影响越来越深。”

2015 年 3 月 5 日在第十二届全国人民代表大会第三次会议上，李克强总理在政府工作报告中提出，“制定‘互联网＋’行动计划，推动移动互联网、云计算、大数据、物联网等与现代制造业结合，促进电子商务、工业互联网和互联网金融健康发展，引导互联网企业拓展国际市场。”

2015 年 7 月 4 日，《国务院关于积极推进“互联网＋”行动的指导意见》从创业创新、协同制造、益民服务、人工智能等 11 个领域推动互联网创新成果与经济社会各领域的深度融合，提升实体经济的创新力和生产力。

2016 年 7 月 27 日，中共中央办公厅、国务院办公厅印发《国家信息化发展战略纲要》，提出“最大程度发挥信息化的驱动作用，实施国家大数据战略，推进‘互联网＋’行动计划，引导新一代信息技术与经济社会各领域深度融合，推动优势新兴业态向更广范围、更宽领域拓展，全面提升经济、政治、文化、社会、生态文明和国防等领域信息化水平”，“着力构筑移动互联网、云计算、大数据、物联网等领域比较优势”，“加强信息资源规划、建设和管理。推动重点信息资源国家统筹规划和分类管理，增强关键信息资源掌控能力。完善基础信息资源动态更新和共享应用机制”，“统筹规划建设国家互联网大数据平台。逐步开展社会化交易型数据备份和认证，确保数据可追溯、可恢复”。

2019 年 5 月 16 日出台的《数字乡村发展战略纲要》将发展农村数字经济作为重点任务，加快建设农村信息基础设施，推进线上线下融合的现代农业，进一步发掘信息化在乡村振兴中的巨大潜力，促进农业全面升级、农村全面进步、农民全面发展。

(二)关于建设数字基础设施的政策

数字经济发展，数字基础设施建设是基础。2017 年国家发展和改革委员会、中央网信办、工业和信息化部等印发《关于促进分享经济发展的指导性意见的通知》，国务院办公厅发布《关于促进平台经济规范健康发展的指导意见》，提出加强政府部门数据共享。

2020 年 4 月 9 日出台的《中共中央 国务院关于构建更加完善的要素市场化配置体制机制的意见》首次将数据作为一种新型生产要素，提出推进政府数据开放共享，提升社会数据资源价值，加强数据资源整合和安全保护。

2021 年 11 月 30 日，工业和信息化部发布《“十四五”大数据产业发展规划》，提出“十四五”时期，大数据产业发展要以推动高质量发展为主题，以供给侧结构性改革为主线，以释放数据要素价值为导向，围绕夯实产业发展基础，着力推动数据资产高质量、技术创新高水平、基础设施高效能，围绕构建稳定高效产业链，着力提升产业供给能力和行业赋能效应，统筹发展和安全，培育自主可控和开放合作的产业生态，打造数字经济发展优势。到 2025 年，我国大数据产业测算规模突破 3 万亿元，创新力强、附加值高、自主可控的现代化大数据产业体系基本形成。

2022 年 1 月 12 日，国务院印发《“十四五”数字经济发展规划》，强调立足新发展阶段，完整、准确、全面贯彻新发展理念，构建新发展格局，推动高质量发展，统筹发展和安全、统筹国内和国际，以数据为关键要素，以数字技术与实体经济深度融合为主线，加强数字基础设施建设，完善数字经济治理体系，协同推进数字产业化和产业数字化，赋能传统产业转型升级，培育新产业新业态新模式，不断做强做优做大我国数字经济，为构建数字中国提供有力支撑。部署了八方面重点任务：一是优化升级数字基础设施；二是充分发挥数据要素作用；三是大力推进产业数字化转型；四是加快推动数字产业化；五是持续提升公共服务数字化水平；六是健全完善数字经济治理体系；七是着力强化数字经济安全体系；八是有效拓展数字经济国际合作。

2022 年 3 月 5 日政府工作报告中提出“促进数字经济发展、加强数字中国建设整体布局”。这是“数字经济”连续第 6 年出现在政府工作报告中，并且首次以单独成段的方式进行表述，由 2021 年“打造数字经济新优势”变成了“促进数字经济发展”的新提法。报告中强调“建设数字信息基础设施，逐步构建全国一体化大数据中心体系，推进 5G 规模化应用，促进产业数字化转型，发展智慧城市、数字乡村。加快发展工业互联网，培育壮大集成电路、人工智能等数字产业，提升关键软硬件技术创新和供给能力。完善数字经济治理，培育数据要素市场，释放数据要素潜力，提高应用能力，更好赋能经济发展、丰富人民生活。”

总体而言，我国的信息化政策体系是比较健全的，体现了国家对发展数字经济的决心之大、信心之足和期望之高。更重要的是，我国的制度优势有利于凝聚全国共识，使政策迅速落地生根，全国合力自上而下和自下而上地推动数字经济快速发展。

(三)关于推动房地产业高质量发展的政策

党中央近年提出的有关高质量发展、满足人民对美好生活的向往、贯彻新发展理念等政策均要求在发展房地产业的过程中予以落实。

2016 年 12 月 14 日至 16 日，中央经济工作会议首次提出要坚持“房子是用来住的、不是用来炒的”定位。会议强调要综合运用金融、土地、财税、投资、立法等手段，加快研究建立符合国情、适应市场规律的基础性制度和长效机制，既抑制房地产泡沫，又防止出现大起大落。

2021年12月8日至10日，中央经济工作会议对于未来的房地产发展，在继续强调“要坚持房子是用来住的、不是用来炒的定位”的同时，首次提出“因城施策促进房地产业良性循环和健康发展”的新发展模式。

2022年政府工作报告对于房地产高质量发展的表述为：“继续保障好群众住房需求。坚持房子是用来住的、不是用来炒的定位，探索新的发展模式，坚持租购并举，加快发展长租房市场，推进保障性住房建设，支持商品房市场更好满足购房者的合理住房需求，稳地价、稳房价、稳预期，因城施策促进房地产业良性循环和健康发展。”

2022年12月15日至16日，中央经济工作会议指出，“消除多年来‘高负债、高杠杆、高周转’发展模式弊端，推动房地产业向新发展模式平稳过渡”。防范行业风险、推动房地产业与实体经济均衡发展，都需要体现在房地产业新发展模式之中。房地产业不能再简单地重复过去的发展模式，要从过去的卖房子转型到卖好房子、提供好服务，让消费者的居住、办公、购物更舒适、更便捷、更节能环保低碳，实现房地产业持续健康发展。

2023年7月24日中共中央政治局会议指出，适时调整优化房地产政策，因城施策用好政策工具箱，更好满足居民刚性和改善性住房需求，促进房地产市场平稳健康发展。

二、关于房地产业数字经济发展的几个基本问题

随着我国社会主要矛盾转变为人民日益增长的美好生活需要和不平衡不充分的发展之间的矛盾，我国已进入追求高质量发展的新阶段，“房住不炒”住房发展新定位已经明确，人们对丰富多样房地产业态的需求日益强烈，房地产业转型势在必行。互联网时代充分竞争的市场环境与海量信息的供给，使生产者和消费者的权力重心发生巨变，房地产市场正在向更典型的买方市场转变。客户真正成为拥有选择权和话语权的“上帝”，房地产企业将越来越关注客户价值。数字信息技术能够为房地产业组织、运营和管理模式的不断优化提供强有力的支持，是房地产业数字经济转型的技术保障。

(一)房地产企业数字化转型应遵循的原则

通过数字化转型实现科技赋能，已经成为房地产企业的重要发展方向。通过数字化手段的运用，高效、灵活地应对快速发展的外部环境，加强对日益扩大的业务规模和业务领域的管理，积极创新商业模式和运营服务模式，拓展创新业务，构建业务与信息化高度融合的数字化企业，应遵循前瞻性和快速迭代的原则。

1. 前瞻性

房地产企业的数字化建设和数字化转型，应该是一种前瞻性的、基于长期主义的

战略投资和价值投资。在初期阶段可能回报不清晰、不明显、不容易感知，但到了一定阶段，量变终会引起质变，回报将高曲线增长。要以终为始，制订前瞻性、系统性的战略规划，设定和明确目标，锚定方向，创造条件去实现企业数字化变革。

2. 快速迭代

数字化转型是一个不断试错和迭代的过程，没有成熟的路径和经验予以指导，唯有快速迭代，才可能做出创新性的成果。房地产企业数字化转型的时间紧、挑战大，因此需要将信息化、数字化、智能化同步开展，快速迭代。只有先人一步，才能帮助企业抢占商业先机。

(二)房地产企业数字化转型的需求

数字化转型的核心思想是通过数据辅助决策，通过数据创造利润。企业的数字化转型必然要与企业自身的业务紧密联系，在多元化的背景下，房地产企业对于数字化转型的需求已不只停留在住宅开发单个业态上，而是需要为市场提供针对性强、丰富度高、差异性大的产品，满足人们更加多元化、个性化的需求，即开展覆盖全业态、全项目、多场景的数字化转型。

1. 多元化业态带来巨大的数据资产应用服务需求

不同业态业务模式的迥异，带来的不仅是数据量的增长，还有对数据资产应用服务需求的增长。互联网信息技术对房地产行业转型升级的重要作用，可以在包含房地产的资本运作、工程建设、销售服务、物业营运、装饰装潢、生活服务、二手交易等业务的房地产开发、销售、持有全产业链中发挥出来。利用互联网进行住宅设计、招募潜在客户、提升租售效率、拓展互联网住宅金融产品、运用计算机科技改进房屋质量、新型建材的研发和应用、智能家居系统、物联网系统、智慧城市系统等，数字技术为房地产业的几乎每一个产业链条都带来了革命性的变化，并且促进了生产力的巨大发展和社会结构的巨大改变。例如住宅“开发销售型”的业务模式，核心需求是围绕项目全生命周期的投资、融资、管理与退出四个环节；商业“资产运营型”的业务模式下很少会出现“退出”的概念，其需求则主要围绕持续经营的招商、营运、企划等核心工作。各业务环节都通过数字赋能取得了显著的效率和效果提升。

2. 与客户触达面的增多对数据场景化提出新要求

随着房地产企业的多元化转型，整个行业在社会主义和谐社会建设过程中所承担的责任也有了翻天覆地的变化，其“以人为本”的核心思想逐渐崭露头角。房地产企业数字化转型的核心是如何以人的生活需求和生产活动需求为中心，构建全面、精准的数据收集和分析体系，提供更广、更多、更好的服务，提升更高的物业价值，从而获取新的盈利空间。

(三)房地产企业数字化转型的三个层次

根据房地产企业应用数字化技术的业务内容和深度，房地产企业数字化转型可以划分为三个层次——底层、应用层、表现层。

1. 底层

底层是房地产企业数字化转型的基础，底层应用是为了更好地规划企业经营行为，房地产企业的数字化技术底层业务主要应用于产品和技术两方面。在数字化转型实施阶段，房地产企业运用互联网云平台和大数据技术，对客户信息进行收集、整理、分析与应用，确定项目定位和项目规划的内容，进行销售前置，从而更加贴近售前到售后的全服务过程(如图 1-1 所示)。

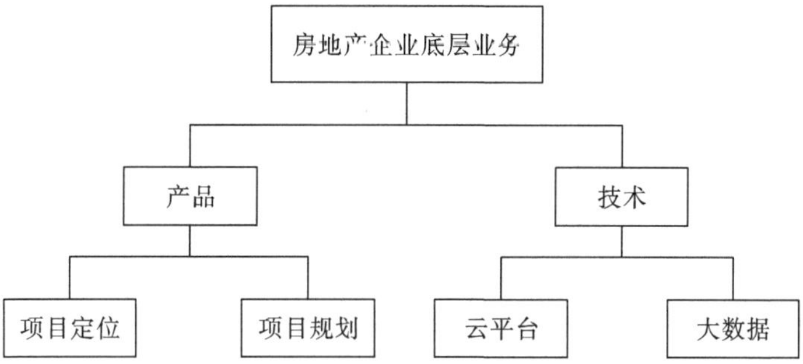

图 1-1　房地产企业底层业务数字化转型

2. 应用层

房地产企业数字化转型的应用层是对底层数据进行深层次开发和应用，并将其贯穿到房地产项目从设计开发到完成销售的整个过程，构建基于互联网平台的生态链。前期侧重营销，主要体现在实际销售阶段对产业体系、营销渠道的选择；后期则侧重产品经营管理。应用层的布局基于线上和线下，从而使房地产企业面对多变的市场环境和客户需求时，能够做到缜密策划和快速反应(如图 1-2 所示)。

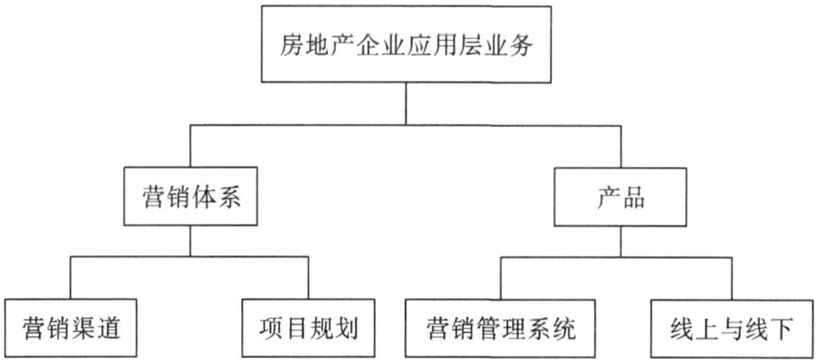

图 1-2　房地产企业应用层业务数字化转型

3. 表现层

大多数房地产企业的数字化转型处于表现层，即对房地产企业进行转型升级是以实现房地产企业资产增值、运营增值、资本收益增值为目标的(如图 1-3 所示)。

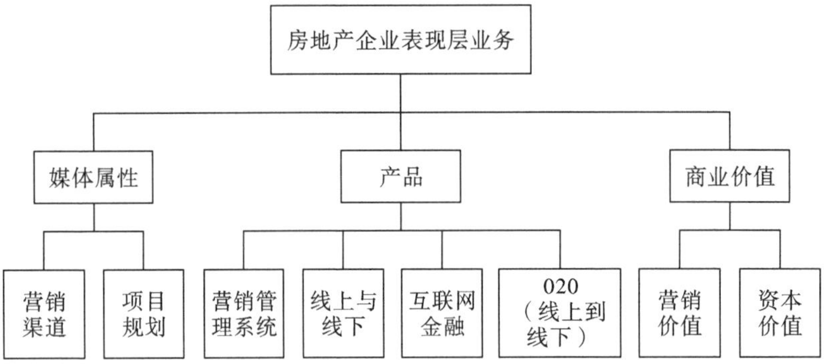

图 1-3　房地产企业表现层业务数字化转型

(四)房地产企业数字化转型的四个阶段

房地产企业数字化转型有四个阶段：业务数据化阶段(信息化阶段)、数据资产化阶段、资产应用化阶段和应用场景化阶段。

1. 业务数据化阶段

该阶段又可以称为信息化阶段。其核心是构建业务系统，实现业务流程的信息化管理和控制。流程越快、数据越准，业务数据化水平就越高。除了能够实现降本增效外，还能将投资、开发、运营、销售过程中的业务数据沉淀到系统中。

房地产企业在业务数据化阶段的中心任务是核心业务流程的全覆盖。这一阶段的系统架构建设主要围绕房地产企业内部的中高层管理者，旨在以业务流程驱动管理目标全面可控和高效达成。因此其建设逻辑也是以管理者的各个管理目标为核心，旨在将目标向下执行的每个流程节点都监控起来。信息化建设的核心需求是内部风控，在保障企业决策质量的前提下确保各项业务流程有序推进。业务数据化阶段是房地产企业数字化的底座，也是不可或缺的组成部分。当然，随着房地产企业数字化发展速度逐渐加快，企业管理体系的更迭速度也随之加快，数字化底座也要及时进行相应的升级。

2. 数据资产化阶段

该阶段主要包括以数据资产盘点、数据仓库/中心/中台建立为核心的数据梳理、数据治理、数据通道等工作。对第一阶段中员工和客户的行为数据沉淀在各个业务系统中的数据进行集中管理和储存，为第三阶段数据资产应用打好基础。

该阶段建设的核心目标是获得更加丰富的数据，提高企业内部决策效率。要获取足够多的高质量数据，要点是核心业务场景覆盖。重点要放在两个方面，一是要基于一线员工的工作场景来进行工具优化和设计，确保内部员工的工作场景全面在线；二是将在线场景进一步拓展至外部客户和合作伙伴，让价值链上各方共同参与“生产”数据。该阶段所沉淀的大量数据资产和价值链参与各方的在线协同，是实现业务双向提效的基础。

3. 资产应用化阶段

该阶段的侧重点在于做好企业的数据分析应用，即各种数据报表、数据看板和管理驾驶舱等。前两个阶段多是数据底层相关的工作，从第三个阶段开始数据将从底层走向前端。

该阶段房地产企业需要将内部数据资产与外部生态数据深度整合，构建数据模型、算法服务、数据产品和数据管理体系，并通过整合内外大数据来驱动业务决策。

4. 应用场景化阶段

该阶段强调数据应用结合业务场景，通过共享服务连接生态圈，接入更多的生态资源和生态能力，用人工智能(AI)算法来驱动业务，为企业创造业务价值。

随着业务规模的不断扩大、覆盖的业态趋于丰富，房地产企业在经营决策过程中会遇到诸多原有数字化体系所无法触达的全新场景，企业的内外决策经营环境将发生根本性的改变。该阶段的建设核心要点是智能决策场景的覆盖，基于存储在云端的资源以及能够连接到各行各业的大数据，通过人工智能算法赋能整体决策。

第二章　房地产业数字基础设施建设

房地产业数字基础设施建设依托当前中国重点推进建设的5G网络、数据中心、工业互联网等新型基础设施的建设而不断推进，从本质上说这都属于围绕科技新产业的数字经济基础设施建设。数字经济已成为中国经济实现又好又快高质量发展的强劲驱动力，由数字经济催生出的各种新业态也将成为中国经济高质量发展新的重要增长点。以5G基建为例，根据杨虎涛数据分析与预测，2020—2025年，5G商用将带动1.8万亿的移动数据流量消费、2万亿的信息服务消费和4.3万亿的终端消费。

第一节　房地产业数字基础设施的内涵

新一代信息技术的应用日趋成熟，极大地拓展了信息化的作用范围和形式，使基础设施建设发生了重大的变化。数字基础设施应运而生，成为经济社会中十分重要的一项基础设施，如今正热火朝天搭建起来的房地产业数字基础设施也将对房地产业未来的发展起到至关重要的作用。

一、基础设施

基础设施是指为社会生产和居民生活提供公共服务的物质工程设施，包括交通、邮政、供水供电等领域的公共设施。数字基础设施提出的背景是新一代信息通信技术蓬勃发展。像水、电、公路一样，数字技术支持的网络、云计算等已成为生产生活必备要素。具体来说，数字基础设施主要包括信息基础设施和对物理基础设施的数字化改造两部分。

二、数字基础设施

数字基础设施是与数字经济发展需求相适应的基础设施体系，能够满足数字经济背景下数据要素安全流通与有效利用的基本需求，既存在与传统物理基础设施实现有效衔接的一般性，又表现出与数字经济相适应的特殊性。数字基础设施的水平决定了数字经济发展水平。

(一)数字基础设施的内涵

数字基础设施是数字经济发展的重要基础和底层架构，是把握当下、放眼未来的新一代基础建设。数字基础设施顺应了当今社会网络化、数字化、智能化的发展趋势，为开启人们生产生活的新篇章奠定了基础。在这一新型平台之上，人类生活、产业格局、经济发展、社会治理、文化生态都将翻开崭新一页。

从技术层面看，截至目前数字基础设施主要涉及5G、云计算、人工智能、物联网、数据中心、区块链等新一代数字技术，以及基于这些数字技术而产生的购物、娱乐、出行、政务等各类数字平台，是数字商业、产业数字化、数字政务的基础设施。此外，传统物理基础设施经过数字化改造，正在形成融合基础设施。3D打印、智能机器人、AR(增强现实)眼镜、自动驾驶等新型应用科技，则将数字基础设施延伸到整个物理世界。数字技术正在改变商业社会生存、竞争的基本逻辑，一个全新的技术图景正在构建之中。

(二)数字基础设施的特征

数字基础设施具有智能和互联两个特征。智能主要体现在产品或服务智能、装备智能、过程智能三个方面；互联主要体现在全部社会要素之间的互联互通，并借此形成一种自适应、生态化、万物互联的网络体系。在智能互联的生态网络中，生产要素能够实现高速流动，提高生产效率、扩大市场规模，在数字技术的赋能下拓展出更多元的应用场景，并通过数据与技术的结合催生出共享经济、平台经济、数字服务等多种新型的经济形态，进而推动数字经济的发展。

(三)数字基础设施对数字经济发展的作用

着眼于数字经济的基本组成，高质量数字基础设施建设既是数字产业化的关键内容，也是产业数字化的重要支撑。数字基础设施是新型基础设施，会在物理世界之上孕育出新价值网络和新服务体系、新"物种"和新业态。比如，工业互联网里的C2M(从消费者到制造商)，可以实时把消费者需求传递给生产侧——数字基础设施不仅赋能供给侧与需求侧，还使供需两侧形成双螺旋的持续互动，从而大幅提升全要素的经济效率。

硬件技术的发展从底层带动了数据传输和存储技术的升级，网络带宽提速促进数据传输能力飞跃，存储能力加强使得海量数据得以沉淀。同时，软件架构的进步、云计算的成熟促进了广泛的计算能力高效输出，大数据分析的进化意味着能更好地从海量数据运算中获取洞察力，人工智能的实现也推动了应用场景智能化的实现。伴随着长期以来硬件技术的提升和软件架构的进步，时至今日，数字基础设施已然成熟，为房地产业的数字化转型提供了很好的基础。

三、房地产业数字基础设施

房地产业数字基础设施建设，不仅包括住房的基础数据，也包括相关机构和经纪人的信用数据，以及经纪行业周边业态的数据。

(一)建设房地产业数字基础设施的优越条件

房地产业数字基础设施提供的是信息产品，信息产品的一个重要特征是共享性，这是信息产品不同于物质产品和其他服务产品的根本属性。共享对于信息产品本身无损，如果能低成本地在最大范围内共享信息，也就意味着信息产品的效用可以实现最大化。信息共享本身不产生损耗，但是实现信息共享需要信息传播载体，建设载体需要投入成本。目前政府和房地产行业企业都在为市场的扩大和行业的发展而投入资金，一起来建设房地产业相关的数字基础设施。

各项科技手段的成熟为房地产业数字基础设施建设打下了坚实的基础，为房地产业务升级和创新业务培育创造了很好的条件，使得房地产企业更有条件去构建全新的数字化运营体系，为房地产业精细化的管理提供了巨大的提升空间。房地产业贯穿城市建设和运营的整个生命周期，数字基础设施的建设和运维、数据资源的产生和交互都与之紧密衔接。房地产相关场景和上下游相关产业链丰富、多样和全面，数字技术的创新应用有非常多的实践场景。

(二)房地产业数字基础设施的典型案例——贝壳找房的“楼盘字典”

贝壳找房自2018年4月成立以来，始终将居住服务行业的线上化、互联网化作为发展方向，致力于实现居住服务行业的数字化建设，推动物的数字化、人的数字化和流程的数字化。贝壳找房历时13年打造了不动产数据库——楼盘字典，以“七级门址管理、唯一坐标、433个字段”精准定义房屋属性，同时结合(7×24)小时房源验真系统，保障真房源的实现，全面提升用户体验和找房效率。2020年4月，楼盘字典live正式对外发布，将静态数据库升级为动态数据库，为从业者和客户提供更为即时的数据呈现，让数据真正活起来。截至2020年9月30日，贝壳楼盘字典已覆盖332个城市、57万个社区、累计2.33亿套住宅，惠及50%以上的中国城市人口，楼盘字典已成为国内数据量最大、覆盖面最广、颗粒度最细的房屋信息数据库。楼盘字典不仅能为购房者的决策参考提供依据，也搭建起了居住服务数字化的底层架构，作为不动产数据的基础设施为全产业和社会赋能，推动全国新居住服务的产业升级，未来还将为房地产开发、银行、物流等多个领域提供数据服务和行业赋能。

第二节　数字基建：房地产业数字经济发展的关键技术

数字化建设离不开数字基础设施建设，这是新时代产生的新型基础设施，与水、电和公路等基础设施一样，已然成为社会生产生活中不可缺少的必要条件，为社会经济的发展、产业格局的创新提供了平台和保障。作为数字经济的坚实底座，数字基础设施的重要性不言而喻，以科技创新思维推动信息化建设、推动数字技术和实体经济深度融合，从而培育经济社会全面发展的新动能，是房地产业发展的时代要求。

一、大数据

大数据不仅变革了生产方式，也给人们的思想观念带来了巨大的冲击。厘清大数据的内涵、特征以及大数据时代的内涵，在整体上对大数据进行把握与理解，有助于更加深刻地理解和把握大数据技术对于房地产业数字经济发展的重要作用。

(一)大数据的内涵和特点

通过对大数据进行历史考察，可以更好地把握和分析大数据的发展脉络。在人类历史的长河中因为生产力和生产活动的出现，产生了信息传播，语言、图形和文字先后出现，人类的传播史和文明史也由此开端。但仅仅依靠这些手段难以描述更为复杂的高端语言，为了更好地传递信息，数字作为一种信息传递工具随之诞生。

1. 大数据的内涵界定

数字本质上是符号，只有当数字在特定的场景中应用时才成为具有某种象征意义的数据，因此数据被认为是有根据的数字。"有根据的数字"是指数据并不是随意产生的，而是来自人类对客观世界的测量和记录。人们可以利用数据来表述抽象的概念或事物某种特征的程度或状态，有利于开展生产和交换活动。但是这个时期的数据仍然指传统意义上的数据，与大数据之间有较大的差异。随着信息时代的发展，数据成了信息的指代。大数据是信息通过数量积累而产生质变所引发的结果。随着技术的深入发展，大数据已经和我们的生活紧密相关，甚至成为我们生活中必不可少的一部分。

所谓大数据，并非简单意义上理解的大量数据的意思。大数据，从字面意思看分为两部分，一部分是"大"，即流量大、规模大、维度大、范围大和领域广；另外一部分是"数据"，即处理对象，属于技术层面的范畴，是一种科学的手段和方法，也是现代社会必不可少的一种工具，可以帮助我们实现既定目的。所以，要学会有效分析、有机整合可用的数据，掌握规律并发现其价值，收获新的发展和对问题的高效解决。大数据的本质是为我们提供一种全新的世界观和思维方式。大数据是指无法在一定时间范围内运用常规软件工具进行收集和处理的数据集合，需要新型处理模式才能对其实现有效管理，是具有更强的决策能力、洞察发现能力和流程优化能力的海量、高增长率和多样化的信息资产。《大数据时代》的作者维克·托迈尔·舍恩伯格认为："人们能在大规模数据的基础之上做到的事情，并且这些事情在小规模数据的基础上无法完成，就叫大数据。"由此可见，大数据是未来生活和工作便捷化的重要途径，也是认识问题的重要方法和手段，将在我们的生活中扮演着重要的角色。

2. 大数据的特点

大数据的特点通常可以归纳为以下几点。

(1)数据体量大

数据规模巨大，全球数据使用量持续走高，成为史无前例的数据体量，并且会随着社会进步和科技发展逐步增加，今后增长的速度将会进一步加快。

(2)类型多样化

数据来源较为丰富，结构繁杂，多元化与多样化并存，并且新的数据类型仍在不断增加，如视频、图片、文档等。

(3)处理速度快

数据的实时更新速度快，运算时间短，数据可以随时随地下载和运用。

(4)应用价值大

数据应用范围广，且使用合理可以产生巨大的价值。

(5)数据获取与发送方式灵活自由

数据在使用过程中不受其他相关因素影响，且随时随地获取和发送，高效便捷。

(6)准确性

数据精确度较高，参考价值大。

(7)处理、分析难度大

大数据在处理所收集的数据过程中可以进行较为复杂且难度较大的数据处理，进一步得出科学的解决方案。

3. 大数据时代的内涵

最早提出“大数据时代”的是麦肯锡咨询公司，其创始人詹姆斯·麦肯锡称：“数据，已经渗透到当今每一个行业和业务职务领域，成为重要的生产因素。人们对于海量数据的挖掘和运用，预示着新一波生产率增长和消费盈余浪潮的到来。”在大数据时代，可以毫不夸张地说数据就是信息、就是决策源，从过去的“人找信息”到现在的“信息找人”，促使生产力和生产方式发生变革，甚至在一定程度上渗透到国家、社会、企业及个人生活的各个领域，并带来巨大的发展机遇。任何组织或个人，只要能深入挖掘、充分利用大数据中蕴藏的信息和价值，就能做出更精准的决策，从大数据中获益。大数据时代是一个信息技术变革的时代，其带来的巨大价值逐渐被人们认可。对数据的整理、分析、预测不仅为人们提供了一种全新的看待问题的方法，而且也开启了新的技术革命时代，让大数据成为人们生产生活的空间。同时，大数据时代的到来也预示着当今社会将发生巨大的变革，标志着人类即将进入一个新的时代，也将在这个时代里去探索更多未知的领域。

(二)大数据在房地产业数字化转型中的应用

当今时代，数字技术、数字经济是世界科技革命和产业变革的先机，是新一轮国际竞争重点领域。在房地产领域，拥抱互联网、拥抱大数据已是大势所趋。房地产业进入了与消费者更为紧密互动的时代，房地产企业要以为居住者提供更为精准的产品和服务为目标。房地产企业掌握着多年来积累的数以百万计、千万计的购房者信息，这些信息的有效整理和挖掘能够在大数据时代为房企带来新的盈利模式。

1. 大数据能帮助房地产企业进行品牌定位

房地产企业可以通过实施大数据战略规划，在房地产市场调研中拓宽所收集数据的广度与深度，运用数据挖掘和信息采集技术获取海量的样本和数据信息，掌握房地产市场的构成、行业内竞争者情况、细分市场的特征、目标客户的需求等数据，并对这些数据信息进行精细管理和深入分析，根据分析结论有的放矢地提出决策，使房地产企业的市场定位更加精准、房地产品牌的市场认可度更高。

互联网用户随时随地通过社交媒体、新闻资讯平台、电商平台、直播间等线上渠道分享各类文本、数据、图片、音视频等信息，日均信息量高达几百亿甚至几千亿条。

这些信息涵盖商家信息、个人信息、行业资讯、产品使用体验、商品浏览记录、商品成交记录、产品价格动态等，对其进行聚类处理能够形成房地产行业大数据，通过数据挖掘能够得到房地产行业的市场需求、竞争态势等信息，为房地产企业带来巨大的财富价值。

房地产企业还可以对线上的房地产相关评价数据进行收集，建立网评大数据库，然后再利用分词、聚类、情感分析等技术了解客户的消费行为、价值取向、评论中体现的新消费需求等信息，以此来改进和创新产品、量化产品价值、制订合理的价格以及提高服务质量，从中获取更大的收益。

2. 大数据能够助力房地产企业实现精准营销

大数据时代，盲人摸象般广撒网、低回报的营销状况一去不复返，资源的有效集成和精准专业的分析，有利于实现从粗放式营销到精准营销的转变，进而产生可观的利润和经济效益。

大数据蕴藏着大量有关客户行为和客户需求的重要信息，房地产企业通过积累和挖掘房地产行业消费者档案数据，对客户的消费行为和价值取向进行分析，了解客户的购房预算、购房目的、购房影响因素、信息获取渠道、偏好产品的类型、家庭情况、工作和生活环境、个人及家庭消费观和价值观等。通过收集海量的行业和市场信息，建立房地产消费者大数据，在房地产企业需要做出决策时，可以通过实时的消费者大数据掌握目标客户的消费行为、兴趣偏好和产品的市场口碑，预测可能发生的状况，以便更精准地找到客户、服务客户并有效地发展忠实客户，制订有针对性的营销方案和营销战略，更有效地达成转化，降低营销成本。

以万科为例，万科与百度达成战略合作，将基于地理位置的应用(LBS)与大数据技术运用于万科社区商业定位中，利用百度搜索技术和定位技术研究其社区商业的消费群体，以便更精准地定位社区商业。不仅如此，万科在北京房山布局拿地之前，运用中国移动、中国联通、中国电信三大运营商的大数据检测北京在网使用人数，判断实际人口规模，并结合北京的新房供应量、存量房数量、房价均价、购房人群年龄结构等数据进行市场和区域判断。一些房地产营销机构推出房产家居行业垂直的精准化全终端广告投放平台，为开发商提供基于大数据的整合营销解决方案，帮助开发商显著提升互联网广告投放效果。

3. 大数据能够实现房地产企业的收益管理

收益管理旨在将最恰当的产品或服务在最恰当的时间以最恰当的价格通过最恰当的渠道向最恰当的客户进行销售，从而使企业能够达成收益最大化的目标，近年来受到房地产企业的广泛关注和推广运用。房地产企业要实现收益最大化的目标，需要进行市场需求的预测、市场细分以及敏感性分析，大数据是确保以上几项工作精准有效的重要保障。

市场需求的预测是通过建立适合的数学模型，对市场相关因素的大数据进行整理、分析和预测，使企业决策者掌握行业的潜在市场需求，了解细分市场未来的产品销售趋势和产品价格走势等，从而使企业能够审时度势做出正确决策，需求预测能够有效提升房地产企业决策者对市场判断的前瞻性。市场细分为房地产企业准确把握客户需求和制订价格提供了条件，通过对细分市场需求的分析和预测来制订、更新价格，使各个细分市场的收益最大化。敏感性分析则是从众多不确定性因素中找出对房地产项目经济效益指标有重要影响的敏感性因素，并通过对敏感性因素进行精准控制，提升房地产项目的抗风险能力。

房地产企业进行市场需求的预测、市场细分和敏感性分析均对市场信息的数据量有较大的需求，以往的市场数据分析大多是对企业的自有资料进行分析和预测，忽视了整个房地产行业的数据，预测结果存在较大的偏差。大数据为房地产企业收益管理工作的开展提供了广阔的空间，在收集房地产企业自有资料的基础上，依靠算法自动化地收集更全面的房地产行业数据，这样能够对制订准确的收益策略、获取更高的收益起到推进作用。

二、区块链

2019 年 10 月 24 日，习近平总书记在中央政治局第十八次集体学习时强调，“区块链技术的集成应用在新的技术革新和产业变革中起着重要作用。我们要把区块链作为核心技术自主创新的重要突破口，明确主攻方向，加大投入力度，着力攻克一批关键核心技术，加快推动区块链技术和产业创新发展”。区块链技术在房地产业数字化转型中发挥着非常重要的作用。区块链技术赋能房地产业数字化转型，可以充分有效地解决房地产信息不透明的问题，为优化房地产业信息化建设提供一种有效的方式。

(一)区块链技术的内涵和特点

1. 区块链技术的内涵

区块链技术起源于化名为“中本聪”(Satoshi Nakamoto)的学者在 2008 年发表的奠基性论文《比特币：一种点对点的电子现金系统》。区块链技术并不是一个单项技术，而是一个集成了多方面研究成果的综合性技术系统。

区块链技术本质上是一个分布式数据库，是互联网数据记录、传播及存储的新方式。区块链赋予了传统分布式系统一种创新的、范围更广的协作模式，解决了过去点对点对等网络下存在的数据一致性问题。和基于单一信用背书实体的传统信任机制不同，区块链技术创建了一种基于公认算法的新型信任机制。由于算法具有客观性，即使网络中存在恶意节点，仍然能为各方顺利达成共识、业务正确处理提供保障。

区块链通过加密技术能形成一个去中心化的可靠、透明、安全、可追溯的分布式数据库，推动互联网数据记录、传播及存储管理方式变革，大大降低信用成本、简化业务流程、提高交易效率，重塑现有的产业组织模式、社会管理模式，提高公共服务水平，实现互联网从信息传播向价值转移的转变。因此，区块链技术也被称为“信任机器”、新的商务基础设施。

2. 区块链技术的特点

①区块链具有不可篡改的特点，有效地解决了诸多事务办理过程中的存证难题。

②区块链具有分布式的特点，可以显著破除多个主体之间的数据壁垒，实现用户在平台上对于信息数据的共享。

③区块链拥有的共识机制使信息互联互通，解决了信息不对称的问题，使得用户对网络环境的认知发生重大变化，促进了信息互联网到信任互联网的转变进程。

④区块链具有生成智能合约的功能，使得多个主体之间的协作信任关系有了诚信的基础和保障，拓展了网络用户之间深度合作的范围和领域。

区块链代表着新一代的协作机制和组织形式。信任是市场经济顺利运行的基石，同时也是经济社会中难能可贵的稀缺品。很多商业行为中的问题之所以会发生，合作各方缺乏信任是重要原因，进而导致交易成本升高和违约风险增大的后果。区块链技术通过增强供应链上下游企业之间的信息可信度，通过电子凭证全面打通物流、信息流、资金流，提升交易效率、降低交易成本，实现多方互利共赢。区块链依靠技术的优势推动产业变革升级，催生了经济社会新的协作机制，构建了区块链的产业生态。

正如习近平总书记在中央政治局第十八次集体学习时强调的，“要抓住区块链技术融合、功能拓展、产业细分的契机，发挥区块链在促进数据共享、优化业务流程、降低运营成本、提升协同效率、建设可信体系等方面的作用”。随着区块链技术在各个业务场景的广泛应用，以诚信为基础的区块链生态逐步建立和优化，为我国经济实现高质量发展注入强劲驱动力。

(二)区块链技术在房地产业数字化转型中的作用

区块链技术可以充分解决房地产信息不透明的问题，为优化房地产业信息化建设提供了一种有效方式。过去，一次典型的居住房地产买卖至少涉及五个利益相关者，即买方、卖方、房地产经纪人、提供抵押贷款的企业、不动产登记部门。在该笔交易不通过区块链开展的情况下，即使没有其他买家和卖家参与交易，交易过程中都可能出现不必要的拖延。原因在于不同的利益相关者需要知道，在每一个阶段交易当中的哪一方做了什么事，以便于判断自身应该做出什么行动才能继续推进交易。区块链技术稳定的P2P(点对点)网络可以确保房地产商品租售双方随时随地交易，而且在区块链中也不需要任何第三方信任机制来满足房地产交易市场多元化发展诉求。

1. 区块链技术有助于实现房地产业信息共享

房地产业以区块链技术为核心，以“租售同权”政策为契机，打造一个“区块链＋大数据＋房地产”的一体化信息共享平台，有效连接房地产企业、金融机构、政府监管部门和消费者，构建高效便捷的房地产业区块链生态体系，是区块链技术在房地产信息共享业务中应用的新方向。

在不动产登记业务中应用区块链技术，能够打破房地产交易各参与方之间的行政壁垒，实现跨组织、跨部门的数据实时传递；有助于税务部门精准监管，杜绝房地产交易过程中“阴阳合同”的现象；有助于提高房地产交易的规范性、安全性，交易过程和交易结果数据永久可溯源，便于查实真相、判定责任；能显著简化居民的房地产相关业务办理流程，提高“放管服”水平，有利于优化政务流程；能提高政务数据的使用程度，利于挖掘政府数据的价值。

2. 区块链技术赋能房地产业数字化转型的案例

区块链作为一种新兴的信息技术，具有广阔的应用潜力，目前一些城市已成功将区块链技术应用到住房租赁综合服务平台，努力打造“住房链”生态，利用区块链技术解决诚信缺失、信息不对称等居民经常遇到的痛点问题，通过智能合约优化交易流程、提高业务效率，并推出“安居贷”“家庭不动产财富管理”等创新金融产品，以创新住房金融模式助力居民住房现状的改善，促进“租购并举”住房制度加快建立。

雄安新区自2017年起开展住房租赁相关建设工作，建设基于区块链技术住房租赁服务平台和“真人、真房、真住、真租”的住房租赁市场。截至目前，在北京、天津、深圳、广州、武汉等8个城市，与相寓、红璞等6个市场化平台实现了近8万套房源信息的线上共享，区块链技术使平台的开放性、公正性与权威性得到了保证。基于区块链技术的“住房链”生态目前已在很多场景进行了价值探索和实践，在未来有非常广阔的发展空间。

三、移动互联网

移动互联网的交互性、便携性、定位性等优势特色，为房地产业与移动新技术的融合奠定了坚实的基础。移动互联网在房地产业数字化转型中的广泛应用，为房地产业精准营销搭建了更广阔的平台。

(一)移动互联网的内涵和特点

1. 移动互联网的内涵

移动互联网是指移动通信终端与互联网结合成为一体，用户使用手机、平板电脑或其他无线终端设备，通过速率较高的移动网络，在移动状态下(如在地铁、公交车等)随时随地访问互联网以获取信息，使用商务、娱乐等各种网络服务。移动互联网将“移动”随时、随地、随身的特性与“互联网”开放、分享、互动的优势相融合，实现了平台的一体化、智能化，可同时提供语音、传真、数据、图像、多媒体等高品质电信服务，由运营商提供无线接入，互联网企业提供各种应用，是新一代开放的电信基础网络。

2. 移动互联网的特点

移动互联网由固定到移动的转变，实现了过去的固定互联网向现在的自由移动的质的飞跃，拓展了互联网的应用范围，促进了移动应用的重大创新。移动互联网的特点包括交互性、便携性和定位性。

(1)交互性

移动互联网技术催生出很多智能移动终端，智能手机、平板电脑、可穿戴设备等移动终端随处可见。用户可以随身携带和随时使用这些移动终端，在移动的状态下连接和使用移动互联网应用和服务。在空闲间隙中，在任何一个有网络覆盖的场所，用户都能够连接无线网络使用移动业务应用。人们能够随时随地用语音、图文或者视频的方式与彼此沟通，用户与移动互联网的交互性得到了极大提高。

(2)便携性

相对于PC(个人电脑)而言，移动终端更便于随身携带，人们可以将其携带至任意场所并接入网络。便携的特点为移动设备带来了PC无法比拟的上网便捷性，使用移动设备进行沟通交流和获取资讯都远比PC设备更方便。比起传统互联网，具有便携性的移动互联网让每一个个体都能作为实时在线的节点，随时随地社交、办公和娱乐，进行移动支付、查找周边位置等操作，使得移动互联网应用可以渗透到人们的日常生活中，满足衣、食、住、行、游、购、娱等多方面的需求。

(3)定位性

定位性是移动互联网有别于传统互联网的典型特征。移动互联网可定位的特性使其能够提供位置服务应用。移动设备在连接移动互联网时能够实现所在位置的识别以及一系列基于位置的生活、娱乐、购物服务应用。

(二)移动互联网在房地产业数字化转型中的应用

2016年4月19日，习近平总书记在网络安全和信息化工作座谈会上的讲话强调，“要适应人民期待和需求，加快信息化服务普及，降低应用成本，为老百姓提供用得上、用得起、用得好的信息服务，让亿万人民在共享互联网发展成果上有更多获得感”。

移动互联网提升了房地产行业线上服务的能力，促使房地产行业在交易、租赁、家装、物业等领域的服务逐步触网，移动房地产服务所覆盖的用户规模逐渐增长，移动互联网技术和应用进一步在房地产行业渗透，房地产服务移动互联网化是大势所趋。

1. 房地产营销推广与移动互联网技术融合，助力房地产企业品牌传播

房地产企业可以将移动互联网技术和思维应用到房地产业务中，通过开发企业官方App、搭建3D移动售楼处、手机楼书等方式增加与客户的交互场景，通过社交工具实现楼盘项目信息的传播和裂变，提升产品营销效果，提升对客户的维系和管理效果等。移动互联网能够助力每一个房地产项目都建立手机第二现场，包括微信售楼处、微信示范区、微信样板房等。

在品牌传播方面，房地产企业可以充分利用楼盘项目外围的围挡、楼盘外墙、楼书及户型图等印刷品，将项目线上营销宣传的二维码在以上各处进行展示。以客户为中心，利用项目线上宣传的二维码等工具实现项目信息的承载，并在线上宣传内容中设计互动营销环节，实现品牌和项目的二次传播。项目围挡和外墙具有更好的展示效果和更大的影响范围，客户无论是经过项目周边还是步入售楼中心，都能够被这些线下宣传内容吸引并扫描二维码进入线上宣传页面，后续还可以随时随地了解项目动态和实景、参与互动活动，以及在宣传页面中预约看房和领取购房优惠券。

2. 房地产项目销售与移动互联网技术融合，提升客户体验感

在房地产项目销售过程中，客户的体验往往对其能否产生购房兴趣起到至关重要的作用，因此常常有房地产营销“来不来看环境，买不买看户型，定不定看价格”的说法。传统媒体广告难以使客户对房地产项目产生较为强烈的体验感，而运用移动互联网技术呈现的新媒体营销形式能够让客户更加直观、细致地了解房地产项目的详细情况，能够将项目的户型从印刷品上的平面形式跃然变成3D形式，生动、立体地展现在客户的手机屏幕上。在销售中心和样板房，房地产企业可以运用电子沙盘、360全景互动、AR实景技术等，将项目的未来实景效果向客户展示，数字技术带来的互动性和体验感能够显著提升客户的项目体验。

此外，房地产企业还可以运用移动互联网技术赋能的自媒体配合楼盘项目的线下活动，通过微博话题、微信公众号推文等营销方式，更加有话题性地将项目的优势和价值点呈现给客户，使客户对项目印象更深刻。

四、虚拟现实

虚拟现实技术(virtual reality，VR)具有使用户身临其境、便于互动等特性，因此适合将其在房地产业数字化转型中广泛应用，这种宣传和销售的模式比起传统的、单薄的、被动灌输式的平面和网站宣传具有更加显著的影响力和感染力。

(一)虚拟现实技术的内涵和特点

伴随着生产效率提高和信息科技飞速发展，虚拟现实技术在各行各业的应用日益增多，已经成为新的科学技术领域的一个重要组成部分。

1. 虚拟现实技术的内涵

虚拟现实技术又称虚拟实境或灵境技术，是1984年由美国VPL公司创始人拉尼尔(Jaron Lanier)提出的一项全新的实用技术。计算机、电子信息、仿真技术是虚拟现实技术的重要组成部分，以计算机技术为主是其最基本的实现方式，主要是利用三维图形技术、多媒体技术、仿真技术、显示技术、伺服技术等多种技术创新成果，依托计算机等设备的运行，创造出视觉、触觉、嗅觉三维感官虚拟世界，从而使人产生一种身临其境的感觉。随着现代信息技术的发展，对VR技术的需求，无论在应用范围还是在使用数量上，都实现了重大突破。VR技术自身也在进步和发展，逐步成为一个新的科学技术领域。

2. 虚拟现实技术的特点

(1)沉浸性

沉浸性是虚拟现实技术最主要的特征，该技术能够通过技术手段的应用，使用户的感知系统认为自己成为计算机系统所创造环境中的组成部分，通过运动感知、触觉、味觉、嗅觉等感受模拟环境的刺激并产生思维共鸣，进而产生强烈的沉浸感。在这样的感知状态下，用户形成心理沉浸，将虚拟世界感知为真实世界。

(2)交互性

虚拟现实技术的交互性使得用户能够与模拟环境按照虚拟现实程序预先设定的模式产生相互作用，简言之，用户能够在模拟环境中对处于其中的对象进行操作，亦能得到模拟环境的反馈。当用户“接触”到虚拟空间中的物品或对其有所动作时，虚拟空间会给出一定的反馈，例如物品的状态或位置有所改变，使用户能够有所感知。虚拟现实系统的设计者可以通过预先设定丰富的交互操作来增加用户的体验感，提升模拟环境的仿真程度。

(3)多感知性

虚拟现实技术的多感知性是指该技术能够实现多种感知方式，包括运动感知、触觉、听觉、嗅觉、味觉等，人类所拥有的感知功能都能够在虚拟空间中得到体现。在该技术的实际应用过程中，多种感知方式通过传感技术进行呈现，使虚拟现实系统能够为用户带来丰富多样的感官体验，提升了使用过程中的沉浸感和趣味性。

(4)构想性

构想性又称想象性，是指用户在虚拟空间中能够根据自身的感受与认知能力进行自由构想，创造新环境或创立新概念，甚至可以脱离客观世界进行构想，创造出不可能存在的场景或环境。用户通过与虚拟空间中的物品进行交互，相互感知，并发散和拓宽思维。

(5)自主性

自主性是指虚拟环境中物品依据物理定律动作的程度。例如，当物品受到力的推动时会沿着力的方向移动，或翻倒，或掉落等。

(二)VR 在房地产业数字化转型中的应用

VR 通过虚拟化和数字化，在楼房动工之前制作每种户型的三维样板间模型及楼盘周边未来的环境模型，甚至房子装修后的逼真效果。购房者可以走进虚拟的样板间，并在里面走动，实现一些基本的交互行为，从而能够更好地了解意向房源的格局，提前看到未来家的样子。

1. VR 有利于降低房地产企业的开发成本

VR 对房地产企业开发成本的节约主要体现在建造成本和时间成本两方面。房地产业作为重资产行业，资金的快速周转是房地产开发商的核心需求之一，能否快速回款，不仅关乎利润大小，还关乎整个项目的生死。房地产开发项目从动工到实景呈现需要很长时间，而这段时间又刚好是项目的强势销售阶段，因此不少开发商会在这段时间内做很多临时样板房，待实景呈现后再进行拆除。这种做法需要大量的资金投入和时间成本。

VR 可以更快地实现样板房呈现，房地产开发商不再需要为了建造样板房而赶工期，时间也大为缩短。房地产项目营销人员能够提前锁定 VR 看房的客户，将销售时间提前，这样既能为项目资金回流争取时间优势，又能省去大量高单价的样板房制作费，将销售时间从平均 3～6 个月缩减到 10～15 天，保证了项目资金的快速周转，显著降低了项目的营销成本。

2. VR 能够提升看房效率

VR 看房具有时间成本低、交通成本低、沟通成本低、带看成功率高等特点，相当于线上首次带看，线下见面复看。对于客户而言，可以足不出户完成线上初步房源筛选，过滤无效房源，提升看房效率。因此，VR 看房的本质是提升客户找房、经纪人为客户匹配房源的效率，并不会彻底取代线下看房，而是起到促进带看的质与量的作用，从而提升房客匹配效率。房地产经纪人通过线上带看，能够更加深入地了解客户购房需求，从而更好地为客户匹配房源。此外，以往线下带看经常面临着恶劣天气约客难、客户复看邀约难、开盘现场火爆人员控制难等问题，通过 VR 看房可以高效解决上述困难。

3. VR 有助于提升样板房的展示效果

VR 能够让样板房抛开造价的束缚，回归设计、回归产品力，尤其对于中高端房产，这种使客户更加身临其境的宣传和销售的模式比过去的被动灌输式宣传明显有更强的感染力。对于户型较多或“n＋1”户型的楼盘，实体样板房往往很难面面俱到，只能通过销售人员推介解读，而 VR 样板房可以轻松做到全覆盖。

4. VR 在异地房地产营销中能够打破距离界限

传统的平面图、样板房等展示手段不能将楼房的全部景观展现给购房者，而 VR 能够让购房者不必前往售楼处实地看房，便可饱览全国乃至全世界的房子，如旅游地产、海外地产项目。VR 超强的沉浸感和代入感能给购房者带来前所未有的体验，比实地考察看到的更多、更详细，让客户同时享受由经纪人提供的选房服务，比如对楼盘的户型、交通、配套、物业等多维度信息进行深度解读并及时解答问题，这些都有助于房地产营销人员迅速打动购房者。VR 内容可以多次使用，一次内容制作可以在上百个城市同时使用，只需要增加设备就可以实现。

(三)VR 样板房的主要功能

用 VR 看房，只需要一个 VR 头戴设备、一个主机、一对手柄、一对空间定位传感装置，就可以随时随地进行体验。VR 看房主要包括 720 度全景沉浸式漫游(可放大/缩小)、三维模型(可放大/缩小/旋转和点击直接进入 VR 全景)、框线户型图(展示功能间格局、名称和当前所在位置，点击可直接进入 VR 全景)、标尺(展示房屋长宽高)等功能。

VR 样板房受场地因素限制较小，可以用于在各种场景下对房地产项目进行宣传推广。VR 样板房中包含楼盘基本信息、楼盘讲解视频、楼盘周边配套及交通、楼盘照片和楼栋分布(3D 楼书)。目前，国内的 VR 样板房能实现真实光照、可交互、自由漫游、随心搭配等功能。

1. 真实光照

VR 看房可以真实还原房屋内 24 小时自然光和灯光变化，模拟任意位置房源的 24 小时真实光照。

2. 可交互

体验者可以通过手柄进行交互体验，对智能家居系统整体控制，在虚拟环境中实现开窗、开门、操控电器等操作，对自己在住宅中的行为进行模拟。

3. 自由漫游

体验者可以在 VR 场景中自由走动于各个空间，包括客厅、厨房、卧室、阳台、卫生间等功能区域，并能够清楚地看到各个空间的细节，甚至自由进行室内和室外切换，直观体验从每套房子向外观看到的园林景观和周边配套。

4. 随心搭配

体验者可以随心选择园林、楼层、朝向、户型、装修风格等进行搭配，匹配出最中意的产品。

VR 样板房主要用于在交易初期供购房者进行初步筛选，能够为购房者带来更好的购房体验，提高交易达成效率。此外，开发商还可以将 VR 用于房地产开发运营改革和产品成本测算等环节。

五、人工智能

人工智能(artificial intelligence，AI)在房地产业数字化转型中有广阔的应用前景，目前人工智能在房地产业的土地获取、建筑设计规划两大环节已进入实践应用阶段。随着近年来 AI 技术迈入大规模落地阶段，人工智能运用在房地产营销服务平台的范围也在扩大。

(一)人工智能的内涵和特点

1. 人工智能的内涵

人工智能是计算机科学的一个分支，它试图了解智能的实质，并生产出一种新的能以人类智能相似的方式做出反应的智能机器，该领域的研究包括机器人、语言识别、图像识别、自然语言处理和专家系统等。

人工智能技术实质上是对人类的思维和意识的信息过程进行模拟。人工智能技术对传统行业具有较强的赋能作用，可以用其代替人来完成简单性、重复性和危险性的工作，不仅能够减少人力投入、提高工作效率，人工智能还能够比人类做得更加准确、快速。

2. 人工智能的特点

人工智能技术在近几年迅速发展，渗透到各行各业，在很大程度上颠覆了原有的经济结构、生活方式与工作方式，成为多个传统行业数字化转型的重要驱动力。人工智能技术具有以下三个特点。

(1)人工智能可以进行大数据驱动的知识学习

人工智能技术能够智能感知与理解体量大、非结构化、跨平台的大数据，通过大数据的积累，对人类行为进行分析、挖掘与判断并将其模型化，从而精准、高效地进行知识学习。

(2)人工智能可以进行跨媒体的推理分析

人工智能技术能够汇集各个领域、环境的数据，基于业务规则建立模型和关系的知识数据，并进行推理、比对和分析，通过开展深入的数据洞察为企业做出科学理性的决策提供支撑。

(3)人工智能可以实现智能化的人机交互

人工智能技术支持人和计算机之间通过语音识别、肢体动作识别、手势识别、表情识别等形式进行信息交换，并能确保人机交互像人与人之间的互动一样自然和流畅。

(二)人工智能在房地产业数字化转型中的应用

房地产业人工智能发展尚处于起步阶段，其整体成熟度处于较低水平。房地产企业正在逐渐探索人工智能技术的应用，以期能够减少人力投入，同时提高工作效率。

1. 人工智能助力土地获取与建筑设计规划业务

人工智能技术在土地获取、建筑设计规划两大环节可以发挥强有力的作用，通过提高决策的科学性和精准性，提高房地产开发项目的市场竞争力。如利用 AI 技术实现建筑智能化，以“AI＋产品”和“AI＋服务”辅助城市规划、建筑方案与开发决策。在建筑设计环节实现数字化，将有利于提升整个建筑周期的运营效率，为房地产各业务链的数字化提供更完善的底层基础，为房地产企业在投拓设计阶段提供智能化服务，进行数据分析之上的决策辅助。

2. 人工智能可以应用于房地产销售环节

过去，购房者线上找房时，只能通过有限的图片和文字描述了解房源信息，能获得的信息有限。而随着近年来 AI 技术大规模落地，很多房地产服务平台也引进了相关技术。如通过自然语言处理技术，AI 可以识别并理解购房者的语言或文字咨询，自动回答常见问题或提供相应帮助，不仅提高了平台的响应速度，也降低了人工客服的成本。

人工智能还能收集客户资料、了解用户的浏览习惯和偏好、记录经纪人反馈等，因此人工智能的线上客服将取代部分人力，通过深度学习技术，根据客户需求更好地为其推荐房源，进行有针对性的讲解，在线上途径辅助客户了解房源的更多信息，在一定程度上减轻房产经纪人的重复性问题解答工作，让经纪人将更多精力放在线下。人工智能置业顾问能够更精准地传达销售说辞、记录客户行为数据、优化开盘前的精准化定价定量等，极大地提升了经纪人的工作效率和客户的体验感。

第三节　房地产业数字基础设施建设的路径探索

数字技术赋能房地产业务已经成为房地产企业应对时代挑战、把握发展契机、实现企业转型发展的重要举措。房地产龙头企业不断结合人工智能等新技术，为在数字经济方面实现创新发展、为整体提升房地产行业数字化基础设施建设、为企业数字化转型起到带头及示范作用，推动着房地产业数字基础设施的发展。

一、房地产业数字基础设施建设的态势

随着数字经济的发展，房地产业的数字化转型成为其发展的大势所趋。在房地产业的数字经济发展中，数字基础设施建设是基础。要把握好房地产业数字基础设施建设的态势，既要瞄准房地产业数字基础设施的发展方向，也要立足于房地产业数字基础设施建设的实际。

(一)房地产业数字基础设施的发展方向

“城市数字底座”是城市数字治理基础设施的建设新方向。在目前的城市数据体系中，社区数字化系统与物业公司各项运营系统的对接存在很多问题，城市的数字化系统与社区的数字化系统或者说物业企业的数字化系统之间存在巨大的隔阂，彼此之间无法做到互联互通，致使这最后一层的数据都是靠人力和原始的方式在对接。这种对接方式本身很低效，同时也有巨大的数据隐私安全问题。

在我国基层治理的体系内有“三驾马车”，分别是居委会、业委会以及物业公司。居委会和物业公司有一定的数字化水平，业委会的数字化建设是完全缺失的。但是业委会的数字化是整体治理数字化不可或缺的一环，这一环节的缺失就导致很多需要数据对接的场景无法打通，通知和信息无法传达、问题和意见无法反馈，尤其是当紧急事项发生的时候整个体系是基本失灵的。

从整个智慧城市的数字化建设上看，业委会板块是一个急需补强的部分。如何能够将业委会板块有机连接进整个智慧城市的数字化系统，是城市数字治理必须要完成的一项重要工作。这里面最重要的就是智慧城市的业委会数据、居委会数据以及物业公司数据三者可以在保证隐私的前提下连接在一起，让数据可以真正在可信的渠道互联互通。这些数据的打通，可以促使多个重要的基层治理场景和功能——比如业主投票——真正落地，让“人一房”数据真正融为一体。

(二)房地产业数字基础设施建设的现状

房地产龙头企业结合人工智能等技术在数字经济方面的创新发展，为整体提升房地产行业数字化基础设施建设以及企业数字化转型发挥了引领作用。据数据统计，排名前五十的房地产企业已经基本完成了数字基础设施建设，并以此为基础搭建出信息化平台，但尚未实现数字驱动业务的全面转型，大多数建设仍处于起步阶段。

由于各房地产企业的基础不同，企业文化及发展规划也各不相同，房地产业的不同企业根据自身的业务特性，在发展数字化时的着力点也有所不同。例如跻身前十的国内某地产企业提出“空间即服务”战略，通过科技和数字化手段提升用户体验；行业前三的房地产企业成立“博智林”，以智慧建筑机器人赋能建造效益升级等。各大房企在多个细分领域试水，但还是缺乏强有力的领军企业。

二、基于区块链技术的房地产信息共享平台建设

将区块链技术融入房地产信息共享平台建设，发挥区块链在促进数据共享、建设

诚信体系等方面的重要作用，构建基于区块链技术的房地产信息共享平台建设的新机制。

(一)基于区块链技术的房产信息共享平台的优势

区块链技术是房地产信息共享平台建设的有效技术保障。区块链技术使房地产信息平台建设实现了网络信息一体化、数据收集动态化、房产信息可视化、信息交互数字化、监管智能化。

1. 房地产信息共享平台集聚“区块链十大数据十房地产”的功能优势

党的十九大报告提出要“推动互联网、大数据、人工智能和实体经济深度融合”。促进现代信息技术的发展，并将现代信息技术运用于经济社会发展的众多领域和方面；通过共建共享平台，实现互利互惠合作共赢；通过数字技术与产业融合，促进科学技术向现实生产力转化，这些是当前促进数字经济发展、增强综合国力和国际竞争力的有效途径。利用区块链连接房地产消费者、房地产开发企业、金融机构及政府监管部门，通过搭建房地产信息共享平台，促进信息资源的优化整合，发挥数字技术优势，助推互联网、大数据、人工智能和实体经济的深度融合，实现网络信息一体化，打造房地产信息共享平台协同合作共赢的“智链”。

2. 区块链解决了房地产信息服务中存在的信息孤岛难题

在房地产信息服务中，信息占有量的多与少、信息的真实度如何、信息传输的快与慢，无论是对于房地产经营者，还是对于消费者，都是极为重要的影响因素。区块链是一种按照时间顺序将数据区块依次连接形成的数据链式的一种结构形式，区块链能够以密码学的方法保证数据块的不可篡改和不可伪造。区块链通过公钥和私钥这两种安全保障锁，使得信息安全得到了根本保证，保密功能强大；区块链技术的去中心化和集体维护公有账本以确保安全的特征，保证了区块链上的每一个参与方，无论实力强弱、无论入场先后，在地位上是平等的，信息流通实现了高效率、快节奏、安全性强，能够有效规避房地产信息服务中常常出现的信息孤岛问题。将区块链技术应用于房地产信息系统，使房地产信息平台各参与方地位平等，不存在行政壁垒的制约，有助于实现多部门、多渠道数据优化整合，实现数据实时传递，信息传输顺畅，信息的优质性、时效性得到有效保障。

3. 区块链为促进数据共享、建设诚信体系提供重要保障

在房地产数据共享平台建设以及诚信体系建设中，区块链技术的优势特征得以充分体现。

区块链技术的链式数据结构，使得信息得到多方验证，规避不实信息，能够提升数据的防篡改能力。区块链技术能够杜绝价值交换与转移中存在的欺诈和寻租现象，减少违背市场竞争原则和侵害消费者权益的行为发生，有效防范黑中介、黑房东和黑租户，实现平台各单位、各部门之间数据的融合应用与相互监督，有效规避虚假欺骗行为。区块链技术创建的交易记录具有永久性、透明性、可信任性的特征，房地产行业的各类证件，诸如营业执照、许可证、登记表、证明和记录等都能够在房地产信息

共享平台永久地安全存储。区块链为信息的存储、查询、认证提供了更为广阔的信息获取渠道，在区块链技术的支撑下，信息资源的可靠性、信息传递的快捷性、信息管理的高效性得以实现。区块链技术的共识机制能够促进信息共享，实现链上数据的公开透明，解决房地产信息透明度不高的问题。区块链技术的智能合约能够促进信息的共享和协同，解决房地产信息不对称、诚信机制缺失等问题。区块链技术对于房地产信息共享平台诚信体系的构建发挥了重要作用。

4. 区块链技术拓展房地产信息平台建设的路径和方法

区块链技术融入房地产信息平台建设，推进信息平台在拓展路径和方法上的探索不断优化。区块链技术的特征使其能够在房地产业务流程中发挥重要作用。区块链技术能够在多个部门之间搭建可信的、可互相监督的数据通道，为使用者提供可靠的数据来源，并且数据永久可追踪、可溯源。将区块链技术应用到住房租赁综合服务平台，打造“住房链”生态，利用区块链解决房地产信息系统管理中信息不对称的问题。区块链通过智能合约大大优化了交易流程，提高交易执行的效率，拓展“只跑一次”便民服务的新平台。区块链技术能够提高房地产行业数据信息的应用度和使用效率，有利于房地产管理部门和企业提升管理水平和服务质量。区块链技术能够实现数据信息的安全传输与高效交换，有助于提升协同效率，降低不必要的交易成本，提高房地产信息共享平台的利用率。

(二)基于区块链技术的房地产信息共享平台建设存在的问题

随着现代信息技术的发展，房地产信息平台建设取得了一定的成绩。但是，当前房地产信息共享平台建设仍然存在一些问题，主要表现为大部分房地产信息共享平台功能较为单一和零散，还没有形成集众多优势于一体的共建共享平台。信息管理的分散性较强，信息使用范围较为狭窄，信息的真实度有待提高，信息共享平台监管不到位，运用现代信息技术的水平有待提升。

1. 房地产信息管理分散性较强

在房地产经营活动中，常常遇到这样的问题：负责不同业务领域的房地产从业机构和部门掌握着各自业务的房地产信息和数据，消费者只能通过各类中介机构和经纪人获取信息，能够了解和掌握的数据信息极其有限，而更多的、真实的、准确的数据信息则很难了解到。消费者常常不仅花费了大量的时间，还很有可能耗费了过多的金钱。交易成本过高、交易流程复杂、交易耗时费力、业务办理效率低下，是房地产交易中常有的现象。深入分析原因，主要是房地产信息管理的规范化、系统化、制度化水平不高，以现代化手段和数字技术为支撑的信息共享平台建设缺失。信息不对称常常造成交易中流程烦琐、业务效率大大降低，甚至可能出现推高房价的现象，对于房地产行业的健康发展极为不利。

2. 信息平台共建共享协同性不强

当前，房地产管理部门和房地产企业的信息平台建设严重落后，使用效率较低，并且不同主体间缺乏信息共享和信息互通，信息沟通渠道不畅通，合作共享的信息平台建设机制不完善。信息平台共建共享在顶层设计、组织管理、协同合作、监督管理等方面系统化、制度化建设不足。平台建设缺少联动协调机制，常常是各自为政，注重自身优势资源的利用，深度开发有待加强；缺少整合优势资源和优势共享的联动机制，联合与协作在实际运用中效果不佳；优化整合信息资源不到位，加之信息量受限，信息渠道不畅通，网络信息一体化建设明显滞后，信息化应用程度严重不足；房地产管理和交易的信息准确度不高，工作效率较低，网络平台信息化建设质量和水平亟待提高。《不动产登记暂行条例》要求不动产登记相关信息互通共享，对房地产信息服务提出了更高的标准和要求，传统的信息服务模式已经不能满足需要。

3. 信息共享平台诚信机制有待完善

房地产交易中信息是重要的因素，无论是房地产企业还是消费者，都是通过信息的占有量权衡交易中的利与弊，做出最终的选择。在没有统一的房地产信息共享平台共享互通信息的状况下，房地产市场中的各种信息透明度不是很高，信息虚假或者信息不够精准的现象是存在的，这就使得房地产企业和个人很难掌握真实房源以及产权等信息，甚至没有办法有效辨别房源的真与假、品质的优与劣，是不是存在一房多售、重复抵押等情况，这样不仅影响房地产市场交易的顺利完成，也很容易造成房地产买方与卖方之间的纠纷，甚至发生坑骗消费者的现象，诚信危机问题日益凸显。房地产信息透明度不高、信息不对称，导致诚信机制缺失。

4. 信息共享平台建设的合力不足

房地产信息共享平台建设人才和技术缺乏，建设的保障机制不完善，这是当前平台建设合力不足最主要的问题。在房地产信息服务中处于主导地位的政府是房地产市场中的重要参与者和管理者，拥有大量的人财物等资源，应该发挥其重要的主导作用，但是由于政府的作用没有得到充分发挥，使得房地产信息共享平台建设暴露出一系列问题。政府作为管理者在促进房地产信息平台建设上，在发挥政策制定的导向作用上，在发挥信息共享平台建设的组织领导职能上，在政府与企业的合作机制构建上，其主导作用的发挥存在着一定的不足，对区块链技术研发的投入力度不够，人才培养扶持政策还需要加强。房地产企业是信息共享平台建设的重要主体，在思想认识上对于共享共建信息平台建设的重视度不够，在人财物等方面投入不足，对职业技能人才培养支持力度不够，信息技术研发投入资金的力度也需要加大，还存在着平台建设的技术应用标准体系不成熟、不健全等问题。房地产行业的从业人员整体素质不高，职业技术能力还需提升，业务精通不足，运用现代高科技的能力和水平都有待提升，房地产信息共享平台建设的人才队伍还需要加强。

(三)基于区块链技术的房地产信息共享平台建设机制的构建

房地产信息平台建设是集多元要素于一体的一个系统性工程，将区块链技术与房地产信息共享平台建设有机融合，发挥区块链在促进数据共享、建设诚信体系等方面的作用，从理念、应用、管理、政策层面探索区块链技术推进房地产信息共享平台建设的新机制，助力房地产发展方式的转变。

1. 从理念层面，筑牢房地产信息共享平台的诚信价值体系

房地产信息共享平台建设，要坚持用户至上的服务宗旨，坚持诚信为本的服务理念，以社会主义核心价值体系来构建诚信价值体系。通过从信息互联网到信任互联网的理念转变，筑牢房地产信息共享平台的诚信价值体系。将规矩立在前面、将制度挺在前面，强化房地产信息共享平台的规范化、制度化建设，保证信息运转公开透明，增强信息的可信度，拓展房地产信息共享平台信任协作的广度和深度。比如，“盈家生活”正在搭建基于区块链技术的分布式房屋租约管理系统——盈家联盟链，以线上电子签约为起点，为房东、租客、资金等多方提供全面、安全、不可篡改的数据记录，实现可溯源、反欺诈、自动执行任务的智能管理服务。

2. 从应用层面，打造“区块链＋房地产信息共享”平台，建立健全合作共享机制

建设基于区块链的房地产信息共享平台，利用区块链技术的智能合约，促使多个主体在房地产信息共享平台上实现协同合作的联动效应，推进房地产信息共享平台合作共享机制的建设。将区块链技术应用于房产信息全国联网系统中，能够较好地解决中心化数据库系统性能花销大、性能不高、不易扩展、可用性不高等问题，消除各个房管部门的信息孤岛现象，满足群众在异地办理房产业务的需求。利用区块链技术打造房地产信息共享平台，既发挥了区块链的技术优势，又延伸和拓展了信息平台的功能和效用，发挥了房地产信息资源优化整合的合力作用，提高居民办理房地产相关业务的效率，减少房地产交易中的纠纷，有助于提高居民房产交易的满意度，提升居民租房和购房的体验感，提高房地产政务管理的水平和成效，提高房地产交易的质量和效率。

3. 从管理层面，打通数据壁垒，优化房地产信息共享平台协同机制

基于区块链的房地产信息共享平台建设，能够解决传统房地产信息平台存在的数据壁垒、信息孤岛等问题，促进房地产企业的业务流程规范化、交易高效率化和服务高品质化，助推房地产企业管理的智能化、科学化，为房地产行业的可持续发展提供保障。区块链技术通过分布式数据库打通部门间的数据壁垒，提高房地产信息平台管理的智能化水平。随着区块链与金融资本、实体经济的深度融合，传统的房地产业面临新的机遇和挑战。如何抓住机遇，实现化危为机，协同合作共赢机制建设是重要保障。

4. 从政策层面，加大支持力度，完善房地产信息共享平台的保障机制

房地产信息共享平台建设，就是要集中统一所有信息于一体，为信息透明、信息管理系统高效快捷运转提供机制保障。建设基于区块链的房地产信息共享平台，有助于各级房地产管理部门业务和数据的协同，房地产全行业的信息数据实现共享和互通，使得房源信息交易记录公开透明，强化对房地产市场的实时动态监管，有助于政府管理、监督、调控房地产市场的有序运行，推动各职能部门的管理能力与服务效果不断提升。管理部门能够掌握全面的信息，保证信息的可信度，提高信息更新速度，不断提升信息化服务的品质。政府要通过出台政策，给予人才与技术大力支持，加大对区块链技术发展的资金投入和项目支持，拓宽人才培养通道，培养行业专门技能人才，强化房地产信息共享平台建设的人才队伍支持与人才储备保障。

第三章　房地产经纪业务数字化转型

数字技术赋能房地产业高质量发展，为房地产经纪业务的数字化转型创造了条件。充分运用数字技术的优势资源，发挥互联网的作用，建设房地产经纪业务信息共用共享平台，为推进房地产经纪业务数字化转型探索实效性路径。

第一节　房地产经纪业务数字化转型的背景

房地产经纪业务是一项复杂的系统工程，房地产商品及其交易的烦琐性，势必导致房地产经纪业务及其服务难度的增加。要充分运用数字技术的优势资源，以提升企业的经营成效为着力点，推进房地产经纪业务在数字化转型中实现高质量发展。

一、房地产经纪概述

房地产经纪的主营业务是服务，服务是其业务的本质属性，房地产开发和交易是其依靠服务实现价值目标的主要业务。房地产经纪的高质量发展对于规范和繁荣房地产市场具有重要意义。

(一)房地产交易的内涵与特征

房地产交易是通过房地产市场进行商品买与卖的交换过程。因交易商品的特殊性，房地产交易也具有独特特征。

1. 房地产交易的基本内涵

房地产交易是一种专业性很强的行为，具有特定的法律意义，主要包括以房地产买卖和房地产赠与为主要内容的房地产转让，同时，房地产抵押和房屋租赁也是其重要组成部分。随着房地产市场的发展，在实际的房地产经纪业务中房地产交易是主体，房地产买卖是房地产交易最主要的业务。

2. 房地产交易的特征

(1)交易金额巨大

房地产价值量大，购买住房往往是人一生中最大的支出，而且还难以支付全部房款，需要申请贷款。房地产交易标的金额巨大，有些城市因住房面积过大导致房屋总价令许多人难以承受，就出现了小面积住房单价明显高于大面积住房单价的现象。很多人买房不仅要用上自己的全部积蓄，还需要父母及亲朋的支援，同时还需要办理住房抵押贷款。例如截至2023年6月杭州市辖区一套房屋的平均总价达到了约470万元，这是一笔相当庞大的资金。

(2)交易频次低，流动性较差

房地产交易往往是一个家庭生命周期中规模最大、最为重要的决策，交易的频次很低。房地产交易，尤其是二手房交易，供需双方的交易意愿和交易条件都不确定，交易难度大，商机不确定性高，商机的转化效率低。以北京为例，存量住房约750万套，近几年成交套数每年约15万套，若全部存量住房都交易一次且无重复交易，至少需要50年才能完成，由此可见房地产的流动性比较差。

(3)经历时间长，交易环节多

房地产一旦需要交易，通常需要几个月甚至更长时间才能找到买家。房地产交易涉及的环节较多，包括房屋出租委托、房源客源匹配、带看、撮合谈判、签约、购房资质审核、办理网签、解除抵押、办理贷款、办理缴税、办理权属转移登记、办理抵押登记、银行放款、房屋交付等。上述环节往往需要1～2个月甚至更长时间才能够全部完成。

(4)房地产市场是区域性市场

房地产的不可移动性决定了其不能像动产一样能够在不同地区之间调剂余缺，因此房地产市场通常不是全国性市场，更不是全球性市场，而是区域性市场。房地产的供求状况受到区域的限制，价格水平也受到区域的供求状况影响，价格趋势具有明显的区域性特征，一般可将一个城市看作一个房地产区域市场。

(5)易受政策影响

房地产是生产、生活不可或缺的基础要素，关系民众的生活、经济和社会的稳定，所以包括我国在内的世界主要经济大国都对房地产交易进行政策调控。例如，政府为遏制房地产交易过热，可以采取的调控政策包括制定最高限价、提高购房门槛、提高商业贷款首付比例、上调贷款利率、缩短购房最长贷款期限、加大住房用地的土地供应等。

(二)房地产经纪的内涵与特征

房地产市场的大环境对房地产经纪行业影响重大，随着房地产开发和房地产交易规模的不断扩大，房地产经纪业务也迎来了繁荣发展的时机。房地产经纪服务的存在是有条件的，如果离开了房地产开发和房地产交易，就失去了其存在和发展的根基。但是，房地产经纪作为房地产市场服务机构是独立存在的市场主体，它是在房地产市场发展过程中逐渐形成的独立的专门行业、专门机构。房地产经纪服务对于规范和繁荣房地产市场、满足百姓生活需要，具有重要的意义和价值。

1. 房地产经纪的内涵

根据《房地产经纪管理办法》，房地产经纪是房地产经纪机构和房地产经纪从业人员为促成房地产交易，向委托人提供房地产居间、代理等服务并收取佣金的行为。

房地产经纪服务的对象可以统称为委托人，主要包括房地产出卖人、出租人、购买人和承租人。通常情况下，提出房地产经纪服务需要的法人单位或个人都是委托人，一方面，他们是对房地产经纪服务有需求的人，另一方面，他们也是房地产经纪业务中被服务的对象。在我国经过工商部门注册并在房地产管理部门备案的机构和个人才有从业的资格，他们被称为房地产经纪业务中的服务机构和从业人员，具体而言，包括房地产经纪机构和取得房地产经纪职业资格的房地产经纪专业人员，以及房地产行业的其他从业人员。

房地产经纪活动的客体包括各种类型的房地产，所涉及的范围广、种类多，属性也各不相同。在房地产交易市场中，不仅包括现有存量房，还包括新建的商品房；不仅包括住宅，还包括商业用房、写字楼、工业用房等非住宅商品；不仅包括房屋，还包括房地产开发用地、房地产开发项目等。其中，商品房的交易占较大比例，是房地产经纪的主要业务，已有存量住宅和新建商品住宅是房地产经纪活动的主要客体。

在房地产交易过程中，为了更好地为委托人服务，房地产经纪机构和经纪人除了向委托人提供房地产交易相关信息、带领客户实地看房、帮助客户拟定房地产交易合同、协助委托人与他人订立房地产交易合同等基本的业务服务外，还常常向委托人提供代办贷款、代办不动产权登记等服务项目，大大扩展了房地产经纪服务的范围。

2. 房地产经纪的特征

房地产经纪是一种中介服务活动，既有一般经纪活动的基本属性，也有房地产经纪专有特性。房地产经纪主要有下列七个特征，其中前五个特征属于一般经纪活动的基本属性，第六、第七个特征是房地产经纪独有的特征。

(1)活动主体的专业性

每一种商品因其属性和价值不同，交易的特点也不相同，它们的市场运行规律也不尽相同。房地产行业独有的特点决定了房地产经纪活动的独特性，因此，房地产业经纪人难以跨行从业。一般情况下，每一个经纪人因其自身优势不同，常常专注于一类商品和某一种市场，这样就会形成各种不同专业的经纪人，比如房地产经纪人、股票经纪人、保险经纪人，他们在从业方向和业务方面都各有所长，这就是房地产经纪活动主体的专业性。一方面，房地产经纪机构和经纪人在房地产及其交易方面拥有丰富的专业知识、精湛的专业服务技能、丰富的从业经验；另一方面，房地产行业与其他行业相比，具有很大的专业差别，房地产经纪机构及专业人员只能更专注于房地产行业和房地产市场。

(2)活动内容的服务性

房地产经纪机构主体为促成房地产交易只提供中介服务。经纪机构对其做中介的商品没有所有权，也不是房屋价款的支付方，只作为服务方参与交易过程，不作为交易主体存在，也就没有买卖行为，主要业务是提供服务。

(3)活动地位的中介性

在房地产经纪活动中，委托行为发生的条件是已经存在着可能实现委托人目的的第三方，即促成交易的前提条件，也就是委托人进行交易的相对人已经存在，经纪活动的中介作用得以实现。房地产经纪机构是交易双方的中间人，房地产经纪人在委托人与其交易对手所进行的交易中发挥撮合、协助促成交易的作用。

(4)活动目的的交易性

在房地产经纪活动中，房地产经纪服务的目的就是要促成委托人与第三方的交易。无论是房地产居间协助中报告订约机会、提供媒介服务，还是房地产代理中以委托人名义发布交易信息、协商交易价格、订立交易合同，服务的目标和结果都是为了完成房地产交易。

(5)活动报酬的后验性

在实践中，只有在实现委托人与第三方房地产交易成功的前提下，房地产经纪机构才能收取佣金报酬。佣金是经纪机构应得的合法收入，但经纪服务所获得的收入是根据服务的成果来最终确定的，即交易是否达成及质量高低决定佣金。佣金收入具有后验性。

(6)活动范围的区域性

由于房地产位置的不可移动性，区域性成为房地产市场最显著的特征。因此，房地产市场的供求状况、房产交易方式等，都会受到由其地域特点所决定的当地社会经济条件及当地政府政策的影响。房地产经纪人在一定时期内只能专注于某一特定的区域市场(如某一城市或某个城区)。房地产经纪机构一般是通过设立区域分公司或分店的形式服务当地市场。

(7)活动后果的社会性

房地产业为各种社会经济活动提供场所，房地产既是重要的生产资料，又是生活资料，也是消费品，房地产经纪活动引发的房地产市场波动对各行各业都有直接而重大的影响。因此，房地产经济活动的后果具有广泛的社会性。

二、房地产经纪业务的主要内容与本质

按照交易方式可以将房地产经纪业务划分为房地产买卖经纪业务和租赁经纪业务。房地产经纪业务的标的以单宗房地产或单套房屋为主。

(一)房地产经纪业务的主要内容

1. 房地产买卖经纪业务的主要内容

房地产买卖经纪是房地产经纪机构为使房屋出售方和购买方达成买卖交易而提供的经纪服务。

房地产买卖经纪业务的内容分为基本业务和延伸业务。基本业务包括向客户提供相关交易信息、交易政策、市场行情、交易流程咨询，告知交易风险，代办权属调查，沟通买卖双方促成实地看房；同时，负责信息发布和广告宣传、协助议价、撮合交易、代拟房地产交易合同等。延伸服务包括代办抵押贷款、监管交易资金、协助缴纳税费、代办不动产权登记、协助交验房屋等业务。

2. 房地产租赁经纪业务的主要内容

房地产租赁经纪是房地产经纪机构为使房屋承租方和出租方达成租赁交易而提供的经纪服务。

房地产租赁经纪业务的内容主要包括提供房屋租赁信息、相关政策、市场行情咨询，沟通促成实地查看和负责权属调查，发布信息和广告宣传，协助议价，撮合交易，订立房屋租赁合同，代办房屋租赁合同备案手续，协助缴纳税费，协助交验房屋等。

虽然房地产买卖经纪业务与租赁经纪业务工作的对象不尽相同，但是具体的工作流程却大同小异。房地产经纪机构开展房地产经纪业务操作流程如图 3－1 所示。

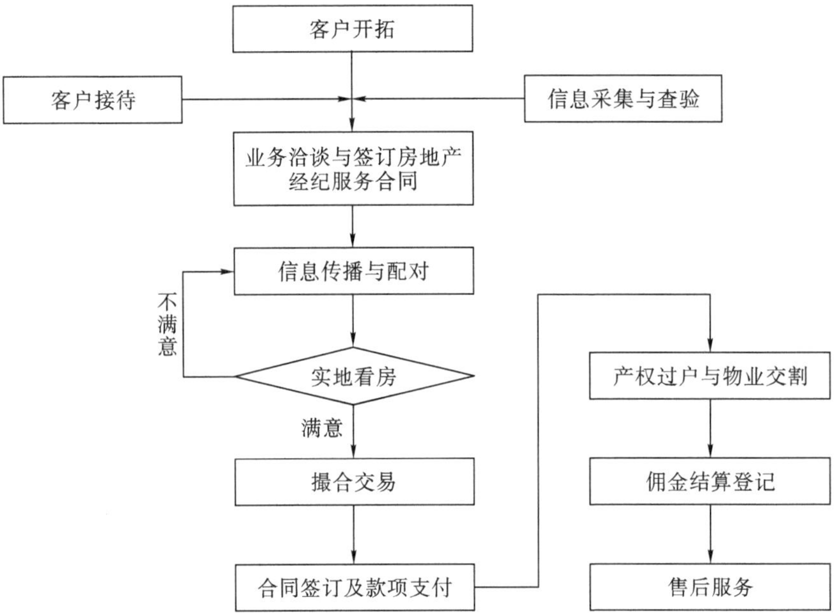

图 3－1　房地产经纪业务流程

(二)房地产经纪业务的本质

房地产经纪业务的本质是信息服务。数字技术赋能房地产业，将为房地产经纪业务的提质增效提供重要的支撑。

1. 房地产交易流程中的各环节都需要信息相关服务

房地产交易因交易商品的特有属性，而使其交易流程也具有特殊性。由于交易中标的特殊、金额巨大、经历时间漫长、手续烦琐复杂、交易双方缺乏经验等原因，往往陷入交易成本较高、风险较大的窘境。买卖双方借助房地产经纪机构和经纪人强大而专业的信息处理能力，达到节约交易成本、降低交易风险的目的。在交易前，消费者需要房地产经纪机构协助进行交易信息收集、谈判对象挑选以及信息真伪辨别；在交易过程中，买卖双方需要房地产经纪机构提出关于合同条款订立、交易风险规避等方法与手段的建议；在交易后，按揭、过户和交房等方面的知识和经验，同样要依靠房地产经纪机构来提供。

2. 房地产经纪业务中的各环节均是提供信息相关服务

一名业务能力较强的房地产经纪人需要通过收集大量房屋与客户的信息，才能掌握足量的信息，这是达成房地产经纪服务的前提条件。接下来，在房客匹配环节中，房地产经纪人要通过准确识别、深入挖掘购房者的真实意向，并提供信息搜索与匹配的服务为其匹配最适合的房源，这是房地产经纪服务的核心。在撮合交易环节中，房地产经纪人需要凭借对买卖双方的核心需求与心理状况信息的准确把握与巧妙沟通，撮合双方的谈判。

综合以上两个方面，房地产经纪服务质量的高低取决于为交易双方所提供信息的数量、及时性、准确性、全面性以及适用性，在此基础上，辅以房地产经纪人的营销、沟通、撮合与个性化服务，才能最终实现交易。

三、房地产经纪的必要性和作用

房地产交易决策是信息密集型决策，在房地产交易中无论是买方还是卖方都愿意通过房地产中介的服务来完成交易，最主要的原因是信息的复杂性、专业性和不透明性使得买卖双方直接通达的难度很大。这种对精准信息的依赖和信息传达过程的不顺畅，让千千万万的消费者在确定购房决策时受到多种因素的影响，在决策的选择上常常陷入两难境地。其中，二手房市场的信息匹配更为复杂、信息传递的链条更长、信息内容更加专业，因此交易双方的意愿如果没有经纪人的帮助是很难实现的。而在新房市场，开发商的广告宣传影响力巨大，营销宣传贴近消费者的需求，即使没有中介以及经纪人的帮助，买方也更容易找到自己心仪的商品，所以对房地产经纪行业的需求，在市场热度上远不如二手房迫切。

(一)房地产经纪的必要性

房地产经纪活动是房地产市场中不可或缺的重要组成部分，这是由房地产商品及其交易的特殊性决定的。

1. 房地产交易具有复杂性

(1)房地产交易价格的复杂性

房地产作为商品所具有的特殊性决定了其交易价格的复杂性。房地产商品空间的固定性、所处地理位置的一维性，决定了房地产商品的单一性、强异质性是其重要特征，世界上找不到两宗完全相同的房地产，因此，房地产商品市场比价难，房地产交易价格在通常情况下都是“一房一价”。而且房地产商品的物理特性、地理特征影响着其交易价值的确定，在任何一个时点上都很难估算出存量房地产的价值。

(2)房地产市场信息的复杂性

房地产交易，占有市场信息很重要，房地产市场上买卖双方的信息很难做到相互对称。在房地产交易中，认知房屋的功能和品质、比对房屋所处的地理位置和周边环境、精准掌握房屋的价值和产权状况，以及了解当事人的心理诉求等，是买卖双方都需要掌握的重要信息。这里涉及众多的专业知识和多种能力，其中房地产专业知识、房屋质量的评判能力、产权交易的法律知识、沟通交流的技巧、房地产市场行情变化的预判能力是最主要的方面。房地产市场信息的复杂性，对房地产经纪机构提升专业素质和服务能力提出了更高的要求。

(3)房地产交易心理的复杂性

房地产是一种特殊的商品，房地产所有权带来的获得感并不只能用经济价值来衡量，在心理上的满足感和认可度往往占比更大。比如，在房地产商品交易中，“购买一种生活方式”“享受一种生活品质”“我看好就是值”等消费理念盛行，个人的喜好在选择上起决定性作用，在购买房产这件事上不同人的看法和选择可能会完全不同。这种个人偏好的心理信息，与买卖双方的价值观念、生活理念、个性需求关系密切，与其成长经历、居住环境也有关系。价值取向、情感需要、文化诉求等心理因素，都会成为影响当事人做出决断的重要因素。由于房地产的地域性以及房地产商品的差异性，加之当事人一般情况下专业信息缺乏，对于市场行情了解不够全面，社会、市场观点对房地产交易的约束与影响并不大，所以，房地产交易的心理变化多种多样、纷繁复杂是很正常的。

2. 房地产交易信息具有不对称性

房地产交易的复杂性，使得每一笔交易都耗时费力，尤其大部分房地产交易双方是陌生人，信息不对称的问题更加突出。

(1)房地产交易双方之间的信息不对称

随着住房交易市场日益庞大，交易越来越多地发生在陌生人之间，而不是熟人之间，交易双方信息不对称的程度必然会显著增加，交易的潜在风险也随之上升。

(2)房地产交易专业知识匮乏导致的信息不对称

房地产交易涉及环节较多，诸如咨询、搜索、看房、交易、融资、结算等，每一个节点都十分关键。由于消费者在专业知识方面的缺乏，往往使其高效、顺畅地完成交易受到影响。例如，房地产的买方大都需要融资，但大部分买家对于怎样才能向金融机构筹措购房贷款，抵押贷款的各种政策和规定的具体内容是什么，需要具备的条件是什么这些问题，都需要向房地产经纪机构咨询以获得帮助。

(3)房地产交易价格复杂导致的信息不对称

房地产商品具有特殊性，房地产交易具有复杂性，这些因素强化了房地产市场信息的不对称性。房地产商品在价值上的昂贵，使得房地产交易时买卖双方在交易价格上都极为慎重，卖方担心价低了，买方害怕价高了。之所以会出现这样的复杂情况，最主要的原因是，房地产交易对于一个家庭而言往往是生命周期中极为重要的一项决策或资产配置，动用资金规模大、积累周期长，有的甚至需要几代人积累的积蓄；交易频率不高，决策十分谨慎，需要考量的因素众多。房地产交易中的“一房一价”在客观上会使客户对全面、及时和准确的房地产信息产生需求。

(二)房地产经纪的作用

随着房地产市场的发展，房地产商品交易中常常出现多变性、多样性和不确定性，更加需要房地产经纪服务提升质量和水平。

1. 降低交易成本，提高交易效率

在房地产交易中，由于交易商品本身的复杂性和价值影响因素众多，房地产交易当事人需要对市场供求状况、对方诚信等具体信息进行全面的了解，只有对交易的对方和市场情况全面了解后，做出的决定才会是理智的、可信的。如果当事人独立、直接进行房地产交易，不仅要在信息收集、谈判、交易手续办理等诸多环节上花费大量时间、精力和资金成本，交易双方搜寻信息时还面临着成本高、效率低的困境；又由于房地产商品价值量大、房地产专业知识的缺乏会导致交易时更加谨小慎微，瞻前顾后的为难情绪也会成为影响效率的因素，从而导致房地产市场运行整体低效。房地产经纪业务降低了信息搜索成本、选房看房成本以及交易流程的处理成本，通过为当事人提供专业服务，可使双方当事人减少顾虑，较快促成交易，从而为当事人省时、省事、省钱，降低了交易成本，提高了交易效率。

2. 规范交易行为，保障交易安全

房地产交易是一种复杂的房地产产权和价值运动过程，只有按照法律法规的要求，才能保证房地产交易安全顺利完成。交易安全是客户最基本的需求，从这个意义上来说，房地产经纪业务必须把维护房地产交易安全作为工作的首要任务。房地产交易主体常常因为缺乏房地产交易有关法律法规及相关知识而出现不规范的交易行为，不仅会导致当事人财物的重大损失，还会严重影响房地产市场秩序，甚至引发金融风险。在房地产交易活动中，房地产经纪人凭借其服务的专业性，能够比较准确地把握市场的发展态势，并且能够根据市场的供求状况对价格做出较为准确的判断，运用法律知识为双方当事人拟订合同，最大限度地降低和规避潜在风险。例如，通过严格的资金监管控制资金流转过程中的潜在风险，通过细致的产权调查尽可能全面了解房屋的产权信息、抵押信息等，从而提前控制可能发生的风险。

3. 促进交易公平，维护合法权益

产权转让是房地产交易的主要内容和重要环节。由于房地产交易中所要支付的款项在当事人的全部财产中所占份额相当大，所以房地产交易的安全问题至关重要，不仅关系到当事人现有利益的安全，而且还会影响到未来的生活。房地产交易过程中，如果存在信息不对称，甚至存在隐瞒欺诈等行为，都会导致交易不公平，使当事人权益受到损害。房地产经纪人作为市场中介要坚守职业操守，要为客户提供丰富的市场信息和专业的服务，帮助卖方合理定价、及时调价，帮助买方厘清需求，在不同需求条件之间进行权衡、排列或重构，从而找到一个利益最大化且相对满意的决策结果。

四、房地产经纪行业的发展前景

根据中国房地产估价师与房地产经纪人学会统计，截至 2020 年底，全国市场主体登记的房地产经纪机构共 34.1 万家，分支机构(门店)10.8 万家，存量房和新建商品房总交易额约 25 万亿元，通过房地产经纪人的综合成交率约占 50%，按照 2%的佣金率计算，房地产经纪行业的营业收入总规模约 2500 亿元。一些头部企业从业人员数量、门店数量及进入城市数量持续增长。链家对应的数据为经纪人员 15 万人、门店 8000 多家、进入城市 32 个；德佑对应的数据为经纪人员 9 万人、门店 15000 多家、进入城市 100 个；儒房地产数据为经纪人员 10 万人、门店 7200 家、进入城市 621 个；21 世纪不动产为经纪人员 6.8 万人、门店 9401 家、进入城市 167 个。其他从业人数和门店数及进入城市较多的房地产经纪机构还有优居、我爱我家、中原地产。截至 2021 年，全国房地产经纪从业人员数量超过 150 万人，其中取得全国房地产经纪人资格的有 13 万人，取得房地产经纪人协理资格的有 21 万人，两者合计 34 万人，其中约有 11 万人办理了职业资格登记。

从长期来看，市场的交易量和城市人口成正比。未来，我国每年的房地产交易量将达到 1500 万套，而且存量房交易占比会进一步提升。近几年存量房交易量在 4 亿平方米附近徘徊，在总住房交易量中占比在 20%附近波动，住房流通率只有约 1%，远低于美国当前 4%左右的水平，住房市场活跃度仍有较大的上升空间。近几年，除北上广深及厦门等城市存量房交易量稳定超过新房之外，多数城市存量房交易量占比仍不及新房。未来 10 年，存量房交易额将从当前的 7 万亿元左右增长至 25 万亿元，逐步赶上甚至超过新房市场交易额。越来越多的城市将进入存量市场，存量置换需求的提升将为房地产经纪机构发展带来广阔的市场空间。预计未来 10 年，我国存量房交易的经纪业务渗透率仍将稳步提升，由 2022 年的 88%提升至 92%左右，存量房经纪机构的总交易额达到 23.5 万亿元。随着房地产经纪服务需求及品质的提升，届时存量房经纪服务佣金收入预计将达到 7000 亿元左右。

如今，房地产市场的高增长时代已经落幕，一个崭新的时代正在缓缓开启，这个新时代必将是存量房交易不断上升的时代、买房话语权更大的时代、换房和改善需求占比更高的时代。

第二节　房地产经纪业务的数字化转型分析

房地产经纪业务的数字化转型是数字技术应用于房地产经纪发展的一种新业态。梳理房地产经纪业务数字化演变的过程，分析其影响因素及转型的可行性，为深入研究房地产经纪业务的数字化转型提供依据。

一、房地产经纪业务的数字化演变过程

数字技术广泛运用于房地产经纪业务之中，促进了房地产经纪业务的数字化转型，最具代表性的就是互联网平台的出现，使得房地产经纪业务经历了一个数字化演变过程。从以房源整合为中心的 Web(互联网)1.0 时代，到以用户(业主、购房者等)为中心的 Web 2.0 时代，再到以数据智能应用为中心的 Web 3.0 时代。

(一)房地产经纪业务的线下时代

这个阶段是以经纪人为核心的阶段。经纪人既是房源内容提供者，又是信息渠道。客户通过门店和报纸了解房源和市场信息，由于门店的辐射范围有限，报纸的发布也存在滞后性，传统媒介所能传递的有效信息是极为有限的，房源信息通常只包含几张

照片和简单的描述，这些信息常常存在着不准确、不全面的问题。

(二)房地产经纪业务的 Web 1.0 时代

房地产经纪 Web 1.0 时代的互联网平台以房源整合为中心，切入点是获得全面、及时和准确的房源。以 2001 年 ERP(企业资源计划)系统在行业内首次应用为里程碑，标志着房源的信息化。在这一阶段，互联网全面普及，在经纪行业快速应用，信息能够通过互联网实现快速且免费的传输。互联网取代传统纸媒成为经纪人最重要的信息平台，使经纪人的信息量和匹配效率有所提高。但互联网对于房地产经纪行业而言，仍然只是信息发布和传递的工具。房地产经纪公司或经纪人的核心竞争力是拥有更多的房源信息，尤其是别人没有的独家房源，可以说是“得房源者得天下”。在互联网的助力下，买房决策快、周期短、成交快，房地产经纪服务拼的是速度。

该阶段的房地产经纪互联网平台连接的是经纪人和经纪人，他们之间既有合作又有竞争，并且竞争非常激烈，正向网络效应和负向网络效应都十分明显。在一定区域的市场份额达到一定水平的时候，房地产经纪人之间的负向网络效应将会非常突出。房地产经纪人之间倾向于不再共享房源信息，房地产经纪互联网平台就难以发挥提高匹配效率的作用。

(三)房地产经纪业务的 Web 2.0 时代

房地产经纪 Web 2.0 时代的互联网平台以用户(业主、购房者等)为中心，以房屋估值、邻里信息、搜索引擎和 UGC(user generated content，用户生成内容)为切入点获取和积累用户。消费者通过输入一个街道名称或区域范围来寻找心仪的房屋，并且可以下载照片、户型图等。而且，随着智能手机的快速普及，越来越多的房屋搜索行为开始从手机终端发起。消费者能够参与信息内容的生产和传递，不再是单纯的信息接收者，经纪人和消费者之间的信息不对称大幅减少。

在这一阶段，房地产经纪互联网平台本质上是依托线上的规模效应和网络效应，确保用户的体验，从而提高用户黏性，成为用户的入口，用户的消费行为逐渐向线上迁移。但此阶段互联网平台上的房源缺乏核查机制，出现了虚假房源泛滥的问题。

(四)房地产经纪业务的 Web 3.0 时代

房地产经纪 Web 3.0 时代的互联网平台以数据智能应用为中心，以线上线下流程一体化为切入点，广泛记录消费者、经纪人的行为数据。VR、AI 等综合数字技术在垂直领域的多场景应用，运用互联网工具记录消费者与经纪人行为数据，推动人、物的全面数据化，标志着行业进入数据智能应用阶段，房地产交易过程中各方能够实现线上、线下协作。该阶段是效率显著提升的时期，同时也是数据化成果显著丰富的时期。

房地产经纪业务的管理用数据说话，真实而具体，通过将服务全流程数据化和线上化，构建人、物、服务的量化标准，并针对现存的薄弱环节进行持续改善和优化。用户需求在该阶段的房地产经纪业务中被前所未有地满足，即用户对真实、准确、丰富的技术信息的需求，对专业、诚实、努力、友善的房地产经纪人的需求，以及对可体验、可评价、可衡量的服务标准的需求，都通过数字技术呈现出最佳效果。

随着互联网技术的不断演变与革新，房地产经纪行业围绕“房、人、流程”的互联网程度不断深化，房地产经纪行业的传统商业模式在被改造中不断优化。

二、房地产经纪业务数字化转型的重要支撑

在房地产经纪业务中房地产经纪信息是极为重要的资源之一，是开展房地产经纪活动的前提和基础。信息服务是房地产经纪业务的本质，充分利用互联网优势，促使信息在房地产经纪服务中实现利益最大化，建设房地产经纪信息共用共享平台，为房地产经纪业务数字化转型提供重要支撑。

(一)房地产经纪信息的内涵

房地产经纪信息是房地产市场重要的资源，不仅动态地反映房地产经纪活动的状态，而且还为房地产经纪活动提供服务。房地产经纪信息主要包括房源信息、客源信息、服务信息三个方面的内容。

1. 房源信息

房源信息是房地产经纪人收集到的业主想要出售或出租房屋的相关信息，包含以下三方面。

①房屋本身的信息，即位置、楼层、朝向、面积、户型、价格、物业收费及管理状况、配套设施、周边环境、建筑结构、建成年代等。

②房屋权属信息，即是否有不动产权证书，房屋是独有还是共有，是否符合国家规定的出售或出租条件，是否已被查封、抵押或出租等，委托人是否为合法的权属人或代理人等。

③业主的交易要求，包括要价、价格变动的可接受范围、具体成交方式和时限要求、对交易对象的特殊要求等。

2. 客源信息

客源信息是房地产购买或求租方的情况，包括需求者、需求意向和支付能力三方面。

①需求者的信息，主要是房屋买方或求租方的家庭人口数量、人员结构、现有居住状况、购房核心决策人与意见参与者。

②需求意向，是需求者对所需产品的特征要求，主要是需求用途以及对房屋大小、户型、面积、价格、配套、物业等各方面的具体要求。

③支付能力，是需求者可以筹集到的用以支付房屋价款或租金的能力和数额，涉及首付能力、获得抵押贷款或其他融资的额度和期限等。

3. 服务信息

服务信息是房地产经纪人在为客户服务的过程中，对服务进度、客户要求、客户反馈等信息的记录，用于经纪人记录工作状况以便相互沟通，也有利于房地产经纪公司对经纪人的工作进行帮助、检查和监督。

上述房地产经纪信息中，有些是面向公众公开的，公众可以通过开放的途径任意查询；有些是针对特定人群开放，比如交易过程的服务信息，只有房地产经纪人能够看到；有些信息则是保密的，比如在实行私盘制的房地产经纪机构中，业主的联系方式只能由开发房源的经纪人掌握，其他人只能通过该经纪人与业主沟通。

(二)房地产经纪信息的作用

房地产经纪活动和房地产经纪人员的产生是有其特定条件的，最为重要的条件是房地产市场主体对房地产信息的需求。在房地产交易中，交易双方常常是处于信息不对称的状态，能够掌握的准确信息极为有限；或是虽然能够获得有用信息，但常常是所带来的收益与需支付的信息费用相差甚远，甚至是入不敷出。信息不充分是房地产市场与其他市场最大的区别，房地产信息不对称是导致市场机制失灵、市场效率低下等现象发生的主要原因之一。怎样才能通过自己所掌握的大量信息，将房地产市场上大量的闲置资源匹配给有需要的客户，有效地改变市场交易效率低下的不良状况，这是评价房地产经纪从业者业务能力和水平的重要标准。

房地产经纪信息是房地产行业和企业的重要资源，是开展房地产经纪活动的前提和条件。它的作用主要体现在以下三方面。

1. 实现房地产经纪活动的基本功能

房地产交易成功与否，能否找到相互匹配的交易双方是最为重要的条件。客户作为消费者，由于受到自身主观或者客观条件的制约，能够掌握的有价值的信息资源不多，通常情况下很难找到合适的交易对象。房地产经纪服务人员凭借职业的优势，掌握丰富的房地产交易信息，并且还具备针对具体信息快速有效找到需要相关信息客户的本领，由此，能够尽快将信息相互匹配的交易双方都找到，通过服务的环节促使供求交易尽早完成，成为买卖双方实现交易意愿的桥梁和纽带。

2. 提升房地产经纪服务的附加值

房地产经纪服务人员凭借职业优势，不仅拥有众多的房地产经纪信息，还能够通过服务实现客户间的信息匹配，使房地产经纪服务的附加值不断提高。在房地产经纪活动中，快速高效地向房地产开发企业传递有价值的信息，对于提升交易的成交量和服务的附加值至关重要。不仅能够帮助开发企业及时了解市场运营状况，规避开发商盲目开发的冒险行为，而且还能提升房地产市场有效供给的比例，提高房地产企业经济效益增长的速度；通过向消费者提供有用信息，消费者可以理智判断房地产市场发展态势，规避盲从跟风带来的风险，使交易过程中人力、物力、财力支出物有所值；通过向交易双方提供信息，规避信息不对称造成的不公平，可以在一定程度上避免因信息不畅通而使交易中一方处于优势而另一方处于劣势的状况发生，减少交易中的矛盾和纠纷，提升房地产经纪服务的附加值。

3. 活跃和规范房地产经纪行业

房地产经纪信息作为重要的资源，无论是对于房地产经纪机构，还是对于房地产经纪人员，都是提升业绩的法宝。只有搭建起共建共享信息平台，才能实现经济效益的合作共赢。只有充分了解和把握同业者和同行产业的发展现状和发展趋势，及时有效地修正自身的业务运作模式，才能提高房地产经纪的业务运作水平，从而活跃和规范整个房地产市场，为实现房地产市场治理能力现代化提供保障。

(三)房地产经纪信息共享平台建设

信息服务是房地产经纪服务的根本，建设信息资源共建共享平台，是推进房地产经纪业务数字化转型的关键因素，是提升房地产经纪高质量发展的基础和保障。

1. 房地产经纪信息共享的内涵

房地产经纪信息共享是指在房地产经纪人之间、房地产经纪机构之间、房地产交易者与经纪人和经纪机构之间，就有关房源信息、客源信息实现全部或部分公开，由相关人员共同获知或使用，提高信息使用效率，同时在参与主体之间依照某种规则各自获得相应利益的共享机制。

房地产经纪服务提供的是信息产品，共享性是信息产品的重要特征，也是信息产品不同于物质产品和其他服务产品的根本属性。共享对于信息产品本身无损，因此，如果能低成本地在最大范围内共享信息，就意味着信息产品效用达到了利益的最大化。

信息共享本身不产生损耗，但建设信息共享的传播载体需要投入成本，信息产品有所有权归属，他人利用信息产品所产生的收益应与信息所有权人按照某种规则进行分配。

2. 房地产经纪信息共享平台的构成要素

(1)平台开发者及运营者

房地产经纪信息共享平台的开发者及运营者负责牵头该信息共享平台的建设，利用新一代信息技术实现房地产经纪行业中各个角色所需的功能、提供房地产经纪业务所需的信息，运用各方达成共识的信息共享机制对交易促成相关者实现公平的利益分配，保证该信息共享平台的独立性和公平性，确保房地产交易和房地产经纪业务顺利进行，提高交易的效率。

(2)平台系统架构

房地产经纪信息共享平台中应根据需求定制，涵盖所有服务功能，并将整个系统拆分为多个功能模块。将各个业务模块产生的数据进行统一的归集和管理，实现数据的共享以及大数据量的快速存储和查询。配置智能化、可视化分析工具，能够实现数据智能化与可视化分析、预测。

针对我国常见的房地产经纪业务内容，房地产经纪信息共享平台的功能模块应包括房源管理模块、账户管理模块、客源管理模块、合同模块、跟进记录模块、实用工具模块等。该平台应该以服务政府、房地产经纪机构、房地产消费者、金融机构、装修企业等多角色用户为宗旨，为其提供数字化房地产经纪业务的新空间、新方式与新理念。房地产经纪信息共享平台的系统架构如图 3－2 所示。

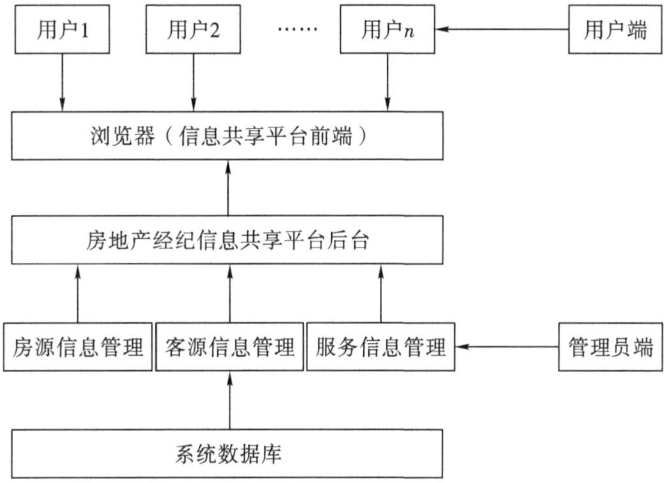

图 3－2　房地产经纪信息共享平台的系统架构

(3)平台运营模式

房地产经纪信息共享平台的运营模式，包括平台的价值主张，目标客户群体的流量导入方式，平台自身及入驻企业可调用的资源如何进行整合，平台提供的服务与功能，盈利模式，各方用户有何收益、收益如何分配等。只有构建公平、健康、可持续的运营模式，才能确保房地产经纪信息共享平台的有效性，提升房地产经纪行业的运行效率。

3. 建设房地产经纪信息共享平台的作用

房地产经纪信息共享平台是以互联网为基础支撑，以信息技术和网络系统为依托搭建的平台。旨在满足房地产经纪机构与消费者进行房屋买卖、租赁、抵押时对信息产品和服务的需求。房地产经纪信息共享平台作为市场双边用户交易的媒介，提供关于房地产的信息发布与搜索，沟通传播买方与卖方的信息，发挥撮合交易、资金存管、信用管理等服务功能，为房地产经纪机构及消费者带来更多交易对象，能够提高交易效率。同时，通过制订信息共享的协议和机制，发挥促进房地产经纪行业健康发展的作用。

房地产经纪信息共享平台上主要存储的是交易双方的信息，如买方和卖方、出租方和承租方，具有典型的双边市场特征。由于双边市场网络外部性的存在，交易其中一方所获得的效用(即成功交易的可能性)随另一方数量的增加而呈跳跃式增加。因此，房地产经纪信息共享平台重新组织资源的配置结构，其双边市场模式下的优势也会随着信息规模的增加越来越明显，从而呈现典型的网络效应。

三、房地产经纪业务数字化转型的影响因素

房地产经纪业务数字化转型是房地产经纪业务高质量发展的有效路径。梳理房地产经纪行业存在的问题，分析影响房地产经纪活动的主观因素和客观因素，为推进房

地产经纪业务数字化转型提供现实基础。

(一)房地产经纪行业存在的问题

不论是行业的发展，还是服务质量和水平的提升，都说明数字技术为房地产经纪业务发展带来了诸多有利因素。但是房地产经纪行业仍然存在着亟待解决的问题。

1. 房地产行业和市场信息不透明

由于房地产行业和市场信息不透明，大部分消费者经历过的房地产交易次数不多，对房地产市场了解不深入，个别房地产经纪人和经纪机构趁机扰乱市场秩序。

一些无良房地产经纪人通过互联网等渠道发布虚假房源信息、虚假广告，采取虚构低价房源等手段诱骗客户访问，以达到收集客源信息的目的，业内称为“吸户”。房地产市场充斥大量虚假房源信息，增加了消费者信息搜寻成本，侵害了消费者的合法权益。据大数据统计，互联网上反映的房地产经纪行业最突出的问题就是发布虚假房源信息，包括捏造散布不实信息、错误解读有关房地产政策、误导市场预期等。为了吸引消费者购房，一些房地产经纪人员通过微博、微信等自媒体渠道散布房价上涨、调控放松、信贷调整、税收变化等不实信息，或者在接待客户时故意错误解读房地产市场调控政策，制造市场紧张气氛，放大了供需紧张的状况，诱导购房人入市。消费者难以分辨这些网络消息和经纪人员言论的真伪，往往容易被误导而做出不利于自身利益的决定。

2. 房地产经纪人员的服务质量难以保证

由于房地产交易具有金额大、频次低的特性，房地产经纪业务常常是“一锤子买卖”，房地产经纪人的服务质量缺乏消费者常态化的监督和评价。房地产经纪人的素质参差不齐，部分经纪人在从业过程中为了一己私利做出侵害消费者合法权益的行为，包括未对房源尽到审慎核验义务、故意隐瞒房屋瑕疵、虚假承诺、规避应尽的责任义务以及打骚扰电话、发骚扰短信、张贴小广告等。这些不当行为一方面侵害了消费者的个人隐私，干扰广大人民群众的正常生产生活；另一方面扰乱了房地产经纪市场的正常秩序，破坏了公平竞争的市场环境。

(1)未对房源尽到审慎核验义务

未尽核验义务主要包括未在接受委托后对委托出售房屋进行产权核验、实地查看；将有抵押、查封等限制交易情况的房屋对外出售；未核实附属于房屋的学位、户口等情况，导致后续交易纠纷；未在交验房屋前对设施设备、家具家电、公共维修基金、物业管理费、水电气热等费用结清情况进行核实等。

(2)故意隐瞒房屋瑕疵

房屋瑕疵包括两大类，一是房屋原本有的难以改变的瑕疵，如房屋附近工厂的污染、朝向带来的采光不足等；二是房屋使用过程中因陈旧、损坏没有修复的瑕疵。房地产经纪人员为了促成这类房屋的交易，往往采取回避、遮掩的方式对问题进行隐瞒，不向消费者披露或者告知已知的房屋瑕疵。

(3)虚假承诺

为了达成交易、收取佣金，个别房地产经纪人员在面对消费者提出的交易条件和具体问题时信口开河、胡乱承诺，如承诺贷款金额和放款时限、户口迁出和租赁终止，有的甚至承诺高于市场价售出。虚假承诺的共同之处在于均属口头承诺，没有书面文字留存，导致消费者维权困难。

(4)规避应尽的责任义务

规避责任主要表现为加重消费者责任和义务，取消、减轻经纪机构及其人员责任。目前，消费者投诉较为集中的有：把房屋状况信息的提供义务全部加给售房人，回避房地产经纪机构及其人员应当核实房屋状况的义务；明确佣金交纳的具体时间，而不写明交易关键环节的最后时限和服务内容等；泄露、转卖客户信息。房地产经纪行业处于房地产业价值链的前端，向后延伸有装饰装修、家政服务、房屋出租再融资等多个下游产业。房地产交易行为的环节较多，需要多种专业领域的专业机构参与其中，如银行信贷部门、贷款担保机构、房地产估价机构等。个别房地产经纪人员受利益诱惑，把交易客户信息泄露给下游业务方或相关服务企业牟取非法利益。

(5)骚扰客户

为了最大限度地获取房源和客源信息，一些经纪人员违法购买个人信息，通过群发短信、打骚扰电话、张贴和散发小广告、路边举广告牌和揽客等方式违法违规开展业务，推销房源。

3. 房地产经纪行业无序竞争严重

房地产经纪盈利的关键是撮合交易，交易成败往往取决于房源、客源数量的多少。房源、客源大量来自经纪门店和经纪人员。在没有进入门槛和行业准入制度的情况下，房地产经纪机构推崇规模优先，忽视服务品质。经纪机构为了获得规模优势，采取人海战术，竞相开店招人。这一机制导致房地产经纪机构之间的竞争内容不是比服务，而是拼规模；不是比管理，而是拼资源；破坏竞争对手交易，造成行业恶性竞争。房地产经纪行业是谁促成交易谁收取佣金，加上诚信度差，缺乏必要的执业准则和职业道德，同行之间抢资源、切户、切单、搅单盛行，与房地产经纪有关的各方几乎互不信任，客户对经纪人员不信任，经纪人员也时时提防客户跳单；经纪机构对经纪人员不信任，各种措施防范经纪人员将本机构的客源或房源以私人名义转给其他经纪机构；经纪同行之间也不信任、不合作，严守自己的房源、客源以防被对手挖抢。这种恶性竞争也直接造成交易成本增加。

(二)数字技术对房地产经纪行业的影响

房地产交易具有典型的多边网络效应，交易服务中每一个环节的数字化以及有规则、有效率地分享，都会极大提升整体服务效率。数字技术对房地产经纪行业的影响与改造主要围绕着房、人、流程三个维度展开。

1. 房的互联网化

房的互联网化包括房源的位置信息(小区、楼栋、房间号)、房屋户型图、商圈信息，以及房源所在商圈中的交通、医疗、教育等配套信息。

2. 人的互联网化

人的互联网化包括购房者、业主和经纪人的画像信息和行为信息等。房地产经纪机构能够借助数字技术直观地了解消费者的需求，及时获得反馈。

3. 房地产经纪业务流程的互联网化

流程的互联网化包括找房、看房、签约、交易等各个流程节点的数据互联网化。在房地产经纪行业提升服务效率、降低企业与客户沟通成本的同时，还能够对房地产经纪全线业务流程进行实时管理，并对运营策略进行优化迭代。

房地产市场从卖方市场向买方市场的转变，不仅意味着买方话语权的增加，也意味着交易逻辑的根本改变。房地产交易逻辑改变体现在市场对更具显著差异化产品的需求上，房的差异化代表着房屋的功能属性或价格具有明显的优势，符合潜在客户的预期；人的差异化代表着业主参与度和配合度较高，有利于推动交易达成；房地产经纪业务流程的差异化意味着交易过程中买、卖、经纪人三方互动顺畅，交易流程清晰便捷，服务周到细致有保障。

四、房地产经纪业务数字化转型的可行性

房地产经纪业务数字化转型虽然影响因素众多，但是随着数字技术的广泛运用，房地产经纪信息平台的建设，以及数字经济新时代房地产消费者需求的变化，房地产经纪业务数字化转型势在必行。

（一）房地产经纪业务数字化转型的必要性

伴随着房地产市场的高速发展，房地产业迎来了买方市场。截至 2022 年，我国商品住宅销售额累计 130 万亿元，超过 9 亿城镇人口的居住需求基本得到了较好满足，存量住房面积达到 350 亿平方米，人均住房面积达到 42 平方米，套户比（城市住房总套数与城市家庭数量的比率）超过 1.1，超过 85％的城市家庭已经拥有自己的住房，经历了 20 余年的“黄金时代”，我国住房市场已经告别了总量短缺的时代。

我国住房市场进入买方市场的前提下，市场上有大量的房子，房地产交易的成交周期大幅度延长，买方对高性价比优质房源的需求应当被更好地满足，相应地，卖方要提供更具深度的房源加工、高质量的维护和更专业的营销推广。房地产市场中买卖双方的角色有所转变，其需求也发生了变化。数字技术是实现对两方提供精准服务和对市场经济秩序进行重塑的关键，房地产经纪业务的数字化转型是最佳出路。

房地产经纪行业是一个经营房地产市场信息并提供经纪服务的行业。房地产经纪人在经纪服务中主要发挥三方面的作用：一是房地产经纪人向市场交易参与者发布并传递房地产市场信息，扮演了信息中介的角色；二是房地产经纪人通过提供信息匹配、带客看房、交易谈判、签署交易合同等经纪服务撮合房地产交易双方实现交易，扮演了交易达成服务者的角色；三是房地产经纪人在房地产经纪服务过程中，利用专业知识为消费者提供房地产交易流程咨询，扮演了房地产交易专业咨询者的角色。

房地产经纪属于服务业，为交易双方提供信息、咨询、指导、指示、撮合、评估、代办等各类服务，其核心和本质是信息服务。房地产经纪行业进行数字化转型有其优势，同时也有其必要性。

(二)数字经济新时代房地产消费者的特点

市场经济条件下，每一个消费群体都有其特有的群体性特征。房地产消费者是一个重要的消费群体，数字经济新时代的房地产消费者主要具有以下三个方面的特点。

1. 利用网络渠道获取信息，决策前置

"90后""00后"作为伴随着互联网成长起来的一代，逐渐成为购房的主力军。他们的信息获取方式、购房决策过程都与过去的房地产消费者有很大的差异。为了获得真实客观的决策信息，知乎、小红书、抖音等互联网新媒体成为新时代消费者信息获取的第一站。这些新媒体渠道能够为房地产消费者提供足够全面、海量的信息，包括城市信息、商圈信息、市场数据、学区信息等。比如年轻一代的消费者能够通过新媒体得到非常丰富的城市板块分析、学区分析、市场行情数据分析，也可以得到更为具体的小区居住人群、绿化情况、入学概率、升学派位情况等决策信息。这些丰富的决策信息使得消费者能够形成自己的思考、判断和决策，在经纪人带看之前就能够精准锁定自己心仪的商圈和小区。

2. 对高层次、高价值、高阶的信息有强烈需求

新时代的房地产消费者往往接受过高等教育或有海外留学经历，这个消费群体的信息获取能力和精细分析能力都很强。因此他们需要的信息体现出"三高"的特点，即高层次、高价值与高阶。房地产交易中的"三高"信息主要包括建筑信息、社区人文信息、邻里信息、物业服务、板块发展规划、学区政策和交易历史数据等，这些信息往往经过专业人士梳理和加工，能够直接用于决策。对于理性和谨慎的购房者而言，在做出购买决策之前需要掌握更为多元、全面和具体的信息。

有人认为随着互联网和信息技术的发展，房地产经纪人在提供信息、节省时间等方面的价值会降低。信息技术的发达确实会带来信息的富足，然而这同时也导致了注意力的贫乏，表面上看，信息是无形而且免费的，但事实上它消耗的是人们最宝贵、最稀缺的注意力。如果说人们获得信息的成本几乎为零，那么处理信息的成本必然会大幅度增加。这也意味着房地产经纪人的信息价值并未减少，而是从简单的信息传递变成日益复杂的信息加工和处理。

从业主的角度看，他们需要房地产经纪人对已有的市场信息进行深度加工、分析和提炼，并结合动态变化的市场信息，对未来的市场走向进行客观判断，从而为房屋定价和调价方向提供有价值的参考。从客户的角度看，他们需要房地产经纪人在海量的房源中筛选出与自己需求偏好相匹配的房源，经纪人需要对客户需求和市场供给进行更加精准的分析和比对。此时房地产经纪人是专业顾问的角色，而不再是简单的信息传递者。

3. 换房和改善需求日益成为主流

随着我国人口增长趋势放缓，城镇化速度亦随之放缓，从消费者的购房需求看，换房和改善需求占据较大比重，在一线城市和二线核心城市该现象则更为明显。一方面，从购房经验看，换房与改善类客户一般都有一次或多次置业经验，属于成熟型客户，对房地产经纪人提供服务的深度有更高的要求，希望经纪人能够匹配合适房源、讲解市场趋势、预估换房成本、提供价格建议等。另一方面，换房与改善类客户的交易大多属于连环交易，涉及众多的参与者，流程复杂，潜在风险大，这就对房地产经纪机构业务流程和房地产经纪人专业能力提出了新的要求。

第三节　房地产经纪业务的数字化转型案例——贝壳找房

二手房市场是一个“得房源者得天下”的市场，传统房地产经纪公司由于受到资金和盈利模式的影响和制约，一般情况下都会选择在某一区域内发展，全国性布局的房地产经纪企业比较罕见。自 2014 年底，链家通过迅速投资并购布局，先后并购了成都伊诚、上海德佑、北京易家、深圳中联、广州满堂红、杭州盛世管家以及新房市场决策的高策，并且将并购来的品牌门店改头换面成为链家门店的方式迅速拓展线下门店。自此，链家成为多个城市的行业龙头，拥有了市场决策权，为自身成为行业运作规则的制定者奠定了基础。

贝壳找房源自链家，链家创始人将链家一分为三，裂变出贝壳找房与德佑。其中，链家保持直营门店模式，德佑延伸加盟店业务，而贝壳找房不仅覆盖新房、二手房、租赁、家装及金融服务等业务，还接入链家体系外的房源，形成“自营＋平台”的服务模式。脱胎于链家网的贝壳找房试图通过 ACN(agent cooperation network，经纪人合作网络)搭建一个开放型的共享信息平台。

2020 年 8 月，贝壳找房在美国纽约交易所(以下简称“纽交所”)敲钟，“BEKE”是股票的代码，号称是中国居住服务平台第一股。贝壳找房在纽交所的上市是具有里程碑意义的壮举，标志着其充分利用数字技术优势，把依赖重度服务的复杂交易进行数字化重构，并实现了信息平台的共享，为互联网时代房地产经纪数字化转型提供了有益的探索路径。

数字经济通过数字赋能促进了房地产经纪企业的转型升级，形成房地产经纪互联网平台。数字经济通过把房地产经纪业务操作流程在线上进行标准化分工，解决了房地产经纪行业的信息不对称问题，提高了经纪门店与中介员工之间的合作效率，同时保障了买卖双方的权益，提升了房地产经纪业务匹配效率。

一、贝壳找房平台数字化转型具体举措

将传统产业与数字技术相结合，为众多服务行业提供更多崭新的发展方向，贝壳找房的做法为互联网技术将彻底改变房地产经纪行业发展方向和运行模式做了最好的

实践印证。贝壳找房上市成功，推动了房地产行业利用大数据、VR、AI等技术的速度和效率，打造数字化、智能化、品质化新居住时代的实践已取得阶段性成果。

（一）楼盘字典实现真房源，颠覆行业痛点

贝壳找房从2008年开始人工搭建楼盘字典，着手解决房源真实性问题。为每个采盘专员配置了GPS（全球定位系统）轨迹定位器、时间经过校准的相机和智能手机，利用技术手段保证所采楼盘信息的真实性。数据工程师把采盘专员上传的楼盘实拍图像处理成系统中的结构化数据，组成楼盘字典的一部分。相对于同期同行的手工填报和抽查解决方案，贝壳找房采用更高成本的先进设备与大数据结合的方案构建真房源数据库。根据贝壳2020年第三季度财报，楼盘字典积累的真实房源数突破2.33亿套，覆盖全国57万个小区的490万栋楼宇，已成为国内覆盖面最广的房屋数据库。

楼盘字典Live是楼盘字典的升级版，能够实现让数据活起来、动起来。依托于楼盘字典Live，房屋过去的交易情况、带看次数和频率，都能清楚地在系统里呈现并且能做到实时更新。这种更为即时的数据也能够更真实、有效地反映出市场情况，为服务者和客户提供更多的数据支持，大大提升了合作效率，为借助服务规则创新而重构互信互利、合作共赢的行业风气提供了数字化底层技术支持。

（二）基于ACN模式，重塑行业生态

传统房地产经纪业务的最大难题是信息缺失，常常因为房源、客源信息有限而陷入信息孤岛。在低频交易的房地产经纪行业中，经纪人之间的业务关系是竞争而非合作，同事之间抢房源、抢客户的现象层出不穷，内耗严重，其原因在于分配制度不合理、分配机制不完善。通常情况下，只有最终促成交易的经纪人才能获得佣金，其他付出劳动的经纪人得不到收益，激励机制粗线条、笼统化，这导致经纪人为了自身经济利益，均独立完成交易活动，甚至连信息都不可能拿出来分享，也就无法通过分工实现工作效率的提升。

在数字化的房地产经纪业务中，房地产经纪人的工作会有70%～80%集中在线上。ACN经纪人合作网络运作模式就是要构建推动实现跨品牌房源、客户、经纪人合作的协作机制。ACN合作网络是指在遵守房源信息充分共享等规则的前提下，同品牌或跨品牌经纪人之间要以不同的角色共同参与到一笔交易之中，成交后按照各个角色的分佣比例进行佣金分成，这种合作模式是共生经济在居住服务领域落实落细落靠的具体体现。

基于ACN合作网络，贝壳找房把整个服务作为一根链条进行细化，然后根据经纪人在各个环节的贡献率进行佣金分配，从而使得利益分配机制更加科学合理。比如，在一单交易中，有房源录入人、房源维护人、委托备件人、房源钥匙人、房源实勘人、客源转介绍和客源成交人等多个角色，每个经纪人既是一个独立的个体，又是团队的一分子，既需要有独立作战的勇气与智慧，又要拥有精诚合作的精神。好的机制要求每个人都努力做好自己分内的工作，促使经纪人之间密切合作，共享劳动成果，提升

成就感、获得感。

凭借 ACN 经纪人合作网络的底层操作系统，贝壳找房构建出线上与线下两张网协同运转的模式。贝壳找房在线上搭建起数据与技术驱动的运营网络，帮助消费者做出更精准的决策，促进平台服务者协作。在线下，贝壳找房在全国 103 个城市设立连锁店，这些店铺连接 265 个新经纪品牌，有超过 45.6 万个经纪人组成的服务队伍，4.2 万家经纪门店营业，形成了以社区为中心的规模庞大的线下门店网络群。总之，线上网络提升线下作业的效率与品质，线下网络则可以帮助业主、客户与贝壳找房产生更多的交互与连接，沉淀行为数据。线上线下互相反哺，形成生态良性循环。

(三)严密的绩效机制，将经纪人的考核评价数字化

传统的房地产经纪公司是根据成交额和提成比例来确定经纪人的佣金收入，收入与成交额直接挂钩，表面看挺合理，但事实上存在着不公平的问题。比如，在没有达成交易的背后，并不是没有劳动付出，有的劳动付出虽然在这次交易中没有成交，但是很可能为下一单的成交奠定了基础，也是有价值的劳动。贝壳找房基于此在佣金分配上增加了无底薪积分制模式，根据经纪人的业绩、级别、业务、得分，经过一定的运算规则，按照 30％的积分数起提、75％封顶的原则，得出经纪人的每月积分数。根据积分数来决定经纪人每月的收入，积分数越高，佣金的比例越高，如果出现同等房地产交易额的情况，那么积分更高的经纪人要比积分低的经纪人获得更高的佣金收入，由此产生的马太效应有利于公司留住金牌经纪人。

劳有所得、奖勤罚懒，绩效机制的健全完善尤为重要。贝壳找房除了对金牌经纪人的佣金予以提升之外，还将常规的看房数、成交数、房源增加数等指标纳入绩效考核之中，增加了独家房源数等多个指标，将管理经纪人的工作内容更加具体化，绩效考核机制更加精细化、制度化，目的就是为了奖勤罚懒、奖优罚劣，淘汰不合格的经纪人。

(四)租售并举，打造存量房市场全生命周期闭环

除了在房地产经纪居间业务上通过主力与辅助力量布局，做到传统经纪业务的扩张与穿插之外，链家早在 2011 年就在住房租赁领域布下了“自如”租赁品牌提供租房产品，比被称作“中国长租公寓元年”的 2017 年早了 6 年。前有链家，今有贝壳、自如，借助数字化资源所建立的房、客源优势，在超越同类型企业及平台的基础上，稳居住房租赁市场头部位置，并终将帮助贝壳形成房地产交易及服务“完全生命周期”的闭环生态系统。在此基础上依托自如租赁，不仅能为消费者提供全生命周期公寓产品，还能够通过产品细分的方式达到长线蓄客的功效，并且通过自如提供的一站式家政、装修、搬家等业务服务，提高品牌的黏性；贝壳可以借助品牌优势以及消费者对于品牌的认知惯性，将自如长线积累的客源推介并转换为链家或德佑的潜在客户，当客户想再次放盘租赁或买卖时，也会基于品牌惯性的影响，再次将房源委托给贝壳。由此，贝壳通过对消费者的需求进行分层满足，将传统的一锤子买卖变成覆盖房地产交易全

生命周期的闭环体系。

(五)精耕数字化、标准化，提升服务品质

在交易流程的数字化和标准化打造上，贝壳找房通过线上运营网络推动个性化搜索、VR看房、IM(技术通信云)等技术创新，提升房地产商品交易的客户体验。

在服务品质的数字化和标准化方面，贝壳找房为门店和经纪人提供SaaS(软件运营服务)系统和其他工具包，推出平台治理机制以及系统化的培训计划，引导房地产经纪人和门店不断提升业务水平和服务质量。例如，薪火计划是师徒制新人成长计划，通过设计师傅的权益和荣誉体系，让资深的经纪人愿意收徒，手把手传授新人工作细节和经验，为探索以合作作业为核心的人才成长计划提供新思路。

此外，花桥学堂培训专职店东，使其不断完善服务水平；贝壳经纪学院在线上为经纪人提供基础性培训；房地产经纪人定期技能测验确立全行业考核标尺，助力经纪人职业化和行业规范化发展。

二、贝壳找房平台数字化转型模式分析

在数字化转型的时代，企业发展的内外部环境复杂多变、模糊不定，唯有打造数字化转型的动态核心能力，才能够实现指数型和跨越式增长。

贝壳找房以战略创新为引领，以数字技术创新与机制创新双轮驱动，打造了互为促进的数字化技术核心能力与数字化管理核心能力，“双核”协同整合形成产业数字化动态核心能力，以此破解房地产服务行业数字化转型的难题。在实现自身指数型增长的同时，致力于通过数据与技术驱动的线上运营网络和以社区为中心的线下门店网络推动整个行业的数字化转型，促进科技驱动的新型居住服务行业生态发展。

(一)战略创新引领，从垂直自营品牌转型数字化开放共创平台

贝壳找房平台转型升级依托于数字化技术创新体系和产业数字化机制创新。一方面，数字技术为贝壳搭建起了数字化创新的底层架构，另一方面，ACN合作机制创造的开放生态系统旨在通过分享合作提升全行业效率。技术创新和机制创新相辅相成打造了贝壳的产业数字化双核能力，建立起平台、经纪人、客户之间高效协同、互相促进的创新生态系统，以ACN机制驱动的数字化居住服务共创模式，加速构建中国领先的居住服务平台，打造连接C端(用户)生态网和B端(服务提供者)生态网、支撑新居住生态的“数字化新基建”，以此重构并引领居住服务行业。

(二)数字化技术创新体系筑牢产业数字化根基

数字化技术创新体系也加快了贝壳数字化服务机制的创新速度和对线上场景改造的能力。贝壳针对最复杂的贷款签约场景打造了线上核签室等数字化产品，整合实名认证、人脸识别、电子签章、OCR(光学字符识别)自动识别等技术，打通线上交易闭环的“最后一公里”。从成交意向确定到签订合同及完成交易，交互场景全部数字化，比传统的贷款面签时长平均缩短20%。截至2020年9月底，贝壳线上贷签服务已覆盖

全国45座城市、66家合作银行的1000多家支行。

(三)数字化机制创新夯实产业数字化的信任基础

为了突破因交易模式复杂、非标准化和低效内耗等问题给房地产经纪服务行业数字化转型带来的制约，贝壳全面应用的ACN机制将原来一位经纪人负责的买卖过程细分成10个任务，设置成10个角色，按贡献来分享原来由一位经纪人独享的房产交易中介费，并通过“贝壳分”这一以用户为核心的信用评价体系来激励平台服务者提升服务质量。由此，ACN机制将经纪人之间的关系由竞争博弈变为共享共赢。这样的价值共创过程既缓解了尖锐的利益竞争矛盾，又用协作提升了平台每位参与者的价值创造能力，基于平台为经纪人创造了一个提升职业道德水平的良好环境。同时，平台对每个角色具体的工作范围做出规定，提高服务工作过程的标准化，数字赋能经纪人职业化，进而为房地产业数字化转型夯实信任基础。

依托于平台数据化技术体系的支持，经纪人在客户进店之前就能充分了解客户需求，为开展个性化和定制化的服务奠定基础。在为客户带来更优质服务体验的同时，能够因优质的服务平台招徕更多顾客，为提高交易的效率和加强数据积累提供支撑，实现更高的成交额转化和服务成效的提升。

第四章　数字赋能房地产业人才质量提升

随着时代的发展，各行各业对于人才培养的要求也越来越高。如何运用数字赋能提升人才培养质量，高职院校房地产经营与管理专业在实践中进行了深入探索。基于书证融通加强高职院校房地产经营与管理专业建设，将创新创业教育融入职业技能教育来提升人才创新意识与能力，运用区块链技术提升房地产相关专业教育教学实效，区块链技术赋能职业教育学分银行建设，这一系列理论与实践相结合的探索，为新时代数字赋能房地产业人才质量提升提供了可资借鉴的经验和思路。

第一节　时代发展对房地产业人才的新要求

党的二十大报告指出，“高质量发展是全面建设社会主义现代化国家的首要任务”，为新时代房地产行业的发展指明了方向。随着经济社会的发展和人民生活水平的持续提高，住房消费观念也发生了重大变化。人们对住房功能要求从满足基本居住转为满足高品质生活需要，在发展中保障和改善民生的新理念新方略下，追求品质在住房消费中被提到更高层面，意味着我国在“住有所居”制度下，既要保民生，也要提品质。在此背景下，房地产行业要奋力发展、提质增效，顺应新时代人民群众对于美好生活的新期待、新需求，将“平稳、高质、创新”作为未来的发展方向，符合经济技术发展的需要，符合国家高质量发展的需要，符合以人民为中心的发展思想的要求。房地产行业对于高质量发展的迫切需要对房地产业的从业者提出了新的更高的要求，对从业者的职业素养和服务能力等方面的要求与过去相比都有了新变化、新要求。

一、新消费趋势对房地产从业者的新要求

经济和技术的飞速发展带来了不断涌现与更迭的新业态、新技术，由此产生的新消费发展趋势进一步催生出房地产行业中的新岗位和新要求。数字化时代为各行各业都带来了根本性变革，房地产业亦不例外。数字技术能够使房地产消费者由过去的仅仅满足基本居住需要升级为满足高品质生活需要，享受更加安全智能的居住体验、更加齐全便捷的服务、更加环保健康的生活方式、更加活跃丰富的社区文化，有效提高了房地产消费者的体验感和满意度。消费者的思想、观念、行为都发生了重大变化，他们不再是商品和广告的被动接收者，而是积极主动地加入企业的商业活动中，乐于讨论、善于表达对商品的理解和期望的参与者。例如，近年来越来越多地被运用到房地产行业的直播和自媒体，这对房地产从业人员运用数字技术、创新业务方式的能力都提出了更高的要求。房地产业一线员工要具有数字化的思维意识和技术能力，能够

应用全新的移动工具、智能设备工具等，从而提升自身的工作效率，顺利地实现与新消费需求的精准对接。

二、新发展模式对房地产从业者的新要求

随着我国城市群及都市圈持续高速发展，在各个重点区域内，人口和产业的集聚效应进一步扩大，由于经济韧性强、产业底蕴厚重、交通基础设施发达等特点，热点城市及城市群不断形成和壮大。房地产发展机遇并不仅仅局限于商品住宅的开发，还包括长租公寓、商业综合体、办公写字楼、物流仓储、工业用房等，它们的发展同样面临新机遇。一些区域借助国家大力推进城乡协调发展、乡村振兴、新型城镇化建设战略举措，发展休闲旅游地产、养生养老健康地产、分时度假民宿地产等。新的发展模式对房地产业人才提出的新要求，既有人才培养新目标的新要求，也有培训体系中未能涵盖的知识和技能需求的新要求。

现代社会经济发展新常态带来了房地产行业的诸多重大变革，房地产业人才要紧跟行业发展步伐，持续拓宽知识领域，提升自身的能力本领，为房地产业高质量发展贡献力量。党的二十大报告指出，“推进教育数字化，建设全民终身学习的学习型社会、学习型大国”。中共中央、国务院印发《中国教育现代化 2035》提出，“构建服务全民的终身学习体系”，“建立健全国家学分银行制度和学习成果认证制度”。

移动互联网时代，企业对人才的需求发生了巨大的变化。第一，在客户导向下，谁最了解客户，谁就最接近企业价值的核心；第二，产品需要不断迭代，而传统房地产企业的层级制管理难以迅速做出反应，迭代周期过长；第三，在创意时代，人才作为一种特殊资产的价值不断凸显。企业组织变化趋势的核心是扁平化、去中心化，这就要求每个员工都要真正地了解整个企业，每个员工都能代表公司，对外能够介绍公司的文化、战略和项目，对内能够充分了解公司的战略意图，并根据公司最高的战略意图和战术做出正确的判断。

房地产企业需要构建起一支面向未来的数字化团队，除具备数字技术能力之外，还要有跨行业、多领域的实战经验，具备战略思维、商业思维和共赢思维，以及引导、说服、推动等领导力，可以通过数字化思维、领导力和技术去引领需求。

房地产业人才包括行业中的在职工作者以及房地产相关专业的在读学生，近年来国家出台了一系列鼓励学习者提升职业技能、拓宽学习渠道的政策，有利于实现人才的可持续发展，满足新时代的新要求，有利于在人才端助力行业实现高质量发展。在数字技术的助力下，政府、行业、企业、学校能够形成合力，促进房地产业人才技术技能提升，对提升房地产业人才质量发挥着重要的作用。

三、房地产从业者职业发展的现状和存在的问题

自 1998 年我国住房制度改革以来，伴随着房地产交易的市场化，我国的房地产业从无到有、从有到优，目前房地产从业人员共计约 1300 万人。过去 20 多年，我国处

于前所未有的城市化进程中，房地产业发展迅速、市场红利巨大，因而吸引了众多从业者进入房地产业。这些从业者在职业发展和个人收入层面取得了一定的成果，同时每年为千万城市家庭完成了置业的愿望，在助力人们追求更美好的居住生活方面做出了重要贡献，产生了相应的社会价值。

房地产从业者有不少可圈可点之处，但也存在着一些问题。房地产从业者的整体素质不高，专业能力还有不足，尤其对于占从业者比重最大的房地产销售人员，社会地位和职业尊严都还有待提升。总体而言，房地产从业者的职业化发展还处于较低的水平。

(一)准入门槛低，行业认同度低

房地产业的不少岗位没有准入门槛，或是粗略地将取得某类学历作为门槛，企业认为提供的工作岗位底薪很低、提成很高，可以让大量应聘人员进行尝试，而企业无论怎样都不会有损失，使得很多年轻人抱着试试看的态度进入房地产行业。大量新入行的从业者不适合岗位、缺乏内在激励或耐心，导致出现大量半路退出的情况。准入门槛低还导致一些应聘者在没找到其他合适的工作岗位时，将进入房地产业工作作为过渡，只打算在一个相对短的时期内用来维持生计，骑驴找马地寻求其他工作机会，并无长期从业的打算，其工作态度和工作效果自然也不理想。

在招聘时对所学专业、职业特质、技能水平不设限，看似房地产企业没有直接的损失，实则潜在的成本巨大，既损害了企业在消费者心目中的形象，也损害了行业整体形象，阻碍了更为适合的人进入房地产业。这样做的结果是从业群体素质良莠不齐，从业者队伍整体口碑差，也会导致社会整体层面的认同度大大降低。

(二)人员流失率高，职业稳定性低

房地产行业普遍收入不稳定、波动大。房地产从业者的收入随着市场竞争的变化而变化，呈现高度的不确定性和周期性，新入行的从业者要有一定的经济基础才能承受行业波动带来的不利影响。此外，房地产从业者对未来的职业发展和职业回报无法形成稳定的预期。行业中人员更替过度频繁，迫使相当一部分从业者难以在提升专业素养、服务质量、服务水平上投入精力和时间，更不可能在学历以及职业技能上力求接受更高层次的学习和教育，而是更加看重眼前的利益和实惠，会将更多的精力投入与同行的争夺中，致使企业之间的竞争趋于丛林化、狼性化，这对于房地产行业高质量发展是极为不利的影响因素。

四、房地产业人才发展的保障机制构建

新的时代经济和科技的高速发展，应运而生的新消费趋势对房地产从业者提出了新的要求，新发展模式也对房地产从业者提出了新的要求。因此，为提升房地产行业整体人才队伍的质量，构建房地产业人才发展的保障机制极为重要。

(一)调整人才筛选标准

每一个行业都有其特殊的职业特征，都对从业人员提出相应的从业要求。这是行

业发展的需要，也是职业人才队伍培养的需要。规范对从业者的要求，与时俱进地调整人才筛选标准，提升从业者的能力和水平，对于行业发展以及从业者自身的职业发展都具有重要的意义。考虑到行业所处的发展阶段，以及新人面对市场波动时需要承受较大的市场风险等现实情况，为了更好地匹配客户对房地产从业者专业水准和服务深度的需求，房地产业应该制订更严格的招聘标准，包括从业资格、专业技能、受教育层次、年龄、工作经历等，甚至还可以更多地考虑有一定从事房地产行业经验和经济基础的人才。比如，欧美国家的房地产业和保险业就明确要求有大量社会经验和社会网络关系丰富的人士从业，其中销售人员的平均年龄达到 57 岁，尤其是很多高知、高能的女性从业者，对提升行业形象起到了非常重要的促进作用。

(二)为新人提供职业化养成期

从业者的工作经历以及从业经验在人才成长中是极为重要的资源。行业的特征决定了隔行如隔山，进入新的行业领域工作，意味着一切都要从头开始。房地产从业者的专业知识完善和职业规范养成需要一定的时间，随着客户要求的不断提高，从业者的职业化养成期也会相应延长。干一行爱一行，行行出状元。要给予新人一个成长的机会，也给予其一个从兴趣培养到将职业变成事业的蜕变过程。房地产企业应适当延长新人保护期，通过延长固定薪资的时间、延长培训期和学徒期，给他们充分的时间去提升自己和积淀能力，逐步提升从业者的行业竞争力。房地产企业可以视岗位业务的实际需要将新人保护期设置为 1 年左右。为新人提供职业化养成期，是造就一支素质高、能力强的房地产从业人员队伍的重要举措。

(三)多元规划人才发展路径

人才队伍建设是房地产企业发展的重要支撑。既要有整体人才队伍的质量提升，也要重视因人而异的个性化发展。每一个从业者都是独一无二的，每个人都有其独有的优势和特色，这是人才队伍中最为宝贵的资源优势，在此基础上依据行业服务特色，打造个性化品牌，以多元化发展路径规划人才培养方案，做到优势互补。房地产企业可以为从业者提供更多元化的发展路径，摆脱过去千人一面的单一化发展路径。从业者在与客户接触的过程中，如果缺少明确的业务专长，自身特质不明显，极可能导致客户对其印象不深，很难建立起信任。从业者可以结合自身的优势选择特色化的发展路径，打造自己的个人品牌，比如楼盘或区域(学区)专家、业务专家、专业知识专家、自媒体运营专家或社群运营专家等。将自身的特色打造成品牌，并与客户的需求精准对接，将能够显著提升业务成功率和交易转化率。

(四)构建各岗位人员能力特质模型

工作岗位不同，对于从业人员的要求也不同。人岗匹配、定岗定责，这是现实生活中对于工作而言最基本的要求。这要求从人才招聘这一步，就要将人才的岗位需求与从业者的职业素质和能力相匹配。当前，绝大多数房地产企业在人才招聘上还处于摸着石头过河的阶段，普遍执行自然淘汰的法则。在人才招聘时不进行深度干预，而是通过从业者上岗后的实际业绩进行筛选和淘汰，导致企业中人才的“大进大出”，企业在招聘上花费的时间和物质成本都是巨大的。房地产企业应该研究出各典型岗位的能力特质模型，通过技术手段开发相应的测评工具，不断摸索出适合中国房地产市场的招聘测试模型并建立数据库，确立可实施、可量化的选人、用人、留人标准，通过科学手段招聘吸纳适合行业发展的有潜质、有能力的人才，这是房地产业人才发展保障机制建设的重要内容。

(五)建立标准化的知识数据库

对于房地产从业者而言，最核心的竞争力来源于自身所掌握的实践技能和行业经验。例如在什么情境下应该采取何种行为、表达哪些话语，上述技能仅仅依靠培训很难完全掌握，需要在实际的工作中反复训练才能熟练掌握。我国房屋交易规则非常复杂，交易规范时常变动，还有一些特定文化习俗下的规则，通过历史成交经验来积累这些复杂的规则是非常困难的，一个新入行的从业者要掌握所有这些内容并形成经验，往往要花费很长时间。经验的积累既需要从业者自身的实践总结，更需要行业、企业开发完善的成交案例库。

实践技能和行业经验相关的信息与知识的整理、加工和积累是一个长期的动态过程，房地产企业要对自身业务涉及的内容进行标准化和数据化处理，提炼出特定场景下的最佳实践。通过不断积累案例，可以进一步提炼总结，变成标准化的知识数据库，使从业者能够根据需要在数据库中调取标准化知识。通过这样的方式，企业积累大量的知识形成组织的力量，并能够进行规模化复制，企业员工的专业能力就可以依托建立在组织上、数据库上的优质资源得到提升。

第二节　职业院校房地产相关专业建设策略——以高职院校房地产经营与管理专业为例

2019 年，国务院出台《国家职业教育改革实施方案》(简称“职教 20 条”)，强调职业院校专业设置与产业需求对接、课程内容与职业标准对接、教学过程与生产过程对接，在职业院校、应用型本科高校启动“学历证书＋若干职业技能等级证书”制度试点，即1＋X证书制度试点。1＋X 证书制度全面铺开是职业教育未来的发展趋势。房地产业人才中大部分曾经或正在接受的房地产专业教育是职业教育，通过对以高职院校房地产经营与管理专业为代表的房地产相关专业的建设策略进行探索，积极优化专业建设和学科建设，构建多维人才培养体系，推进人才培养模式的深层次改革，以便更好地与即将全面施行的 1＋X 证书制度顺利对接，为房地产行业和企业培养高素质、可持续发展的应用型人才。

一、高职院校房地产经营与管理专业建设的现状

在全国的高职院校中，大约有 150 所院校开设了房地产经营与管理相关专业，这

些专业的全体在校学生之中，包括房地产经营与管理专业的学生约4万人、房地产估价与检测专业的学生约4000人、物业管理专业的学生约3000人。高职院校的房地产经营与管理相关专业，依据区域经济建设和社会发展的需要，围绕学生普遍就业的房地产开发公司、房地产中介服务公司、房地产投资公司和物业管理公司等单位的房地产营销、房地产经纪、房地产估价、商业地产运营、房地产投资、物业管理等基层业务和管理岗位，形成了既有的人才培养体系。

随着经济和技术的飞速发展，高职院校房地产经营与管理相关专业的专业建设，在一定程度上已难以完全适应现代社会经济发展新常态对房地产经营与管理专业人才所提出的新要求，各高职院校房地产经营与管理专业厘清专业建设中存在的问题和影响因素，是当前破解房地产经营与管理专业建设难题的基础和保障。

二、高职院校房地产经营与管理专业建设存在的问题

房地产经营与管理专业是一个交叉性学科专业，在该专业的知识体系中，经济、管理、法学和工程技术相互交融，因而房地产经营与管理专业在人才培养目标上具有多元化方向，在学生的职业技能培养上也是一专多能，学生的成长发展呈现多向性的特点。各高职院校的房地产经营与管理专业往往依据本校的办学基础和教育教学资源，其课程体系或是偏重经营管理，或是偏重工程技术，帮助学生构建较为全面的专业基础知识和技术技能素养体系存在一定的难度和问题。人才培养质量与社会和行业所需的高素质、复合型人才培养的要求还有一定的差距，在教学内容、教学方式、考核评价方式和师资队伍建设等方面存在一定的问题。

(一)教学内容与岗位需求脱节

现阶段，很多高职院校房地产经营与管理专业的教学内容与岗位需求脱节，人才培养的适应性不强，学生的能力素养与就业岗位适配度不高。为了适应不断变化的岗位需求，高职院校的人才培养方案都有需要更新，但不少院校、专业仅对人才培养方案进行略微调整，缺乏对教学内容在深度和广度上的开发重构和丰富拓展，无法很好地满足社会、行业和学生自身的发展需求；此外，还有一些高职院校的人才培养方案虽然做出了恰当的设计和调整，但教学内容在教学实际中贯彻不到位，人才培养方案推进和实施的力度不够，严重影响了人才培养的质量和成效。

当代“00后”和“05后”大学生追求个性化和多元化的发展，他们敢于尝试和挑战，职业发展不拘泥于一成不变的岗位、工作方式甚至行业，而这种特质也恰恰是经济发展新常态背景下的企业所需要的。高职院校的房地产经营与管理专业往往针对某些特定岗位确定课程体系，这些课程的设置更多地考虑了专门化职业岗位对职业能力的需求，对学生多方向职业能力发展所需要的基础构建则考虑不足。学生的知识技能体系难以与各级各类教育进行纵向衔接、横向沟通，阻碍了学生多元化、个性化与可持续性的发展，学生在适应岗位和职场发展中容易遇到困难。

(二)教学方式僵化，产教融合不足

一些高职院校的房地产经营与管理专业未能彰显职业教育的特点，偏重理论教学，实践教学课时占比低，校企合作、产教融合的实习实训基地建设严重不足。学生亲身参与社会实践的机会与人才培养方案中的实践学时严重不符，实践教学场景与真实岗位脱节现象时常发生。教学方式僵化，每门课程孤立地、以传统的章节为载体开展教学，房地产经营与管理专业各课程之间缺乏系统性、联动性，教学中需要与时俱进增加的新技术、新要求未能在各门课程间实现同步调整和配合，不利于学生对所学专业进行通盘理解和深入思考，更不利于对学生应用能力和创新能力的培养。

此外，有些高职院校房地产经营与管理专业的产教融合流于形式，高职院校未能为合作的行业企业做好社会服务，也未充分利用企业的优势资源开展教学活动。很多高职院校房地产经营与管理专业与企业共建了实践实训基地，但未常态化地把企业的业务、案例和专家引入校内的实际教学中。产教融合不足，导致学生对岗位操作的掌握情况不理想，实操技能低下，进而影响房地产经营与管理专业学生的岗位适应性和就业质量。

(三)考核评价体系不健全，评价标准不统一

高职院校房地产经营与管理专业对学生学业的考核评价往往以学校和教师的评价为主，每门课程以任课教师为中心独立开展考核评价，考核评价体系不健全。每位教师的教学能力和水平有所差异，对学生的学习成效评价标准的制订亦有所差异，由此，教师对学生成绩的判定会产生更加显著的差异，不利于学分认证、积累、转化，阻碍了高职学历教育与其他类型、等级的学习成果之间的等值融通，难以满足学生持续学习和职业发展的需求。

校企双方的考核标准融合度不高，也会影响学生就业的质量和稳定性。学业考核评价过程中社会和行业力量缺席，未能将用人单位的要求作为课程过程性考核的具体指标，造成学校的考核评价标准趋于学院化和形式化，缺乏实用性和前瞻性，学生通过课程考试与熟练掌握专业知识、技能无法直接画上等号，不利于高职院校房地产经营与管理专业人才培养质量的提升。

(四)师资队伍建设需要加强，教师实践经验不足

高校是最前沿的理论和技术的汇聚地，高职院校房地产经营与管理专业的师资队伍需要不断学习和提高。但师资队伍动态化管理机制的缺乏，使得一些院校房地产经营与管理专业的师资队伍难以与产业持续的发展步调相一致，教师资质和水平鲜有突破性提高，教师的交流实践和专业理论学习不充分，师资队伍建设中人才梯队建设及方向带头人缺失，师资力量不充分的弊端导致教学效果不佳、人才培养与岗位需求匹配度不高。

师者，传道授业解惑也，教师要想给学生一碗水，自己就要有一桶水。职业教育中实践实训是重要环节，更加重视实习实训对学生专业技能提升的帮助。而高职院校

房地产经营与管理专业的教师很多却不具备充足的岗位实践经验，教学中又不能定期到企业实习和调研，在课堂教学中更偏重理论教学，教师的理论与实践结合不足，致使学生的实践和应用能力较弱，难以扎实地掌握职业技能，毕业后在工作岗位上快速上手、适应工作的难度较大。

三、基于书证融通的高职院校房地产经营与管理专业建设的原则

书证融通是施行 1＋X 证书制度的关键和精髓。基于书证融通的高职院校房地产经营与管理专业建设应当以 1＋X 证书制度为遵循，以提高职业教育人才培养质量为目标，为拓宽高素质应用型人才的可持续发展通道服务。专业建设应该朝着与 1＋X 证书制度实施顺畅对接的目标持续推进，从而实现学历证书与职业技能等级证书的学习成果等效与转换，实现学历教育与职业技能教育的衔接。

(一)提升学历教育和职业技能教育融合度

基于书证融通的高职院校房地产经营与管理专业建设的首要原则，是提升学历教育和职业技能教育的融合度。结合当地房地产行业的发展与技能型人才需求情况，重新构建人才培养体系，统筹规划中职、高职和本科房地产经营与管理专业教育教学的一体化衔接，推动学历证书与相应等级的职业技能等级证书学习成果的等效与转换，并着力推进正规教育、非正规教育与非正式学习之间的相互融通，从而实现学历教育与职业技能教育的衔接。完善职业教育人才培养体系建设，为国家资历框架和学分银行的全面推行奠定基础，构建贯穿学生终身学习全过程的学习链，促进学生更加稳定和高质量地就业。

(二)将职业技能教育融入专业人才培养方案

高职院校房地产经营与管理专业要加强对职业岗位群的深度剖析，将相关职业岗位所需的职业能力、知识、素养相对应的教学内容有机融入专业人才培养方案，将学校的专业教学标准与岗位群的行业职业标准相对接，并对课程内容加以重构与融合，统筹规划、协同推进教学的组织与实施。落实教师、教材、教法的“三教”改革，注重学生应用能力和创新能力的培养，打破职业院校的应用型人才培养与行业企业人才需求之间的壁垒。通过深化高等职业教育教学改革，将理论学习与生产实践相结合，促进职业技能培养与人才市场需求相对接，能够为终身教育、继续教育和常规教育相互衔接搭建桥梁和纽带。

(三)集政府、学校、行业、企业合力优势为一体

高职院校通过开放式、多元化办学模式，将政府、学校、行业、企业紧密联系起来，搭建政校企协同育人平台，从而实现产教深度融合、校企协同育人，在生产、教学、科研、应用等各个方面达成深度合作，满足学生、企业和社会的发展需求。发挥政府政策的导向和支持作用，优化整合社会资源、企业资源、民间资源，将理论教学与实习实训相结合，将校内学习与校外学习相结合。高职院校房地产经营与管理专业

教育与社会力量进行深度融合、育训结合，有利于充分发挥出房地产经营与管理专业建设与行业发展相互促进的协同效应，有利于1+X证书制度的实施和人才培养质量的提升。

四、基于书证融通的高职院校房地产经营与管理专业建设策略

书证融通使职业教育人才培养模式改革与专业建设的目标更明确、执行易操作、结果可衡量，有助于职业教育改革的全面深化。高职院校房地产经营与管理专业应深入学生就业岗位开展调研，结合学生的职业发展情况、用人单位的评价、行业专家的观点，综合提炼出房地产经营与管理专业人才的能力需求，并以行业各级人才能力需求与相应层次的职业教育教学标准相匹配为原则指导专业建设。书证融通将专业基础理论教育与实践技能培养有机结合，拓展了职业教育的范围和领域，为职业人才培养拓宽通道，有助于职业技能人才的可持续发展。以书证融通为引领，从教学内容、教学方式、考核评价方式和师资队伍建设四个维度，提出高职院校房地产经营与管理专业建设的策略。

（一）教学内容凸显专业特色，匹配行业需求

高职院校房地产经营与管理专业要以书证融通为指引，定期更新和完善人才培养方案，根据行业发展趋势调整到位并切实遵照实施。积极优化课程开发和核心课程体系构建，教学资源建设凸显房地产经营与管理专业人才培养的特色。根据学生典型就业岗位，如房地产经纪人、置业顾问、营销策划专员等所需的知识、技能和素质构建课程体系，课程体系可设置为基本素养模块与职业技能模块。

基本素养模块是为学生学习和发展打基础的必修课程，房地产经营与管理专业适宜设置管理、金融、经济、会计、工程、建筑、外语等课程，该模块课程有利于提高学生在岗位上的竞争力和适应力，为学生迅速匹配岗位需求提供基础保证；职业技能模块根据典型就业岗位提供不同等级（初、中、高级）与若干职业方向的课程包供学生选修，学生根据自身的能力和发展需求选择修读相应职业方向的初、中、高级课程，该模块课程能够与“X”证书培训内容贯通衔接，并且能够为知识和技能的进一步拓展提供支持和帮助，赋予学生获取多方向职业能力的潜能，为学生可持续发展奠定基础，有利于提高房地产经营与管理专业人才培养的灵活性、适应性和针对性。

（二）多课程联动开展项目化教学，产教融合整合教学资源

高职院校房地产经营与管理专业应打破传统课堂教学的桎梏，梳理专业课程体系中每一个课程包内课程的关联性，统筹安排授课方式与进度，并采用工作手册式、活页式教材，使不同课程之间相互配合协同联动，最大化提升课程教学的效果。针对房地产经营与管理典型岗位的具体业务，创新性地采用跨课程项目化教学方式组织学生实训，如在房地产线上运营实训项目中包含绘制户型图、产品拍摄、房源上线、新媒体应用等任务，涉及房地产经纪、建筑工程构造与识图、房地产营销、房地产信息化

经营等多门课程，多课程联动的项目化教学有助于学生提升综合素质，培养学生运用所学理论进行深入分析问题和解决问题的能力，通过扎实掌握职业技能，顺利适应就业的工作岗位。

高职院校房地产经营与管理专业还应加强产教融合的广度和深度，同当地与学生典型就业方向相关的龙头企业开展广泛合作，以企业实际的工作任务为依托优化整合业务规范、教学案例、实践训练、习题等教育教学资源，合作共建实践实训基地。为房地产经营与管理专业学生提供在企业真实业务场景进行学习和实践的机会，在校企共建实训基地中开展学生实训、实习、竞赛、工学交替、毕业设计，大力提升学生的岗位实操能力和知识应用能力；兼顾创新创业能力与自主学习能力的培养，学生在实训基地中受到企业文化的熏陶和滋养，能够加深对工作岗位和行业的理解和思考，有助于把喜爱变成兴趣，为未来能够更好地胜任工作并把工作做成事业奠定基础。

(三)融合校企考核评价标准，构建面向书证融通的考核评价体系

在1＋X证书制度中，“X”代表的职业技能等级证书往往采用瞬时性评价方式，学生考取“X”证书并不能完全保证其对职业技能的掌握程度，故“1”代表的学历证书适宜采用全程性评价方式，从而能够全方位地考查学生对知识、技能和素养的掌握情况，更真实地反映学生的学习效果。高职院校房地产经营与管理专业应在掌握用人单位相关岗位对员工的考核评价标准的基础上，结合学校的人才培养评价指标，注重考核评价的过程性和实用性，针对各门课程与教学环节分别设计全程性考核评价标准，并邀请用人单位的人力资源专家走进课堂参与成绩评价，提高学校教育与劳动力市场对人才需求的匹配度。

高职院校房地产经营与管理专业建设要面向书证融通，这意味着专业建设需要提高对1＋X证书制度和学分银行的适应性。房地产经营与管理专业要构建出具有统一性、规范性和连贯性的考核评价体系，根据专业的人才培养目标与工作岗位的人才职业技能需求，生成易评价、可量化的考核评价指标，并在各课程、环节、教师之间统一制订考核评价标准，为高职教育与其他层次的常规教育、继续教育和终身教育的衔接与成果转换打好基础。

(四)建立师资队伍动态化管理机制，持续提升教师实践教学能力

高职院校房地产经营与管理专业的师资队伍建设，应该以规模适当、结构合理、素质优良、专兼结合、“双师”资质为原则来打造，并根据行业的发展趋势进行动态化管理，确保师资队伍的教学水平和效果与时代发展、与市场需求步调一致。对于在岗教师，鼓励、支持他们通过提升学历、考取职业资格证书、参加培训进修以及开展社会服务等多种形式提升专业理论和技术能力水平；完善教师准入制度，顺应行业发展的新趋势、新要求引入新进教师，使得师资队伍在专业上优势互补，教学和科研能力与水平均过硬，专业人才培养的实用性强，培养的毕业生工作上手快，为教学效果和人才培养质量提供保障。

通过开展校企合作、产教融合，高职院校房地产经营与管理专业教师能够深入行业一线，第一时间了解房地产市场和业务的最新发展情况，近距离地观察新技术和新工具的操作规程，在教学过程中把相关知识和技能及时传授给学生，在科研过程中加以应用和创新，科研成果又能够反哺课堂教学，教师的实践教学能力得以持续性提升。通过对师资队伍进行动态化管理，保持教师实践教学能力的持续提高，有利于提升高等职业教育培养的人才在企业的适应性和吻合度，亦有利于提升职业教育服务经济社会发展的能力。

第三节　将创新创业教育融入职业技能教育，提升人才创新意识与能力

新时代培养专业功底强、技能水平高的高素质技能型人才，是高职院校人才培养的目标。为了使培养的人才与社会和行业对人才的需求相对接，在人才培养上高职院校必须将创新创业教育与职业技能教育相融合，提升高职院校毕业生的就业质量，增强职业选择的稳定性，为高质量发展提供强有力的人才保障。

一、高职院校创新创业教育融入职业技能教育的必要性

创新创业教育是以培养大学生创新精神、创业意识和创业能力为目的的一种新的教育思想和教育实践活动。学生的创新想法或创业决策是由其自身专业学识、分析思考能力、批判精神和意志品质等多种因素共同决定的，因而培养学生创新创业能力的教育体系必然是多元的，具有协同性和系统性的特征。一方面，高职院校学生的职业技能是其安身立命的基础，精湛的技能技艺是其进行创新创业的基石，只有掌握扎实的职业技能，才有可能在自身专业的基础上进行创新创业；另一方面，创新创业教育中的理念、思维方式和能力塑造以及前沿科技知识，有助于高职院校学生深入思考和深刻领悟职业技能学习的精神实质，把握其技多不压身的精髓，以高超、精湛、尖端为技艺境界的奋斗目标。高职院校在人才培养上将创新创业教育融入职业技能教育，使得两者互为助力、互相支撑，实现共享和双赢，这将为高职院校学生的就业和创业打下坚实的基础。

二、高职院校创新创业教育融入职业技能教育中存在的问题

创新创业教育是一个循序渐进的系统性工程，贯穿高职院校人才培养的全过程。高职院校需要整合社会与学校所有的教育资源，将创新创业教育融入职业技能教育之中，为社会培养高素质、高技能的人才。在我国，高职院校创新创业教育的历史并不长，无论在理论上，还是在实践中，怎样才能使创新创业教育更好地融入职业技能教育，都还处于不成熟的探索阶段，尤其是高职院校创新创业教育人才培养模式中的课程体系建设、师资队伍建设和实践平台建设等方面还存在着一些问题，这就需要在分

析问题的基础上，深入探索高职院校教育教学改革的实效性路径。

(一)高职院校课程体系中的创新创业教育与专业教育融合度不高

课堂教学是高职院校进行人才培养的第一阵地，是实现人才培养目标的主要渠道。在人才培养方案中课程体系的构建至关重要，所设置课程之间的内在关联、在内容上的相互协同，直接关系到高职院校人才培养的质量和效果，影响高职院校人才培养目标的达成度。多数高职院校的创新创业教育与职业技能教育协同性弱，只有少数学生从创新创业教育中受益，收效不甚显著。部分高职院校的课程体系中创新创业教育是在原有人才培养模式的基础上增添一门或几门创新创业类课程、增加一些创新创业类实习实训或者实践活动，以公共课或选修课的形式增加课程是主要方式，并且授课形式以理论课为主。这样的课程设置没有从人才培养的需求去构建和完善课程体系，使得创新创业教育从形式上看是落实了，但实际上是重形式轻内容，往往是流于形式，收效甚微，不利于高职院校“培育具有创新精神和创业能力人才”目标的实现。随着经济社会的发展，对于人才素质和能力的要求越来越高，一次成功的创业需要具备诸多条件，比如洞察市场的机会、组织管理团队、研发创新产品、筹集各类资源、筹划运作市场等。这些综合性的能力集中到创业者身上，不仅需要深厚的理论功底和精湛的专业技艺，更需要高瞻远瞩的眼界和判断把握机会的智慧，还要拥有善于观察问题、分析问题、解决问题的综合能力。这些能力的培养仅靠几门通识性理论课是远远不够的。不同专业的课程体系和人才培养目标不尽相同，相应地，学生的创新创业方向也有所区别。这就要求创新创业教育必须与学生所学的专业密切结合，将创新创业教育融入各专业的课程体系，在提升创新创业教育与职业技能教育课程的融入度时，提高教学的质量和教学效果，为实现各专业人才培养目标提供坚实保障。

(二)高职院校创新创业教育的师资队伍建设有待加强

高职院校能否拥有一支师资力量雄厚的教师队伍，直接关系到创新创业教育的质量和成果。目前，大多数高职院校的创新创业教育还没有建设成专门的教育教学团队，主要是由工商管理类课程的专任教师、思想政治理论课教师和专职辅导员授课，拥有创业经历的教师在团队中寥寥无几。创新创业课程的授课教师在课堂教学中常常是照本宣科，重点讲授书本上的理论知识，无法结合实际经验和案例将教学内容具象化、生动化，难以激发学生的学习积极性，更无法给予学生创业方面的指导，课程缺乏特色和亮点，教学效果也不尽如人意。

促进学生高质量就业是高职院校人才培养的目标，学生未来的主要就业方向是其所学专业，扎实的专业知识积累是学生创新和创业的基础、源泉。创新创业教育需顺势而为，融入专业课程体系中，帮助学生更好地发挥专业优势，提高学生创新的技术含量。当前高职院校的创新创业教育迫切需要将一部分具有丰富实践经验的专业课教师纳入创新创业教育团队之中，既弥补了创新创业教育教学团队力量薄弱的不足，同时也为创新创业教育师资队伍的壮大注入强大的新生力量。充分发挥专业课教师熟知专业领域的前沿知识和案例，并能将创新创业教育与职业技能知识结合起来进行教学的优势，提升师资队伍建设的质量和成效，为创新创业教育融入职业技能教育提供师资保障。

(三)高职院校创新创业教育实践教学体系不健全

实践教学是创新创业教育和职业技能教育都离不开的基础性教学环节。从高职院校人才培养目标的角度，实践教学能够强化学生的实际操作技能，可以与市场所需的动手能力强的生产第一线工作的社会需求相接轨；从课程教学效果的角度，理论必须与实践相结合，实践教学能够加深学生对所学知识的深度思考，帮助学生扎实牢固地掌握专业知识，并且实践过程中的合作和互动环节使学生的能力锻炼更加综合和全面。

当前高职院校创新创业实践教学体系不够完善，主要体现为创新创业教育融入职业技能教育的实践基地等教学资源明显不足，创新创业教育实践教学活动缺乏系统化、层次化的规划，创新创业实践的指导教师缺乏，实践场所投入不足。高职院校的创新创业实践教学平台不够完善，很难为学生提供与创新创业课程相匹配、循序渐进的实践训练。一些院校建设的大学生创业园仅仅能为学生中的极少数创业尖子提供实践场所支持，大部分学生没有机会在接受创新创业教育的同时开展创新创业实践活动，将理论知识转化为实际行动在落实上不到位，一些有价值的创业项目也许就此被错过，也影响着创新创业教育与职业技能教育的融合效果。

三、高职院校创新创业教育融入职业技能教育的有效路径

高职院校要坚持创新创业教育以育人为根本，充分有效利用教育资源，根据学生和专业两方面的特点及市场对于人才的需求优化人才培养方案，在创新创业教育与职业技能教育深度融合上做深入研究，将创新创业精神与职业岗位所需要的知识、技能和职业素养相互融合，为实现人才培养目标探索新路径。创新创业教育的目标是为社会输送更优质的人才，职业技能教育的目标是匹配社会和行业需求、促进学生就业，两者相契合。为了更好地将创新创业教育融入职业技能教育，高职院校必须加强课程体系建设、创新创业师资队伍建设，不断完善实践教学体系，这是解决高职院校创新创业教育与职业技能教育融入问题的重中之重。

(一)加强课程体系建设，实现创新创业教育与职业技能培养的深度融合

高职院校的课程体系普遍以职业技能教育为核心，在三年的教学周期内，分别进行基础教育、能力培养和实习实训三个层次的课堂教学与实践训练，第一课堂与第二课堂是学生获取学分的主要场所。三年的全日制教育与三个教学层次是一一对应的，所修课程和实践训练内容也按照由易到难的顺序阶梯式排序。高职院校的创新创业教育要做到与职业技能教育深度融合，需要在三个教学层次和两个课堂中占有重要位置，形成一个完整的创新创业教育课程体系。只有完整的教学体系才能够让学生了解创新创业的基础知识、实现途径和一般规律，将学生的创业激情激发出来，最终实现人才

培养的目标。创新创业教育与职业技能培养深度融合的课程体系构建如图 4－1 所示。

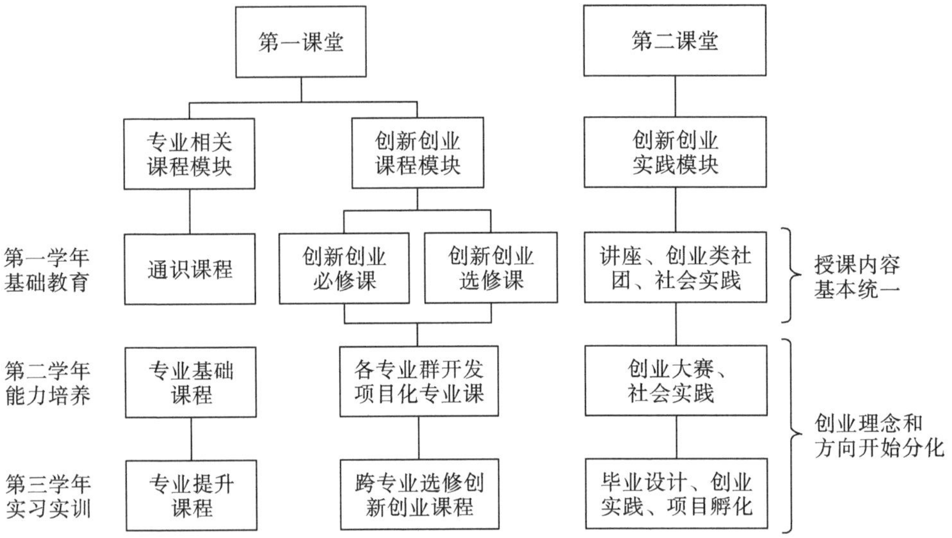

图 4－1　创新创业教育与职业技能培养深度融合的课程体系

1. 开发阶梯式创新创业系列课程

针对高职院校创新创业课程缺乏梯度、重理论而轻实践的现状，应开发门数更多、知识面更宽、难度循序渐进、实践训练更多的系列化创新创业类课程，比如企业家精神、项目融资分析、企业战略管理、创业心理学、创新创业案例分析等课程。创新创业教育培养的是学生的创新思维、创业意识、独立人格、批判精神、团队合作精神等综合能力和素质，这些综合素质的培养要遵循教育教学规律和学生成长规律，需要循序渐进和周期性地强化。高职院校学生的专业学习尚且需要三年的时间，创新创业教育要取得良好的教学效果，更需要贯穿于高职学生三年的学习和实践之中。将创新创业系列课程按照涉及的知识在创业过程中的逻辑顺序，以必修课与选修课相结合的形式阶梯式地分布于高职院校的人才培养计划中，把握住学生学习过程中的每一个关键节点，是提升创新创业教育效果的重要保障。

2. 各专业群选取典型课程纳入创新创业课程模块

《国家职业教育改革实施方案》鼓励职业院校学生在获得学历证书的同时，积极取得各类职业技能等级证书，增强就业创业本领。“职教 20 条”的出台既为职业院校学生指明了发展的方向，也为开发职业技能教育和创新创业教育共同促进的课程体系创造了良好的契机。高职院校学生开展的创新创业须与自身所学专业知识相结合，才能保证创新创业项目的领先性和技术含量，提高创新创业项目的可持续性。

高职院校可以建立以专业群为单位的项目研究小组，各专业群可以选取部分适合与创新创业元素融合的专业课程，采用项目化授课形式，将班级学生分成若干个学习小组，学生可以自主选取主题，运营管理项目，在实践中运用和体会专业知识和创新创业理念，并鼓励小组成员之间的充分互动，教师在项目化课程中定期聆听学生汇报，进行指导和纠偏。在此类项目化课程中，学生的自主性、能动性空前发挥，既能获得教师的专业指导，又能根据自身的特长和兴趣进行实践练习，学生的兴趣极大提高，对教学内容的思考和理解的主动性也相应提升。职业技能与创新创业教育的效果都能得到显著提升，为高职院校学生的就业和创业都做出更优质的铺垫。

3. 高职院校人才培养实施“真”学分制

众多高职院校的人才培养都实施学分制，学生须修够一定数量的学分方能毕业，但大部分高职院校的人才培养方案规定的课程和实践活动都是固定的，只有少部分公共选修课可以灵活选择，学生的选修课灵活性缺失不利于学生特长发挥和个性化发展。在积极鼓励创新创业的当下，原有的学分制不适宜培养学生自主创新的精神品格，高职院校人才培养应转变思路，实施“真”学分制，在专业课程、创新创业课程和创新创业实践活动中开设更多实用的课程和项目，在规定修读的学分中给学生更多的选择空间，激发学生探索新知识和新领域的热情。

当前既定人才培养方案中专业学习和实践活动对应的学分已经沿用多年，体系相对比较成熟。高职院校可以额外添加创新创业学分，并将创新创业课程模块和创新创业实践模块作为其中的两个部分，创新创业所设置的课程、各专业群的项目化课程和创新创业选修课都属于创新创业课程模块；参与创业类社会实践或市场调查、参加创新创业讲座、参加创新创业类赛事、加入创新创业类社团、做创业类毕业设计、创业实践成果和项目孵化都可以获取创新创业实践模块学分。高职院校可以将创新创业学分的获得作为学生毕业的前提条件，并且不对学生取得创新创业学分的阶段做出限制，鼓励学生根据自己的特长和职业生涯规划做出最适合自己的安排，激发学生对创新创业的参与热情。

(二)注重教师素质与能力的提升，加强创新创业教育的师资队伍建设

高职院校大部分创新创业教育教学的任课教师都是从高职院校在岗教师中选拔出来的，他们的创新创业专业理论和教学技巧还需进一步提升。为此，高职院校应为创新创业教师团队创造更多机会参加培训，到创新创业教育成果突出的国内外高校访学、取经，并选派教师到创业企业中挂职锻炼，到企业中深入领会创新创业的理论与实践，在实践中提升教育教学能力。

同时，高职院校还应积极吸纳社会各界创新创业精英，招聘具有创新创业经验的优秀人才来校担当专职教师或兼职导师，充实师资队伍的力量。高职院校现有师资队伍的优势在于理论功底深厚、教学技巧娴熟，亲身经历创新创业事业的企业教师的优势在于实践经验丰富、对实际业务思考深入，对两类教师的优势加以有效利用，补齐短板，将理论与实践结合，高职院校学生的创新创业能力将在教学过程中得到极大的锻炼和增强。“职教 20 条”强调要多举措并举打造“双师型”教师队伍，从 2019 年起，职业院校、应用型本科高校相关专业教师原则上从具有 3 年以上企业工作经历并具有高职以上学历的人员中公开招聘，特殊高技能人才(含具有高级工以上职业资格人员)可适当放宽学历要求，2020 年起基本不再从应届毕业生中招聘。重点招聘具备丰富实

践经验的行业工作者将是未来高职院校教师招聘的新趋势，这将为高职院校打造“双师型”教师队伍积累专技结合型人才，为提高人才培养质量提供师资保障。

(三)加大校企合作的力度，充分利用创新创业教育实践平台

课堂教学是高职院校人才培养的主阵地，在第一课堂中有专职教师负责授课和管理，有考核和学分的要求，学生能够明确自己的学习目标和任务。而实践教学作为课堂教学的延展和补充，也写入教学计划，甚至纳入人才培养方案，被称为第二课堂，在学生职业技能提升中发挥重要作用。高职院校拥有丰富的行业企业资源、优秀的校友资源、优质的专家教师团队，能够通过产教融合、产学研相结合等途径使学生能亲身参加实操实训。通过深化高职院校实践育人机制，为培养一专多能型专业技术人才提供保障。

高等职业教育以立德树人为根本任务，提升人才培养质量是其重要的责任和使命。高职院校通过整合教育资源，建立政府、企业、校友、教师、学生与学校互利共赢的创新创业教育实践平台，发挥协同联动的合力作用。企业提供创新创业社会实践岗位，校友重返校园现身说法宣讲创新创业经验，教师指导学生参与创业类比赛和社团，学生的创业项目由相关企业孵化，政府给予项目扶持，充分利用创新创业教育实践平台，能够使学生获取最贴近行业和市场的实践和指导，能够以企业真实的项目进行自我训练和提升，再将所学理论和实践经验用于自己的创新创业计划中，培养学生的创造性思维和敢为天下先的拼搏奋斗精神。高职院校通过建立科学合理的考核评价体系，对实践平台中的各项实践活动成果进行考核评价，并赋予相应的创新创业学分，提高人才培养目标的达成度。高职院校通过破解创新创业教育与职业技能教育深度融合中的难题，整合优化教育教学资源，对现代产业发展起到服务和保障作用，在人才培养中发挥重要作用。

第四节　运用区块链技术提升房地产相关专业教育教学实效

2020 年 4 月 20 日，国家发改委召开的例行新闻发布会对新型基础设施的范围加以明确，区块链被正式纳入“新基建”范围。基于区块链技术，以信息化引领教育教学理念和模式的创新发展，积极推进房地产相关专业教育教学资源的共建共享，破解专业教育教学资源供给有限和教学管理手段不成熟等局限带来的难题，能够对提升房地产业人才培养质量发挥重要作用。

一、区块链技术对于提升房地产相关专业教学实效的重要性

将区块链技术融入高职院校教育教学，有效运用现代信息技术为传统教育教学体系赋能，优化教育教学资源，创新教育教学模式，推进教学管理的系统化，对于提升房地产相关专业教学实效具有重要的意义和价值。

(一)区块链技术对房地产相关专业教育教学资源优化的重要性

区块链技术以其独特的功能优势，为教育教学资源优化提供技术支持。区块链技术不仅有助于提升房地产相关专业共享教育教学资源的数量和质量，而且有利于实现房地产相关专业教育教学资源的自增长，激励师生共建共享教育教学资源。

1. 区块链技术有助于提升房地产相关专业共享教育教学资源的数量和质量

利用区块链技术可以打造开放性的教育教学资源共享平台，整合全球范围内优质的教育教学资源，给教师和学生提供更多的学习资源。区块链技术的时间戳能够有效解决网络环境中知识产权保护难度大的问题，使教育工作者能够在自身权益受保护的条件下分享自己的教学课件、微课视频、教学讲义等智力成果，有效提高了教学与科研成果的推广范围和社会效益，使优质教育教学资源能够惠及更多的教师与学生，进而在教育领域形成倡导和崇尚原创优质教学成果的良性循环，遏制劣质、重复性资源在教育教学资源平台的流通，有助于提升共建共享教育教学资源的数量和质量，对推进教育教学资源的共建共享起到了极其关键的作用。

2. 区块链技术有利于实现房地产相关专业教育教学资源的自增长，激励师生共建共享教育教学资源

基于区块链技术构建教育教学资源平台，教育教学资源的发布无须后台的管理和审核，只需区块链上 51%以上的节点审验通过，教育教学资源即可通过平台实现共享。区块链技术使筛选和管理教育教学资源的权限不再只属于个别管理部门或学校，而将专业领域中超过半数人对教育教学资源的质量和价值的认可摆在了最重要的位置，成为教育教学资源能否实现平台共享的重要指标。教师和学生是教育教学资源的实际使用者，区块链技术能够激发教师和学生共同维护教育教学资源的责任感，激励教师和学生制作、分享和审验教育教学资源，并使教师与学生最需要的教育教学资源得以呈现出来，推进了教育教学资源的共建共享，增强了教育教学资源的丰富性、针对性和实用性。

(二)区块链技术对房地产相关专业教学模式创新的重要性

区块链技术广泛运用于教育教学，在房地产相关专业教育模式创新中发挥重要作用，不仅有助于构建“以学生为主体”的教学体系，而且有利于教师有针对性地开展个性化教学。

1. 区块链技术广泛运用于教学有助于构建“以学生为主体”的教学体系

区块链技术的运用为学生提供了更丰富的学习资源和学习方式，教学平台具有对学生的学习过程进行记录和追踪的功能。区块链技术让课程教学告别传统的“以教师为主体”的教学体系，教师不再对学生的全部学习方式和过程进行限定，学生可以根据自身的职业理想以发散型学习为主要学习方式，按照自己的思维特点和学习习惯选择学习资源和实践练习，教师根据区块链中的记录对学生的学习过程进行赋分。教师起主导作用，学生充分发挥自主性，有效地激发了学生的学习兴趣，有助于构建“以学生为主体”的教学体系，提升教育教学的实效。

2. 区块链技术有利于教师有针对性地开展个性化教学

贴近学生的学习生活、贴近学生的思想实际、深入了解学生的学习情况是有效开展个性化教学的先决条件。区块链技术能够追踪学生的学习进度和学习过程，并对学生的学习特征和学习效果进行数据分析，这是教师个性化教学、因材施教的前提和基础。跨平台学习行为的数据分析为教师提供全面、细致的学生学习画像，使教师能够有针对性地开展个性化教学，为教师引导和管理学生的学习过程提供依据，促进教学模式的创新，有助于深化教育教学改革。

（三）区块链技术对提升房地产相关专业教学管理和协作水平的重要性

区块链技术安全的链式数据结构保证了信息的准确真实，不仅能够提升教学的管理和协作水平，而且能够提升学业证书管理的效率。

1. 区块链技术能够提升教学的管理和协作水平

区块链技术去中心化管理的特征能够简化教学管理流程，相关管理部门通过智能合约预先设定好审核标准，教学资源管理平台对于教师和学生符合规范的请求自动审核通过，省去了管理部门在后台操作的步骤。学校各相关部门利用区块链协同配合管控教育教学活动、分析教育教学改革的进展情况等，促进教学管理工作的规范化，将人力和时间投入更关键的工作环节，提升了学校对于教育教学工作的科学化管理水平。

2. 区块链技术能够提升学业证书管理的效率

学业证书是对学习成果评价的结果。对学生学习成果的认证和学业证书的颁发是学校教学管理中的一项重要工作，学业证书的使用往往伴随学生的整个职业生涯，对学生的求职和深造具有重要意义，也是学校教育教学成就的充分体现。学校可以利用区块链的多方审核机制进行学习成果认证，提升学业证书颁发的公正性。区块链中学生在校表现的记录既是学生的自我展示，也为企业提供了全方位了解学生的渠道，为企业挑选合适的人才创造了良好的条件。基于区块链技术，学校对学业证书的管理更加规范化、系统化，不仅仅局限于颁发证书，还能够验证证书的真伪，提供学生在校的表现等情况，这种多维度管理学生学业成果的方式提升了学业证书管理的效率，有助于为行业企业培养和提供更优质的人才。

二、基于区块链技术的房地产相关专业提升教育教学实效中存在的问题

区块链技术运用于房地产相关专业的教育教学，为提升教育教学质量带来了一系列的成效，但是有些问题依然存在，主要是以下几个方面。

（一）教育教学资源共建共享平台建设不够完善

平台建设是教育教学资源共享的前提条件，平台的共建是支撑平台共享的基础和保障。平台建设是多方合作的结果，是一项需要不断完善的系统化工程。

1. 不同教学资源数据库缺乏有效的共享与整合

当前，拥有各类教育教学资源的数据库都是由差异化较大的教育教学主体建设的，其中包括学校的教育教学平台、行业的职业技能培训资料库、企业案例库、培训机构课程资源库和个人教学作品库等。不同教学资源数据库之间难以交流互通，缺乏有效的共享与整合，形成一个个教育教学信息资源孤岛。学校师生能够使用的教育教学资源的数量难以满足实际教学的需求。此外，很多平台偏重单一专业领域，教学资源质量参差不齐，学生在线上学习过程中查找资料的难度较大。一旦学生接触到质量较差的学习资料，教学资源平台将不够准确的知识或不恰当的学习方法展示给学生，极有可能降低学生的学习兴趣，不利于学生综合能力的提升，教育教学资源亟须高质量的筛选标准和跨平台的整合搭建。

2. 线上平台的教育教学资源知识产权易受侵害

阻碍教育教学资源共建共享的另一个重要原因，是线上平台的教育教学资源知识产权易受侵害。由于在网络环境中难以证明教学资源的制作者，侵权者盗用网络上的教育教学资源牟利的行为时有发生，严重侵害了制作者的权益，制作者在线上共享教育教学资源的积极性受到影响，很多制作者选择利用线下课堂和讲座等方式使用和推广教育教学资源，教育教学资源共享的范围受到局限，严重阻碍了教育教学资源的线上共享。

(二)线上线下教学的衔接有待完善

网络技术的发展促进了教学模式的创新发展，在线上线下教学融合衔接上还存在着一定的问题。教育教学共享资源难以满足学生的学习需求，教学资源的局限性也会影响教师的教学实施效果。

1. 教育教学共享资源难以满足学生的学习需求

随着学生学习能力的提升和视野的拓宽，他们渴望开展个性化学习，线上线下混合教学模式的发展趋势日益增强。当学校的教育教学共享资源难以满足学生的学习需求时，一些学生会选择通过其他渠道寻找学习资料，满足自身学习和发展的需要。学校提供给师生的教育教学资源往往通过多方的考察和论证，教学资源的质量符合学校的要求，能够用于辅助教学、拓宽学生的视野。而由于教师难以掌握通过其他渠道获取的学习资料的质量和与课程的相关性，学生通过这类资料进行拓展学习，无法取得线上学习分值。线上线下教学难以顺畅衔接，严重影响了房地产相关专业的教育教学效果和人才培养质量。

2. 教学资源的局限性影响教师的教学实施效果

线上线下教学衔接的欠缺，不仅限制学生的线上学习过程，还会影响教师的教学实施效果。现有的教育教学资源共享平台的内容丰富性较差，致使学生的学习方式较为单一，学习的主动性不强，教师难以通过学生个性化的学习内容和学习模式深入了解其学习偏好和职业理想，有针对性地开展个性化教学常常受到局限。线上线下教学未能有效衔接的现状与混合式教学和个性化教育的发展趋势相背离，不利于房地产相关专业教学效果的提升和教学改革的深化。

(三)政府企业学校的合力作用有待更好地发挥

房地产相关专业教育教学实效的提升，需要政府、企业、学校，包括学生本人的多方合力作用。但是，当前高职院校教育教学资源的管理效果有待提升，学生跨平台学习成果的认定难度大，这是影响政府、企业、学校合力作用发挥的重要因素。

1. 教育教学资源的管理效果有待提升

很多学校对教育教学资源的建设和管理投入了大量的资金和人力，针对不同类型的教学活动使用若干个教育教学资源平台。面对海量的教育教学资源，怎样做好教育教学资源管理工作，是亟待解决的难题。面对资源管理存在着重复性高、内容琐碎、耗时长的特点，难以高效地审核和筛选适合本校学生的优质资源，未能充分发挥政府、企业和学校的合力作用，教育教学资源的管理效果不佳。

2. 高职院校学生跨平台学习成果的认定难度大

学生跨平台学习成果的认定难度大，认可度不高。学生在本校教育教学资源有限的情况下会进行跨平台学习，自学其他学校或机构提供的学习资料。由于认证其他平台学习资料难度大、程序烦琐，大部分学校对跨平台的学习成果不予认可，学生的学分难以打通，不利于激发学生的学习热情和探索精神。学生在校表现缺乏全面翔实的记录，也使得企业难以精准匹配符合岗位需求的人才，政校企合作育人的深度和广度亟须提升。

三、基于区块链技术的房地产相关专业提升教育教学实效的路径

利用区块链技术的开放性、去中心化、时间戳、多方审核机制、数据分析等优势，发挥区块链技术对教育教学的优势作用，是房地产相关专业深化教育教学改革，提高人才培养目标与行业企业对人才需求的契合度的有效路径。

(一)建立切实有效的教育教学资源管理体系

教育教学资源管理体系，包括开放互通的教育教学资源整合平台、教育教学资源筛选的标准体系、教育教学资源共建共享的激励机制三大要素。

1. 建设开放互通的教育教学资源整合平台

平台建设在教育教学资源管理上至关重要。学校应积极建设教育教学资源整合平台，为师生提供海内外名校、名师和行业企业的优质教学资源，并允许个人用户通过平台分享教育教学作品。利用区块链技术，能够促进不同学校建设的教育教学资源平台之间实现资料的互通互用，并且依据资料的学科、类型将海量教育教学资源有机地整合在一起，提升资源的利用率，有效满足师生对教育教学资源的需求。

2. 构建教育教学资源筛选的标准体系

教育主管部门应当组织各校构建其优势专业的教育教学资源筛选标准，并组建人工审核教育教学资源的专家团队，为资源库建设及搭建资源平台提供有力保障。利用

区块链技术的智能合约自动运行教育教学资源筛选的程序，当个别比较复杂的教学资源自动筛选受阻时，请相应领域的专家团队运用共识机制进行人工审核。各校可以在统一的教育教学资源筛选标准框架的基础上因地制宜地进行调整，将符合学生特点和满足当地行业企业需求的教育教学资源提供给教师和学生，增强教育教学资源的针对性、实效性。

3. 建立教育教学资源共建共享的激励机制

教育教学资源的共建与共享是相辅相成的，学校应建立教育教学资源共建共享的激励机制，让师生不仅享受资源共享为教学带来的便利，而且积极参与资源的建设，形成教育教学资源平台的良性循环。教育主管部门可以与学校共同制订教师和学生发布、共享教育教学资源的奖励政策，依托区块链的分布式账本确定教学资源的权属。鼓励教师通过教育教学资源平台共享课件、微课视频、习题库、创新教学方案，鼓励学生通过教育教学资源平台共享优秀成果和作品，通过教育教学资源的使用次数和评价，给予教师和学生相应的绩效和分数的奖励。通过建立和完善教育教学资源共建共享激励机制，为教育教学资源注入优质、前沿的内容，为房地产相关专业教育教学质量提升奠定坚实的基础。

(二)创新基于区块链技术的线上线下混合教学模式

运用区块链技术探索职业院校教育教学创新模式，解决教与学的矛盾，把线上线下相结合、课上课下相结合、校内校外相结合、理论实践相结合都协同起来，这是当前探索提升职业院校教育教学实效的路径。

1. 优化线上、线下教学相互衔接的教学方式

区块链给职业院校教育教学改革带来了新的思维方式和新的认识方法。区块链技术为房地产相关专业教育教学模式创新拓展了方法和途径，改变了单向知识传授的方式，拓展了课堂教学和网络教学的时间和空间。线上教学与线下教学互补、理论教学与实践教学相结合、课内教学与课外教学相衔接，多种教学方式方法协同联动。教师在线下教学中主要讲授基础理论知识及核心内容，在线上学习环节引导学生进行个性化延展学习，教师通过区块链关注和监督学生的学习进展，解答学生的疑问，确保线上学习与线下教学能够顺畅衔接。学生根据自身的特点和兴趣主动选择学习方式和学习资源，学生学习的兴趣和积极性被调动起来，主动性和自觉性也提高了，参与度、体验感满满；教师引导、启发、监控教学过程的主导作用充分发挥，学生作为学习主体的主动性与创造性增强，师生、生生的互动交流和思维碰撞全过程呈现，将“要我学”变成了“我要学”，有助于实现提升学生职业技能培养质量的目标。

2. 根据学生的实际学习情况动态调整教学内容

了解学生所需是增强教学针对性的关键，有针对性的教学才有吸引力。学校可以通过为学生建立学习记录区块链的方式，对学生学习数据进行认证、存储、分析。教师根据学生线上学习情况的统计数据以及课堂上的表现和交流互动，及时掌握学习进度，针对学生学习过程中遇到的问题，及时制订适合的教学措施，动态调整教学内容。

解决教师教与学生学的矛盾，有助于改革学习的方式方法，有助于构建"以学生为中心"教育教学体系。同时，在教与学的互动上实现"以学生为主体，以教师为主导"的角色交互。区块链技术把传统教学方式的优势和网络化教学的优势结合起来，既发挥教师的主导作用，又关注大学生的主体性，充分体现学生的主动性与创造性，促进了"以学生为中心"教学模式改革的创新发展。

3. 在学习方式上实现学生自主学习与教师指导相结合

区块链技术应用于教育教学，使传统的教学理念发生重大变化，使教学资源更加丰富，也使得教学模式更加充实和完善。线上线下相结合的教学模式拓展了学生学习的时间，丰富了学习的内容，提高了学生学习的自主性。

4. 在教学资源建设上构建共建共享教学资源平台

区块链技术能够优化整合教学资源。职业院校可以利用区块链的优势特征，构建基于区块链技术的职业院校教育教学资源共享平台，实现教学资源共建共享，这是深化教学模式改革创新的平台支撑。

5. 完善过程性的考核评价方式

过程性考核评价方式是全程的、动态的，考核评价标准以及跟踪记录很重要。区块链技术能够有效地记录学生的学习过程与成果，线上学习过程实时存储于学习记录区块链中，线下学习的有效性可以通过学生自主上传、学校师生多方审核认证的方式进行判别。将学生线上线下的全程学习表现进行记录并赋分，从而更加真实、全面地反映学生的学习效果，得到的考核评价结果更加客观。学生随时可以看到自己和同学的积分情况，所得分数与平时学习表现一一对应，促使学生更加自觉地规范自己，及时调整自己的学习状态和方法，有助于培育学生积极进取的学习态度和遵纪守法的职业操守。

(三)发挥政府、学校、企业协同管理教育教学资源的合力作用

教育教学资源的管理至关重要，它需要组织管理制度化、规范化，协同共建、齐抓共管，尤其需要政府、学校、企业三者的合力作用。

1. 构建政校企合作的教育教学资源管理联盟

政府、学校、企业三方针对教育教学资源管理开展合作，形成联盟组织，通过组织章程规定三方各自的权利和责任。政府负责方向引领、宏观管理和监督，各个企业与学校在区块链上运行智能合约并对教育教学资源平台进行维护，将新产生的教育教学资源自动上链，寻找、审核符合自身需求的资源。学校与企业能够互通各自的优势资源，有针对性地提升学生的技能水平和企业员工的专业知识，校企合力育人水平的提高有利于区域经济的发展，从而实现政府、学校、企业三方共建共享、合作共赢。

2. 学校助力政府建设职业教育学分银行

学分银行是国家职业教育改革的一项重要内容。一方面，学校建设基于区块链技术的教育教学资源信息平台，能够实现学习成果的认定和学分的计算，有助于实现学习成果的积累和转换，也有助于职业教育学分银行建设；另一方面，职业教育学分银

行功能的完善能够帮助学校解决跨平台学习成果认定的困难，使学生的学分转换成为可能，有利于学生个性化学习的开展和技能学习通道的拓展。

3. 建设校企人才供需服务平台

基于区块链技术的教育教学资源平台能够记录学生在课堂内外参加学习和活动的表现，数据更为全面，能够提高学生素质和技能与用人单位要求匹配的精准度。校企合作建设人才供需服务平台，产学深度合作，为企业精准匹配人才，为校企合作订单式培养奠定基础，有利于提升高职院校人才培养目标与行业企业对人才需求的契合度。

区块链技术与教育教学的深度融合，有助于教育教学资源共享共建能力和水平的提高，是提升房地产相关专业人才培养质量的治本之策。区块链技术有助于深化教育教学改革，推进教育教学理念和学习方式的变革，引导和鼓励学生有针对性地提升自身的素质和技能水平。通过政府、学校、企业的合作，共建共享优质教育教学资源平台，提升教育教学信息化水平，对提升房地产相关专业人才培养的质量以及助推房地产业人才终身学习具有重要意义。

第五节　区块链技术赋能职业教育学分银行建设

运用区块链技术建设高等职业教育学分银行，有助于坚持服务学习者的教育理念，遵循教育教学的规律和人才成长成才的规律，完善学习成果认证标准体系，加强学业管理的制度建设，整合优化教育资源，为人才培养拓宽通道，在推进学习型社会建设中实现我国人力资源大国向人才资源强国转化的目标。

一、区块链技术对学分银行建设的作用

区块链技术的特征使其能够在职业教育学分银行建设中发挥重要作用。区块链技术能够将学生学习成果、学分认证和转换标准体系、学习资源等永久安全地存储，简化流程，提升协同效率，有效降低社会成本，杜绝学分认证与转换过程中的非法篡改和暗箱操作，在学习者、学校、企业、政府之间搭建可信的数据通道，对于提高职业教育学分银行中数据的可信度具有重要意义和价值。

(一)拓宽学习者的学习渠道

区块链技术有利于促进学分积累、认证、转换等学业管理理念的深刻变革，加快推进学分银行的建设，使学习者灵活把握学习机会、拓宽学习渠道，为终身学习提供多次选择的机会，学习者通过自己的努力，多样化的学习成果得以被认可，为学习者终身学习提供服务。

发挥学分银行品牌作用，促进教育公平、资源共享，拓宽技术技能型人才终身学习通道。利用区块链技术连接基础教育、职业教育、高等教育、继续教育各级各类教育机构，将学校与校外教育机构取得的学习成果通过统一认证，实现学分互换，节省学习时间，提高学习效率，满足学习者的个性化学习，实现教学、资源、就业等方面

的优势共享，对于不拘一格培养人才具有重要意义。

(二)提升学分银行的学分管理水平

区块链的底层技术，比如哈希算法、P2P网络通信等，为学习者终身学习搭建全过程的学习链，有效促进教育的交流共享和良性竞争，有助于从多角度、多方面了解并管理学生的学习过程，推进学分认证、积累、转化制度的完善，深化职业教育学业管理制度的改革。

通过区块链技术嵌入智能合约并整合教育服务资源，可以将原来各个系统、各个业务需求的信息共建在一个大平台上，从而降低教育治理的成本。将用户体验作为导向，规避数据孤岛的弊端，使教育资源平台可信安全、便捷集成、共享互动、协同服务的能力不断增强，确保数据可信、可溯源，实现教育过程协同联动，提高数据共享服务的能力和水平，提升教育信息化能力。

(三)促进全社会终身学习

区块链技术实现的信息数据永久保存、可溯源、可查询等功能在职业教育学分银行建设中的应用，能够解决数据资源流通与安全保护等问题，有助于推进全民终身学习规范化、系统化、制度化建设，实现不同类型与等级学习成果之间的等值融通，有利于促进教育资源有效利用，鼓励学习者终身学习，使其技能水平与行业需求更精准地匹配。

树立为学习者服务的教育理念，注重对每位学习者不同阶段、不同形式的学习的认可和回报，搭建基于区块链技术的学习成果记录、认定和转换的服务平台，以学分转换为重点，着力实现不同类型学习成果的互认和衔接，构建终身教育体系和搭建终身学习立交桥，推进人力资源大国向人才资源强国转变目标的实现。

二、职业教育学分银行建设存在的问题及影响因素分析

由于资历框架不够完善，导致学分银行的建设中存在一系列的问题。

(一)学分记录的真实性难以保证，数据安全隐患较大

现有的各试点学分银行在登记学分记录时，要在学分银行管理中心的统一管理下逐级审批上报，学分记录登记过程复杂、不透明，难以识别虚报学分、篡改学分等造假行为，导致学习成果积累的结果缺乏公信力和权威性。学分银行还获取了学习者的姓名、身份证号、电话、教育背景等个人信息，学习者个人隐私和核心数据的安全隐患也是学分银行建设中的亟待解决的问题。

(二)学分认证过程未实现公开透明

学分银行在学分认证中拥有绝对权威，负责收集、掌握与管理学习者的学分数据，并对其进行认证。由于教育系统的学院化、权威化与中心化，学分认证在一定程度上向学历教育倾斜，通过非正规教育和非正式学习获得的学习成果难以获得认可，而学习成果的认证不公开、不透明，使得认证的标准化、规范化难以实现。在终身学习体

系中学习者处于弱势地位，碎片化网络学习时代对去中心化学习的迫切需求难以满足。

(三)学分转换流程复杂、效率不高

学分转换涉及的范围很广，不仅包括不同类型与层次教育之间的学分转移和兑换，还包括面向职业资格证书与学历证书之间的学分转换、职业技能等级证书与学历证书之间的学分转换。当下，学分银行的学分转换非常不方便，既有程序复杂、过程烦琐的原因，也有转换机制不完善的影响因素。就学分转换程序而言，一般情况下，都需要经过三级审核，层层过关。首先是网点初审，然后是分中心复审，最后是管理中心终审，烦琐的程序给学习者带来时间成本的增加和学习效率的降低，导致学习资源的配置效率较低。

(四)学分银行的激励机制不清晰，各方主体参与度不高

学分银行未建立有效的激励机制，致使学习者、学校、企业与政府参与学分银行数据共建共享的积极性不高，学分数据的应用场景有限。学习者建立个人学分银行账户后短期内无法体会到学习成果转换获取证书或学分的益处，自我感受不佳，直接影响参与和使用学分银行的积极性。学习者对学分银行的利用率较低，进一步导致学校、企业、政府对学分银行建设的参与度降低。

三、基于区块链技术的职业教育学分银行建设

区块链技术运用于职业教育学分银行建设，以提升职业技能型人才培养质量为主线，以拓宽技术技能人才的终身学习通道为立足点，将学分银行制度建设放在首要位置，通过构建安全、可信的终身学习账户，构建去中心化的学分认证体系，搭建自动履约的学分转换平台，构建多方协同参与的学习链激励机制，探索学分银行建设的新路径、新方法。

(一)构建安全、可信的终身学习账户

区块链技术的时间戳使学分记录全程可追溯且不允许篡改，能够永久记录学习者在不同时间、地点以不同方式获得的不同类型与级别的学习成果。区块链技术的多重签名、公钥、私钥、数字签名还可保证数据的安全性，通过私钥确保数据的私密性，又可以将公钥共享给授权机构，供公众查询、验证数据使用。利用这些特性，职业教育学分银行能够为学习者构建安全、可信的终身学习账户，从而有效提升学分数据的可信度，有助于推进终身学习体系的构建。

(二)构建去中心化的学分认证体系

区块链技术的分布式账本能够在没有任何监督机构的情况下实现各节点彼此信任，人人都是监督者，从而能够及时验证学分认证结果的真实可靠性。构建去中心化的学分认证体系，是以“学习者为中心”的终身学习理念的体现，有助于破除当前教育系统的学院化、权威化与中心化，为学习者拓宽学习通道，对于推动正规教育、非正规教育与非正式学习之间的融合具有重要的意义。

(三)搭建自动履约的学分转换平台

区块链技术的智能合约能够为学分银行搭建自动履约的学分转换平台，学习者可以将储存在区块链上的学习成果通过智能合约自动进行学分转换，区块链基于事先约定的规则，促进学分记录、认证和转化一系列程序的简化。学分转换有助于帮助学习者减少重复学习和节约学习时间，对于提高人力资源质量和深化终身学习理念具有重要意义。

(四)构建学习者、学校、企业、政府多方协同参与的学习链激励机制

将区块链技术的激励机制应用到高等职业教育学分银行的成果兑换与推广，有助于高等职业教育学分银行构建学习链激励机制。针对机构用户，可以通过区块链形成人才培养成果信息库，彰显育人成果；针对个人用户，每一个学习者的学分是可以积累的，如果学分达到一定标准，可以通过在该区块链所属的联盟机构提出申请，还能获得学分免修、学费减免等福利。激励每个节点用户有动力主动参与到学分银行的共建共享中，实现机构用户和个人用户互相促进的双赢，有助于推动高等职业教育学分银行建设。

总之，区块链赋能学分银行建设，区块链技术与高职院校教育教学的深度融合，为创新“以学生为主体”的线上线下教学相结合的教学模式提供重要的支撑和保障，是提升人才培养质量的治本之策。利用区块链技术实现学分的积累与互换，激发学生积极主动学习，鼓励学生因人而异个性化发展，引导学生有针对性地提升自身的综合素质和技能水平。发挥政府、高职院校、企业、行业合力作用的优势，共建共享优质教育教学资源平台，促进教育教学信息化水平的提高，对于助推学习型社会建设具有重要意义。

第五章　房地产营销数智化转型

房地产营销能够帮助房地产开发企业把握市场运营状况、准确做出决策，降低项目运作中出现的风险和偏差；能增强房地产开发项目的市场竞争优势，在市场竞争中赢得主动地位；能使房地产开发商的管理创新能力增强；能有效整合房地产项目资源，使之形成竞争优势。

随着数字化技术的广泛应用，房地产业的营销模式也发生了重大变化。房地产营销数智化转型在为房地产业发展带来新机遇的同时，也不可避免地带来了一系列挑战。如何立足房地产行业发展实际，以恰当的形式实现数字与智能之间的融合，明确房地产营销数智化转型的思路，把握房地产营销数智化转型的主要方向，是房地产营销数智化转型中亟待解决的关键问题。

第一节　数字化营销与数智化营销

在科技信息和网络传媒快速发展的今天，传统的营销模式已不能完全适应营销策划和创新的市场变化以及消费者的需求，数字化营销与数智化营销已成为传统营销模式基础上的一种必要的补充与发展。

数字化营销与数智化营销在内涵上存在着不同。数字化营销的关键是高效的数字处理能力，是以客观的数据为主，而数智化营销的关键技术就是有温情的类人技术。从数字化营销到数智化营销，这是营销模式的一个重大转型。

一、数字化营销

数字化营销就是利用先进的互联网技术，基于 PC 互联网、移动互联网平台，以最高效、最节约的方式开拓新市场、挖掘新客户、促进销售，满足商家与客户之间交换概念、交易产品、提供服务的过程。

数字化营销以数字技术为核心驱动力和手段，推动企业核心的营销业务，包括品牌、市场、销售、渠道、交易、消费者及服务的全方位变革，将传统营销方式进行在线化、自动化和智能化创新，最终驱动业务增长。数字化营销是市场营销领域中的一次重要革新，在日益激烈的竞争态势中，通过新一代信息技术对企业市场营销业务赋能，把从近在咫尺到远在天涯的有着潜在交换需求的组织和个人跨时空连接起来，为企业和消费者创造更多的交换机会，使营销活动更智慧、更创新，使企业营销由粗放向集约转变，强有力地提升企业的获利能力。

(一)数字化营销的主要类型

企业开展数字化营销的模式主要包括线上广告推广、互动营销活动、自媒体营销和O2O(线上到线下)营销四类。

1. 线上广告推广

线上广告推广是指在门户网站、视频网站、社交媒体、短视频平台等投放和植入广告进行宣传推广来增加品牌和产品曝光率的营销方式。该模式的辐射范围比较广，因此营销推广费用往往比较高，但能够在较短时间内取得较为显著的营销效果。例如微信H5(超文本标记语言5)营销，能充分运用H5强大的展示效果，结合图文、视频以及VR全景图等媒介全方位展示产品特性，抓住用户的痛点，吸引用户对产品的注意力，刺激用户产生购买的欲望。

2. 互动营销活动

互动营销活动是指企业发起、客户广泛参与和互动的营销活动，运用数字技术和数字创意提升活动的参与性和趣味性，在活动过程中注重客户体验，充分调动其积极性，并给客户留下深刻的印象。互动营销活动又可以分为线上和线下实施的营销活动。一般而言，企业可以先采取线下互动营销，在活动之后可以选择粉丝量较多的自媒体或短视频博主进行联动宣传，扩大宣传的辐射范围。例如病毒式营销，是利用受众心理而产生的一种自发式营销，注重参与性、互动感以及趣味性。此外，抽奖活动也是客户参与度和积极性很高的一种互动营销方式，企业可以用比较低的成本投入获得较好的宣传效果，将营销推广业务和客户服务工作有机结合。

3. 自媒体营销

自媒体营销是近年来新兴的数字化营销方式，依托于团队或个人的媒体IP(知识产权)，针对自媒体主体的“粉丝”传播企业信息、产品信息，进行有效传播以及营销，树立良好的企业形象和产品形象。自媒体营销能够有效地激发用户热情，根据客户偏好精准定位目标人群，获得更好的营销效果。

4. O2O营销

O2O营销是线上、线下全媒体深度整合营销，在线上提升企业和产品知名度，形成品牌价值推广以及铺设线上购买平台，在线下为消费者提供体验途径，形成双向互动立体营销。线上营销环节的主要作用是导流，而线下营销环节的主要作用则是转化。数字经济时代，企业更注重用户的体验感和参与度，持续性的线上线下相结合互动模式会形成比较好的营销效果。

(二)数字化营销的优势

数字化营销讲求的是借助数字技术和网络平台进行品牌和产品推广、销售的互动营销模式，相对于传统营销，数字化营销具有以下优势。

1. 降低企业信息传播的成本

数字技术能够实现传播范围广、速度快的效果，还具备无时间地域限制、多媒体传送、形象生动、双向交流、反馈迅速等特点，能够有效降低企业营销信息传播的成本。

2. 针对性较强

企业自行搭建的网站平台可以通过提供免费资讯或服务等方式尽可能多地网罗注册用户，并据此建立内容翔实的用户数据库，描绘用户画像并开展更具针对性的数字化营销，采取个性化的营销策略以及进行有针对性的营销信息推送等。

3. 便于与消费者互动

数字媒体具有交互性和纵深性，信息传播不同于传统媒体的信息单向传播，而是互动传播。通过网络互动，消费者的诉求能够被最大化地重视和满足。数字化营销缩短了媒体投放以及产出的过程，消费者可以直接参与市场活动，在网上实施购买行为。消费者提出的问题得到及时解答，反馈意见被企业及时接纳，极大地提升了营销过程中消费者的体验感。同时，通过互动与反馈，企业对产品做出相应调整，提高消费者的满意度，做到真正的客户导向。

4. 能实现多维营销网络

网络媒体具有信息容量大、传播速度快、表现形式丰富等诸多优势。数字化营销囊括多元化的营销内容以及多种类型的营销信息形式，可以将文字、图像、声音和视频等多种感官信息有机地进行组合，还可以运用 VR 技术使客户能够如身临其境般使用产品或接受服务。相对于转瞬即逝的电视广告片段、只有声音的广播或小篇幅的报刊广告，数字化营销可以真正做到多媒体、立体式的全景信息展示，能够更加充分、生动、形象地表现产品的特质。

二、数智化营销

随着数字技术的不断发展和普及，人工智能已经不是一个新鲜的概念，随着该技术的日益成熟，人工智能在营销等商业领域的应用范围不断扩大，各类算法能够在海量大数据中迅速查到所需信息，效率超过人力上万倍；人脸识别、语音登录、广告和内容的精准投放等都是人工智能技术为商业带来的进步。企业在市场竞争中越来越需要数字化思维和人工智能技术赋能的营销方式，这就是数智化营销。

(一)数字化营销与数智化营销的关系

数字化营销与数智化营销都是基于数字技术的发展而形成的有别于传统营销的一种方式，二者都是以数字技术为基础，随着数字技术的发展而发展。如果说数字化营销是基础，那么数智化营销则是将数字技术与智能化手段融合发展为更高级的营销方式。当营销方式由数字化营销进化为数智化营销时，营销活动在企业中的地位也由业务支撑工具逐步走向业务中心。

1. 数智化营销的内涵

数智化营销就是运用大数据、人工智能、物联网等技术手段，基于数据分析和挖掘，进行个性化定位、场景营销、精准推荐，提高用户转化率和客户终身价值，从而实现企业全渠道数字化转型和营销升级。数智化营销运用“数据＋算法”实现智能，并赋能业务，推动业务实现新增长。

数智化营销是未来市场的大势所趋，通过合理纳入数字技术，深度挖掘数据，并基于数据分析和人工智能实现精准化定位和个性化推荐，为企业带来商机和回报的显著提升。因此，企业需要倡导数智化营销思维和文化，通过数智化转型和升级，不断提升运营效率和竞争力，将企业发展提升到新的高度。

2. 数字化营销与数智化营销的区别与联系

数字化营销依托互联网技术，把信息与信息、人与人连接起来，改变了人们的沟通方式，营销方式也随之发生改变，产生了内容营销、大数据营销、直播等数字化沟通的营销方式。

数智化营销是利用类人技术来创造更好的消费者体验和顾客价值。通过运用人工智能、自然语言处理、传感技术、机器人、增强现实、虚拟现实、物联网、区块链等技术，使营销工具具备了模拟真人的能力。数智化营销把大量经验沉淀成数据，对数据进行统计、归纳、分析、提炼，再把企业的经营逻辑、管理逻辑变成符合自身需求的数学模型，最后通过平台运算输出需要的结果，实现用数字说话，提高营销效率，增强数字化决策能力，让房地产营销更智慧。

企业营销的数字化转型是由“移动互联网＋大数据＋云计算”推动的，而企业营销方式转向数智化发展则是“5G＋AI＋物联网”起了非常关键的作用。从数字化营销到数智化营销的转变，是要经历一个质的飞跃的发展过程。数字化营销能够支持企业实施营销活动，而数智化营销则要创造出新的价值，使企业拥有获取准确信息和做出明智决策的能力，依托数据智能而非决策者的主观经验，使营销决策得以优化。

(二)数智化营销的特点

作为伴随数字时代的发展而产生的独特营销方式，数智化营销具有以下特点。

1. 深度融合各类数字技术

数字技术的不断升级和演进几乎重构了企业的整个营销体系，形成了技术与营销的融合逐渐深入的新局面。在数智化营销中，技术之所以越来越多地影响营销，其核心在于数据。利用大数据来“读懂”每个客户的需求，可以进行更精准的个性化营销，提升客户体验。

数据、技术可以从客户关系管理、营销决策、投放等多个方面渗透到品牌营销全链路。数据可以驱动更加智能、更加协同的跨屏营销，一旦跨屏资源被打通，对多方数据进行分析及挖掘可以完成更加精细的人群数据处理，这是企业最宝贵的资产。因此，开展数智化营销的企业都在对数字技术升级、数据挖掘等方面增加投入，通过数据和技术打通多维营销场景，从而认知完整而全面的消费者画像，科学地指导品牌决策，全渠道触达客户，确保营销业务的智能化与个性化。

2. 深度互动性

以人工智能为代表的数字技术能够使客户在营销体验中得到更好的沉浸式体验。

数智化营销的深度互动性为企业营销业务带来了两项转变：一是消费趋势的转变，由功能导向型转变为参与体验式导向型；二是营销趋势的转变，由信息告知式转变为参与互动式。

数智化营销有利于实现企业与客户间的深度互动；反过来，正是互动中产生的各类信息构成了企业实现智能分析与决策的基础数据。如何通过与客户积极互动，并为客户创造机会更深层次地参与品牌价值的构建过程，使企业的创意、营销与传播协同一体化，让客户在此过程中完成从信息的收集、参与互动到购买、反馈的一系列行为，是企业在数智化营销时代的营销新课题。

3. 目标精准性

随着数字技术的发展，企业在数智化营销中越来越多地采取个性化传播的方式，从传统的大众化“一对多”广播式传播方式转变为如今的通过媒介属性定位客户特征以及通过客户属性定位目标受众的传播方式，从传统的注重渠道曝光的营销模式转变为如今的以消费者需求为核心的营销模式。越来越多的企业通过多维数据驱动形成精准营销，通过精准定位目标客户实现资源的方向性投放，并在场景化、电商化的背景下形成完整的营销闭环系统，最终实现营销效果最大化。

企业可以借助大数据分析技术，通过对渠道的投入产出比进行数据分析，将客户需求与企业的品牌营销目标有效结合，对渠道进行评估及整合优化，从而更积极、更主动地触达客户群体，实现最大限度的精准营销。

4. 个性化、差异化的服务

数字经济时代，人们的消费认知和自主意识显著提升，消费偏好也更加多元化和个性化。从客户的角度看，企业只有对产品进行从生产模式到终端平台的全方位营销创新，才能驱动品牌的长远发展和持续发展，而这种创新的源头正是对市场与客户的洞察和研究。

个性化、差异化的服务是伴随新一代数字技术的发展而兴起的数智化营销的特征。随着市场环境与消费者需求的变化，个性化消费与品牌体验式消费已成为消费升级的趋势，企业和产品营销需要与目标客户进行更为深入的沟通及交流，打造“千人千面”的营销服务体验。人工智能技术能够在挖掘并积累大量客户数据的基础上，从核心客户群体数据中提取有用的消费者洞察，形成客户画像。通过大数据分析和人工智能算法剖析、梳理、总结出消费者行为喜好，将客户需求精准定位，为个性化产品推荐和媒介选择提供决策依据。

(三)数智化营销的作用

随着互联网时代的到来，信息爆炸和客户偏好碎片化的现象日益突出，数智化营销能够起到传统营销方式无法起到的作用，它可以帮助企业预判市场变化趋势、及时把握商机、精准满足新时代消费者的需求。

1. 赢得市场竞争优势

企业在数智化营销中通过大数据、人工智能等技术的应用，能够获取互联网中的海量数据和电商平台上的客户行为分析，精准把握客户需求，在此基础上做好市场预测、市场响应和营销决策的每一项具体工作，从而更好地满足客户需求，在市场竞争中赢得优势。

2. 实现营销效果最大化

营销就是通过有效的方式获取用户、提升效果并获得回报，而数智化营销正是以数据为驱动，通过数据挖掘和深入分析实现营销的全渠道覆盖和信息的精准匹配，从而实现营销效果最大化。例如通过社交平台大数据挖掘定制化、个性化的需求信息，通过客户关系大数据将与消费者需求相匹配的营销信息进行智能推送等。

(四)企业数智化营销的实践

企业对数智化营销的实践是无法一蹴而就的，必须要根据企业自身的实际业务需求和面临的问题进行设计布局，从建立组织架构和管理机制到实际运营和决策，同时运用恰当的数字化营销工具和平台，方能取得理想的营销成果。

首先，需要建立数智化组织架构和管理机制，统一数据标准和数据平台，实现不同业务系统间数据的共享和整合，使产品、价格、渠道、服务、交易、营销等商业要素都能够实时在线(如图 5－1 所示)。

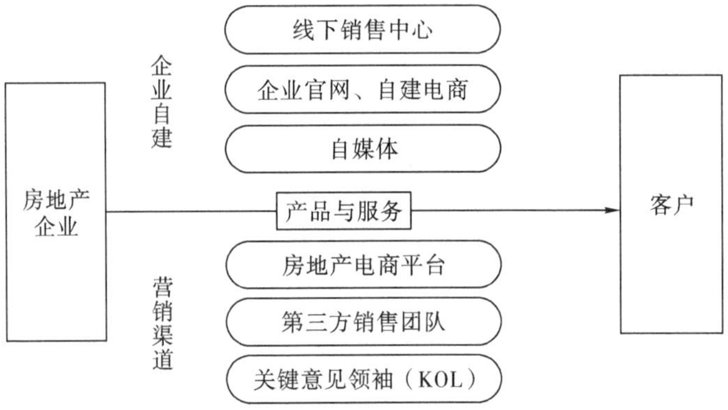

图 5－1　房地产企业全部商业要素实时在线

其次，通过数据挖掘和智能算法，基于数据进行运营和智能决策，深度挖掘客户需求和个性化兴趣点，实现真正的一对一营销和精准服务。例如，基于多维数据结合大数据算法精准洞察客户黏性的客户忠诚度模型；融合多源第三方数据进行精准的广告投放，促进公域流量向私域流量有效转化的精准营销模型；基于用户行为及交易数据洞察，用深度学习算法构建用户与产品的个性化推荐模型等。企业持续经营所产生的数据会不断完善已有的算法模型，进一步对其进行训练，使算法做出更加智能的决策，形成良性反馈闭环，帮助企业实现业务智能化。

此外，还需整合各种数智化营销工具和平台，如数字广告、电商、社交媒体等，不断探索和应用新技术，通过以人为中心的营销理念和优良的用户体验，实现移动化、场景化、个性化的数智化营销。

第二节　房地产营销数智化的发展

房地产营销随着数字技术的发展被赋予了新的内涵。从传统的房地产营销到房地产营销数智化，这是一个过程。数字技术与智能化手段融合发展的数智化是房地产营销策略的大势所趋，数智化转型也将是房地产业提质增效和产能升级的重要抓手。

一、房地产营销数智化

(一)房地产数智化营销的内涵

传统的房地产营销包含四个基本要素，即市场营销4P理论中提出的产品(product)、价格(price)、促销(promotion)与渠道(place)。在数字化时代，线上各类资源以多种多样的形式吸引着人们的眼球，对房地产企业而言，客户的注意力成为非常稀缺的资源，而传统房地产营销已经难以吸引客户的关注，房地产数智化营销在此背景下应运而生。房地产数智化营销利用大数据、云计算、5G、虚拟现实、人工智能等新一代信息技术，依托移动互联网的传播生态链，融入房地产企业营销的全过程，以更广的影响力、更强的感染力和更精准的决策力推动房地产企业实现数字化转型，提升盈利能力。

房地产营销数智化是对传统房地产营销中的营销概念、营销媒介、营销管理、营销展示四个方面分别运用数字化技术进行赋能升级，通过准确把握用户对数字媒体的使用习惯和媒体特点传递适合移动端的优质内容，形成全新的房地产营销模式。房地产数智化营销涉及房地产开发企业项目直销、二手房买卖、商业地产场景化营销等多个业务领域。

(二)房地产市场营销的特征

房地产市场营销是房地产开发经营中的重要环节，是房地产开发企业在市场竞争形势下组织和管理企业的一系列活动，包括市场调研、市场细分、目标市场选择、市场定位、营销策略制订与执行等多方面的内容，直至在市场上完成商品房的销售、取得效益、达到目标的经营过程。由于房地产商品本身的特性，与普通商品的营销不同，房地产市场营销具有以下特征。

1. 营销业务的分布性

房地产市场营销业务不是房地产开发的某个单一环节，而是分布在房地产项目开发全过程中的各个阶段。从项目用地的初始阶段开始，就导入策划营销的科学方法，并结合房地产行业的运作流程逐步实施。前期项目策划阶段涉及市场营销的分析市场机会、细分市场以及选择目标市场等业务；品牌策划与品质策划阶段涉及房地产的产品定位业务；项目的销售与推广阶段涉及销售现场的包装、销售道具的设计与制作、广告设计、推盘节奏设计、价格策略制订等业务。上述各个阶段中的市场营销业务联系在一起，就是房地产企业通过营销组合策略实现产品和服务向客户传递价值的行为。

房地产项目的开发周期通常都长达2～3年，在这段相对较长的时间里，房地产开发企业通过各个阶段的市场营销业务向客户传递品牌价值和产品特征，通过各类营销活动来影响消费者住房产品需求的水平、时机和构成。不但如此，房地产市场营销还牵涉众多部门，需要参与的专业人员众多，涉及领域广泛，还会伴有复杂的法律关系。这些因素决定了房地产市场营销与一般商品营销相比，要经历更为长期和复杂的过程。

2. 营销对象的特殊性

房地产的特殊性主要表现为固定性和独特性。房地产产品的独有特性决定了房地产营销对象的独特性。由于在区位、设计理念等方面的差异，在房地产市场几乎找不到两款完全相同的产品，这与一般的工业化产品具有显著的不同。房地产产品的独特性导致了房地产市场营销具有全新性，一方面，消费者购买房地产项目具有全新性；另一方面，房地产营销人员的营销业务也具有全新性。

此外，房地产产品还具有固定性，因此其在营销中无法像一般的工业化产品一样通过直接运输到达客户手中，也无法在异地的市场中进行交易。大部分房地产项目面向的客户群体来源于项目所属区域的周边地区，区域周边客户的购房人数更多，成交率也更大。相应地，房地产企业要进行针对区域市场的营销推广。与其他种类商品相比，房地产营销的媒介覆盖范围的颗粒度比较小。例如，很多房地产开发项目往往针对其所在城市或城区进行营销推广，即使是项目覆盖全国的大型房地产开发商，往往也会分区域进行营销管理，在不同地区实行不同的营销策略。因此，对于工业化产品的市场营销非常重要的运输和仓储等物流系统，对房地产市场营销来说没有意义，而中介渠道对房地产市场营销则尤为重要。

3. 营销实施的协同性

房地产市场营销是一门学问和艺术，没有一家企业可以单独完成整个营销过程。"多兵种协同作战"是房地产市场营销的主要战略，并且，它是企业间的协同经营而不是个人之间的合作。房地产市场营销需要多部门的参与，诸如市场调研机构、建筑设计机构、建筑施工机构、政府部门、物业管理机构等；房地产市场营销涉及的专业知识多种多样，诸如城市规划、建筑施工、经济学、管理学、心理学、社会学、美学、气象学等。因此，试图仅凭房地产开发企业自身的力量去完成房地产市场营销的全过程是不现实的，也不符合社会分工专业化以及利用比较优势提高效率的经济学原理。目前，我国比较大型的房地产项目通常都会聘请专业的房地产市场营销顾问和代理机构协助开展相关的工作。

(三)房地产数智化营销的价值

人工智能正在深刻影响和改变房地产营销的方方面面，从购房客户的角度来看，房地产数智化营销主要有以下几项重要价值。

1. 全方位、立体式对目标客户进行洞察与分析

伴随着数字技术的飞速发展与信息的极大充裕，房地产业目标客户的视野更加开阔，购房人群呈现多样化的状态。在此背景下，传统房地产营销所划分出来的各类客户群体需要进一步细化，这项工作通过大量标签对目标客户进行定义，以传统方式洞察目标客户形成的客户画像较为粗犷且流于表面，而房地产数智化营销工具可以分析目标客户的行为特征、真实状态和精神内核，从而完成对目标客户的全方位、立体式洞察与分析。数智化营销改变了房地产营销人员深度获取客户信息的方式，能够为营销人员提供更多与目标客户相关联的重要信息和数据。此外，数智化营销还能够通过收集目标客户的行为特征、参与活动和社交状况等信息，帮助营销人员在更微观的层面了解客户需求。

2. 精准、个性化地触达目标客户

传统的房地产营销是一种一维营销，也就是在一定的时间内向所有人投放；后来兴起的社会化媒体营销和搜索引擎营销则是二维营销，即考虑了时间和空间两个维度，在一定时间内按一定的细分人群进行投放；移动媒体的发展使营销信息按照时间、位置和细分人群三个维度进行适当的推送成为可能。而房地产数智化营销实现的则是时间、空间、人群、情感场景四维的组合，它分析目标受众的特征，进行情感沟通和场景适配，做到了“千人千面”，既精准又个性化。个性化体现在房地产数智化营销工具对海量数据的深度学习，可以跟踪并全面分析目标客户的行为，继而成为最了解目标客户的营销助手，为房地产营销人员提供最适合目标客户的个性化营销建议。

3. 沉浸式互动提升客户的购房体验

房地产数智化营销本身的优势在于其技术力量，它能够对大数据进行深度学习，从而达到智能化目标。房地产楼盘项目的智慧案场机器人可以进行语音识别、机器学习和自然语言处理，用户可以使用文字、图片或者语音与案场机器人进行交流沟通。通过智能交互技术，案场机器人可以理解用户的需求，从而把用户需要的信息反馈给他们。当房地产营销将人工智能与虚拟现实技术相结合时，通过其中的互动感和沉浸感能够有效地吸引目标客户的眼球，提升营销推广效果。

二、房地产营销数智化转型的着力点

数字经济时代是一个数字技术对赋能业务发展发挥关键作用的时代，房地产企业可以利用互联网思维和数字技术，通过创新和颠覆的力量去改变传统房地产营销的方式，将智能化的数据信息收集、处理、分析、应用纳入企业营销环节中，实现房地产企业全面的数字化、智能化、技术化的新营销模式，帮助企业更高效地实现利润增长。

(一)营销模式向全程营销转变

传统的房地产线上营销还停留在宣传推广阶段，通过在网络上发布文字、视频等方式介绍产品信息，这种方式缺乏与客户的互动，客户对房地产项目的反馈信息无法被房地产企业获取。房地产的数智化营销从传统营销模式升级为全程营销，涉及客户行为洞察、触点沟通以及决策影响，运用数据智能实现全链路客户运营。以客户为中心，打通产品、营销、销售和服务环节，通过对客户全程跟踪和全生命周期管理，将业务与数据紧密结合起来形成营销的闭环模式，从而提高获客数量、提升客户价值。

在房地产项目设计、建造、装修、营销各个环节都会产生大量的对象、时间、场所、种类、数量等数据，房地产企业可以利用人工智能技术在大数据的基础上对建造经营管理全过程以及价值链延伸业务活动进行实时分析、模拟和预测，整合、加工、分析这些数据，支撑企业进一步开发市场、创新商业模式。数智化营销能够通过全面的数据化以及人工智能、机器学习技术的运用，在房地产企业的关键业务节点提供信息和决策支持。比如，通过分析大量的客户信息来判断特定区域内消费者的偏好和需求。数智化营销通过整合企业内外部数据，能够进行全面的数据展现和分析，通过模拟改变不同因子实现对未来的预测，通过机器自我学习生成企业提升优化模型，达到自我预测的目标。

(二)自动化的营销内容生成与推荐

人工智能技术编撰内容的高效、快速是其优势功能，在很短的时间内能够将原始数据转化为叙事文章并自动生成标题，使人工智能赋能的文案写作成为房地产企业数智化营销转型的重要组成部分。房地产企业可以运用一种可将数据变为自然语言生成的技术，自动收集与市场营销主题相关的信息，然后将有价值的部分筛选出来，最后形成符合人类阅读习惯的营销文案。这是数字技术赋能房地产业发展的结果。这样形成的营销文案在其内容中能够包含阅读者需要的所有信息、数据，有的时候甚至还会出现上下文连载的关系。数智化营销还可以用来改进海报、广告文案的写作质量，智能化、自动化的内容生成能极大地提高营销人员的工作效率，降低企业的营销成本。

内容推荐是当前企业开展市场营销和传播的常见方式之一。数智化营销能够使房地产企业的内容推荐模式如虎添翼，由内容推荐向智能传播方向发展，实现基于大数据分析的智能化算法推荐与传播。在线上渠道根据用户的浏览历史，智能化地自动推荐用户感兴趣的文章和产品，为其提供品牌购买的意见。内容推荐功能通过精准匹配、动态预测目标客户需求，实现更高的传播效率和沉浸式的场景体验，千人千面地推荐最适合的内容。房地产企业还可以通过搜索引擎优化提高营销工作的效果，实现个性化内容传播。另外，数智化营销的作用越来越大，从广告文本写作到网站界面设计，当代市场营销的方方面面都将一步步地被覆盖到。

(三)广告模式向立体式、多媒体化发展

广告作为一种宣传媒介，随着高科技手段的运用，其模式已经发生重大转变。与传统房地产广告渠道相比，数智化营销的优势在于更充分的交互、更精准的目标客户触达率以及更低的营销成本。很多时候，品牌成败的关键在于企业是否能够在响应客户反馈的同时调整自己的策略。房地产企业可以通过数智化营销与全部渠道中的客户开展充分交互并进行通盘的实时管理。在智能技术的赋能下，以“数据＋场景”的布局为房地产企业营销提供良好的沟通环境，从而对客户有精准的识别与判断，形成目标客户洞察和营销投放的闭环。数智化营销还能基于越来越庞大而细致的数据，将具备

相同或相似产品偏好的目标客户进行细分、组群，然后再根据这些群体的共性特征生成更加个性化的内容并快速地推送给目标客户，可以有效地定位目标受众，实现目标客户触达更为精准、及时，极大提高了房地产营销业务的投入产出比。

数智化营销还有助于通过实现品牌与客户之间的情感共振，提升客户的营销体验。好的营销推广内容是客户情绪的推动力，相应地，数智化营销手段能够成为客户情绪的催化剂。房地产企业通过智能技术让营销推广内容展现给更需要的目标客户，同时也能激发这些客户创造出更多与之相关的内容。营销的内容与客户需求的信息越契合，传递信息的人群范围就越广，企业对客户的需求了解也就越多，营销内容触达的程度越深，为企业带来的价值也就越大。数智化营销使企业步入与客户共创营销内容的新阶段，这也是数智化营销强大的内容生产力与互动创新力的充分体现。通过对营销资源进行整合，融入客户行为习惯中，进一步实现品牌与客户的价值共创，使客户参与到品牌的建设过程中，强化其认同感与参与感，并通过营销内容触动客户，形成企业与客户之间的情感共振，让客户在创造内容的过程中充分感知品牌。

(四)以客户为中心，数据赋能，AI驱动

在营销业务决策过程中，如果房地产企业仅依靠自身掌握的数据，即使研判体系再严谨，在缺乏外部大数据的情况下，仍然难以了解事物的全貌。因此，房地产企业必须从行业全生态的视角，以更开放的心态与各行各业的数据进行连接和整合。借助智能算法，数智化营销能够在数以百万计的数据中遴选出有效信息，且这些信息与房地产行业、企业和目标客户密切相关。在此基础上构建一套模型，这一模型主要的功能是以一定的准确率对各种潜在结果进行预估、研判，在房地产营销中彰显数字技术的高效率。当然，这个模型不是万能的，也不是绝对正确的，但是它可以带来销售的增长，也能使客户数量增长。

房地产企业可以与衣、食、住、行、娱、购、游领域相关的企业合作，这些遍布各行各业的企业在用户使用App的过程中自动沉淀了大量的用户数据，不仅包括交易数据，还包括大量的用户行为数据，此类外部数据能够被房地产企业用于对用户画像进行全方位的描述和解读，房地产营销人员可以利用数智化营销工具获取关于产品和广告方面的建议，以及对目标客户的行为进行分析并改善客户服务，进而支撑企业更精准地做出产品定位决策、营销决策等。

(五)用心锻造产品力与服务力

房地产市场供求格局变化正引导开发企业将市场营销的视角持续聚焦到产品与服务的本质上来。随着经济社会的发展，购房者对居住品质与服务体验的要求不断提高，多元化、个性化的需求特征越来越显著。在此背景下，开发企业一方面已经逐步完成了住宅产品线规划和标准化产品体系建设，并持续进行产品标准迭代升级，在注重户型设计、功能搭配、环境营造的同时，不断将科技、绿色、文化等要素融入产品；另一方面，在住宅产品全生命周期理念下，物业服务对于入住后的居住体验、资产维护、

房屋保值增值的重要性日益明显，越来越多的开发企业将社区服务品质提升作为深化客户关系、提升企业口碑效应的重要方式。近年来，已有多家开发企业将物业服务业务分拆出来独立上市，以求通过体系化、专业化的经营实现更高的服务水准。未来，不断升级住宅产品与服务品质，不仅是房地产企业市场营销的核心出发点，也将成为房地产行业发展的主流趋势。

三、房地产营销数智化转型的主要方向

数字经济已进入高速落地阶段，房地产企业的业务重心正向着数智化营销转变，把握好房地产营销数智化转型的方向，是房地产数字经济发展的重要问题。

(一)房地产营销数智传播

房地产营销数智传播主要针对房地产楼盘项目的营销全生命周期展开，即在房地产项目销售的前、中、后三个环节中，房地产开发企业借助数字化与智能化手段，精准锁定目标客户、选取恰当的营销策略以及拓宽获客渠道等。房地产营销过程中所采取的数智传播手段都是为了企业提高销售效果而服务的。

1. 自媒体助力房地产企业打造私域流量池

私域流量，就是企业可以自由反复利用，无须付费，又能随时触达，被沉淀在小程序、公众号、企业微信、社群等社交媒体及自媒体渠道的流量。私域流量是企业的数字资产，也是企业未来的核心生产资料。

随着传播媒介的变革，房地产企业推广获得的流量被渠道商截流，导致企业对渠道的依赖性逐渐增强，渠道费用持续走高。在移动互联网时代，搜索的入口发生了变化，当微信成为主要的搜索入口时，公众号和小程序就相当于PC时代的企业官网，并且能够促进房地产企业线上服务与线下服务的融合。

房地产开发商可以借助微信小程序自建传播渠道，将小程序码植入项目宣传广告页、户型图、置业顾问名片、海报等实体物料以及公众号广告、微信群等来发展客户，把所有主动搜索的流量变成私有流量，从而打造房地产企业的私域流量池。在营销内容设置上，可以随时更新楼盘的项目资讯、最新活动，用于置业顾问与客户分享信息或者进行活动邀约。如果客户对楼盘项目感兴趣，可以通过小程序直接联系置业顾问进行咨询，从而实现营销策划获得的流量无缝衔接置业顾问，由置业顾问进行持续跟进，从而便捷化地实现客户关系管理。

2. AI客户雷达智能识别客户意向

房地产企业可以在企业小程序下设若干置业顾问个人微店，由置业顾问自行推广引流，吸引客户到访。每名置业顾问能够明确自己跟进的线上客户，有利于更好地为其提供服务。在客户扫码进入小程序并授权手机号码后，置业顾问就能够同时获取客户的手机号码，并且人工智能系统会记录并分析客户在小程序中的行为，从客户的兴趣偏好、互动情况、活跃程度、客户标签等维度进行分析，预测客户意向程度，并标记出购买意向较高的重点客户。例如，当一名客户反复点击、查看项目资料和户型信

息等内容达到企业预先设定的次数时，房地产智能营销系统就会向置业顾问反馈此客户对该楼盘项目的浓厚兴趣，置业顾问能够由此掌握客户意向并选取合适的时机为其推荐和介绍项目产品。在适当的时机，置业顾问还可以通过特价秒杀抢购等形式形成紧迫感，进一步逼定客户和促进成交。

3. 营销全程数据追踪与智能分析

营销传播全过程的数据都能够被记录和分析，包括渠道分发分享、客户互动、到访及成交等环节，既可以通过数据可视化向管理层展示工作成果，还能通过数据分析为后续工作优化提供支持。数智化营销工具能够实时洞察已知客户和未知人群，再全渠道甄别客户兴趣点，创建360度客户视图；通过内外部数据资源不断丰富客户档案，并对其行为进行分析，生成包含时间线的可视化客户行为特征分析；根据客户档案分析客户的现有价值和潜在价值，挖掘客户的行为趋势和特点，定制个性化的客户跟进方案；基于用户数据实现精准客户定位和客户细分，智能预测客户喜好并向客户进行产品推荐，使用交叉销售和向上销售的策略提高转化率，增加客单价；对于客户浏览习惯进行实时分析，根据分析结论进行一对一市场营销，提高交易转化率。

(二)房地产营销数智渠道管理

传统房地产营销的痛点是房地产企业掌握大量销售数据，但数据价值未被充分挖掘。尽管大多数头部房地产企业通过智慧营销系统的部署，积累了一定的客户信息和历史销售情况，遗憾的是，这些企业未能充分挖掘所掌握的内部数据中蕴藏的巨大价值，传统房地产企业大数据分析人才稀缺，且数据主要集中汇总于营销部门，其他部门难以利用，影响了整个营销闭环的联动和协同。从现阶段市场营销业务最迫切的需求来看，房地产数智化营销首先应用于房地产楼盘项目的销售环节，打造线上的数智营销平台和线下的智慧案场两大场景，帮助房地产开发商解决过去传统营销的痛点。其中，线上数智营销平台主要功能为线上交易与营销管理；线下智慧案场，主要可分为案场内的智能设备和案场管理。通过营销智慧化场景的升级，将全面改善房地产开发商长期积累的营销痛点，依托房地产营销数智渠道管理提升成效。

1. 智能化生成拓客路线，优化渠道策略

房地产企业可以运用大数据和人工智能技术，根据项目产品业态、项目距离半径、成交客户分布进行拓客方式的智能匹配，得出在竞品拦截、商圈摆展、商铺扫街、派单举牌、商户合作、社区摆展中最为适合的拓客方式，同时生成城市拓客地图和路线，实现精准高效拓客。此外，通过定位技术还能实现营销人员定点签到考勤和实时动线追踪，从而有效管控拓客人员的工作执行情况。

智慧案场系统能够实现分销渠道管理交易全过程数字化，实现渠道报备、判客、带看、跟进、成交、结佣全流程的数据留痕，规范了渠道秩序，有效规避违规带客、客户归属不清等问题，避免客户和案场纠纷。同时，通过渠道数据分析实现了对分销渠道的规范管控和效果监控，通过数据分析能够识别出效果最好、性价比最高的渠道，有利于优化渠道结构、调整渠道策略，为提升全渠道的运转效率提供数据支持。

2. 案场高效管理，为客户提供优质体验

房地产企业还可以运用大数据、人工智能和人脸识别技术为智慧案场系统赋能，从而有效保护客户信息不被竞争对手获取。每位置业顾问只能查看自己客户的手机号码，即使是案场经理也只能看到客户的部分号码。在客户到访案场进行登记后，同步实现判客与归属确认，减少客户问询和等待时间，实现客户的快速接待。对于渠道人员和行销人员报备过的客户，案场置业顾问在带看时可以通过扫码核实报备，提升接待客户的工作效率。

置业顾问还可以在案场接待完成后继续跟进客户，深挖客户需求，了解其意向并进一步促成交易。案场经理可以通过智慧案场系统掌握案场最新动态，进行业务监控和处理，包括分配客户、催办业务、查看成交情况等，从而提升案场的管控效率。在接待完成后，客户还可以对置业顾问的接待服务质量进行评价，主要从讲解水平、诚信度和工作态度等维度进行评价，以此来督促置业顾问提升接待质量，让客户有更优质的购房体验。

3. 人脸识别，精准判定客户来源

由于房地产项目各渠道的佣金不同，渠道舞弊事件时有发生，也就是低佣金渠道试图通过舞弊转为高佣金渠道成交，主要通过置业顾问用新号码重新登记已来访客户的电话号码、将客户信息不录入公司系统等方式，渠道舞弊会严重扰乱渠道秩序，造成房地产开发企业不必要的渠道佣金支出。房地产企业可以打造智慧案场系统解决上述问题。

智慧案场会在案场入口、沙盘、样板间等位置配置智能摄像头用于抓取客户的人脸信息，在客户进行签约时，智慧案场系统通过将身份证信息与人脸信息进行比对，判断此人是否为客户本人，并将客户报备信息与抓取到的首次到访时间进行比对，如果首次到访时间早于报备时间，则说明有较大的渠道舞弊可能。除人脸识别技术外，智慧案场还应具备运用大数据技术进行双重验证的功能。将客户手机号码与三大运营商的大数据进行比对，识别出号码是否为本人的真实手机号码，进一步判定客户渠道来源是否存在舞弊情况。

4. 楼盘销售智能机器人

在售楼中心，可以部署具有人工智能的楼盘销售智能机器人，购房客户可以向机器人了解实时的楼盘销售信息，如剩余的可售房型、面积、单价、总价等。智能机器人报出的房屋销售状态和价格都是从楼盘项目管理后台数据库中实时获取的，与客户的交谈是根据现实中客户曾经询问以及可能询问的问题进行预先训练的。在实际的人机交谈过程中，智能机器人与客户之间的所有对话也将被储存到数据库中，供数据研究人员再次分析，以便改进和训练机器人。

(三)房地产营销智慧交易管理

区别于传统购房模式，用户对线上购房的需求与日俱增，已经不仅仅满足于静态信息的全面展示，而是希望通过科技手段的创新，实现线上导流、在线交易、户型展示等，感受媲美线下看房的场景体验。在新的市场、政策环境下，房地产企业也在适应行业的变化，积极开拓转型模式。通过数字化转型来提升营销效果，带来房地产业营销模式的巨变，通过智慧交易管理实现销售过程精细化管理，这不仅提高了营销效率，也降低了运营成本，为企业的持续发展提供有力支持。

1. 购房意向线上登记

传统的购房意向登记需要收集客户的购房资料，由于资料繁多、工作量大、准确度差等原因导致客户体验不佳。数字化赋能的购房意向登记能够实现远程无纸化登记、上传资料，客户只需将相关资料拍照并上传到项目智慧平台的购房资料中，等待工作人员审核即可，在线资料收集节约了成本、提高了效率，并且提升了购房者的体验感和满意度。

2. 线上开盘

通过线上开盘实现全体客户同时操作，置业顾问实时掌握客户的行为数据，实现动态跟进，掌握客户选房的情况。选房界面实时动态播报已被选定的房号，调动客户的紧张情绪，有效促进成交转化。对于选房意向与他人重叠导致选房不成功的客户，置业顾问要重点关注并及时向其提供建议，协助客户进行意向调整；如果客户未购买，置业顾问可以及时跟进了解情况，实现动态逼定。

除了线上开盘之外，线下开盘也可以实现数字化转型，其中以开盘智能化和无纸化为主要表现形式。房地产开发企业通过数字化开盘系统将房源选择、房源认购、定金收取等业务流程整合到一起，购房客户可以一条龙地完成上述事项，使开盘过程更加便捷。

3. 智慧收款

项目案场的收款也可以通过数字技术赋能实现效率提升。将收款系统与 ERP 管理系统相连接，在财务人员收款时，通过读取购房人的身份证信息即可调出全部购房信息、确定应付款金额。客户付款后，智慧收款系统将收款信息回传到 ERP 管理系统，即可打印出带有签章的收据，客户无须等待，既提高了效率，还能保证收款数据准确，便于统计和分析。

(四)房地产营销智能化决策

在房地产营销的数智化转型浪潮中，房地产企业不断挖掘新技术、对营销中的各个环节进行数字化和智能化升级改造。业务数字化、智能化的过程也使海量的房地产营销大数据得以积累和沉淀下来，再通过智能化决策将数据的价值发挥出来，为房地产营销提质增效赋能。

1. 房地产营销洞察可视化

房地产企业能够运用智能化决策工具对多个业务流程和场景中涉及的数据进行抽取、存储、处理、分析、计算，形成可视化的管理报表，快速而直观地向决策者展示其关注的业务指标，从而更有效地帮助企业解决业务问题。例如，房地产开发企业可以将智能化决策贯穿产品设计管理、采购供应管理、建筑工地管理、销售案场管理、空间运营管理和多元业态管理等多个业务场景，对多维度业务数据进行融合，并通过业务逻辑规则形成可视化报表，以便快速响应房地产营销业务的报表需求，实现房地产营销洞察可视化。

2. 房地产营销智能诊断

房地产营销智能诊断能够通过数据智能算法快速定位运营中的关键问题，帮助运营者和决策者缩小某项业务的现有水平与标准水平之间的差距，帮助企业更快速、更直观地发现问题，并智能化地提出改善建议和解决方法。例如，房地产企业在数字媒体广告投放过程中运用智能诊断，能够把业务问题定位到广告在有效客户群中的曝光量、点击量和客户来电来访量等几个关键指标，并识别出异常指标，给出针对性的建议方案，使房地产企业明确应该针对哪个客户群体、哪个广告渠道进行改善，从而更有的放矢地开展营销，更有成效地实现目标。

(五)房地产直播营销

随着直播领域的兴起和直播带货的繁荣发展，房地产业也同其他行业一样在积极探索房地产直播应该如何破局。房地产企业运用直播开展营销业务，意味着房地产业开启了数智化营销的崭新篇章。

1. 房地产直播营销的作用和主要形式

房地产直播营销能够帮助预售阶段的楼盘项目提升宣传效果，预售项目可以通过直播向目标客户提供体验式、场景化展示项目信息的服务，将线上直播宣传作为销售现场营销宣传的补充。在大部分房地产消费者看来，当他们尚未对某个楼盘项目有详细的了解时，难以产生到访项目售楼中心的欲望。因此房地产项目直播有效地将品牌和项目宣传前置，通过直播将房地产项目塑造的产品价值和生活场景传递给目标客户，吸引客户到销售现场进行实地体验和感受。房地产项目销售开展直播营销的内容和场景很广泛，可以通过召开线上产品发布会、直播现场活动、VR 直播、介绍沙盘、介绍样板间、介绍施工进度、采访项目设计师或相关专家、回答客户提问、预约看房、发放购房优惠券等方式，向目标客户传递丰富的信息，吸引对项目感兴趣的客户。

2. 房地产直播营销取得的效果

目前行业中运用较多的房地产直播方式有在线看房和在线购房。《淘宝经济暖报》的统计数据显示，2021 年 2 月，超过 500 个楼盘、5000 位房产置业顾问通过淘宝直播“云卖房”，吸引了近 200 万人次观看。据统计，2021 年房地产企业号的日开播场次增长 279%，经纪人日开播场次增长 356%。伴随着直播供给增多，月度观看用户规模扩大了 3 倍，互动量增长更是高达 668%，可见房地产行业对直播越来越重视，用户的关注度也越来越高。

值得关注的是，直播购房创下了房地产线上成交额的最高历史纪录，这说明直播营销对房地产销售有着强大的助推作用。随后，各类 App 纷纷开放了在线看房、在线购房的房地产直播营销新功能。

房地产直播营销几乎覆盖了房地产业的全业态与置业全链路，并不仅限于楼盘带货。以万科地产为例，万科基于网友对买房内容的需求以及集团业务，以 IP 形式进行直播内容生态建设及线上输出，包括知识赋能、粉丝回馈以及营销节点发放福利等。万科还时常在全国范围内策划感恩业主直播答谢活动，以福利吸引、参与助推达到“老带新”的效果。万科西部区域则以“小金罐课堂”直播进行财商知识赋能。

很多头部房地产企业实施数智营销策略，并通过“技术＋多元”方式开展直播营销，拓展客户渠道，提升企业影响力。例如，万科在“知识带房”之后紧接着又推出了“GR 建模＋绿幕技术＋VR 看房”的线上看房方式，单场直播便收获了 249 万人次观看和 3219 万次曝光；碧桂园也以“地产＋直播＋线上音乐会”的跨界整合营销，携手阿里云定制用户专属 AI 头像，在直播购房节期间成交套数 288 套，成交金额超 3 亿元，实现了品牌破圈的全新突破。

第三节　房地产营销数智化转型案例

实践出真知，无论是中原地产推出基于人工智能技术的房地产营销解决方案，还是 58 同城、安居客构建数字化营销服务平台，以及大数据背景下房天下的精准营销策略，都为推进房地产营销数智化转型提供了成功案例。

一、中原地产推出基于人工智能技术的房地产营销解决方案

中原地产携手商汤科技推出国内首创的房产营销 AIGC(生成式人工智能)产品“原境空间”，这意味着老牌房地产代理正式迈出拥抱人工智能的第一步。

原境空间通过商汤科技“AI＋MR”(人工智能＋混合现实)数字化技术，为地产行业开创线上与线下一体、虚拟与现实融合的全新营销模式，将助力整个营销流程和客户服务链路的数字化升级，推进房地产营销全流程更加智慧化。

对于购房者来说，原境空间最大的价值就在于能够在一个非常短的时间内进行时空的转移，在原境空间内，不仅是样板间，包括小区的全貌都能够复原到 90%以上。一方面，消费者两三个小时便能看完很多小区，提高购房者与置业顾问沟通及做出决策的效率；另一方面，大多数在售新房的样板间都不是在施工现场，楼层差异很难呈现出来，但原境空间通过人工智能技术，能够呈现很多样板间看不到的东西，例如高层的采光、周边的设施等。

中原地产依托科技力量进行数字化转型，为开发商提供全面的房地产销售服务。中原地产已经从单一的销售代理公司，升级成为全链条房地产综合销售服务平台，其进化逻辑就是对房企需求的识别，内核是提高服务水准，构建从地到房、从房到家的全链条代理解决方案，为开发商全方位地解决所有销售难题。

AIGC 技术正在掀起房地产业的新一轮范式革命，它将从根本上改变数字内容的创作和生产方式，革新数字空间中的人、物、场景互动体验。AIGC 的技术质变投射到地产，将创造和创新工作的边际成本降低至零，赋能房企的数智化转型使得地产行业真

正迎来数智化时代，为房地产业带来更广阔的发展空间。

二、58同城、安居客构建数智化营销服务平台

近年来，58同城、安居客用数据思维构建了更高效的数智化营销服务平台，赋能房地产企业实现数智化营销转型。同时，58同城、安居客一直在探索营销的升维之道，打造房产营销“新基建”，重磅推出数智化产品“3D售楼处”，将线下看房流程复刻到了线上。通过实景航拍、3D沙盘、楼栋、户型、VR看房、日照模拟、一房一价等工具，以用户体验为根本，打造一体化、沉浸式购房场景，提高线上留客率。

在数字基建的基础上，安居客通过云聚客、智客投等数字获客方式，帮助不同的企业获得与其匹配度更高的客源；并进一步通过运营专家、案场顾问培训等，提升顾问服务能力；结合品牌云店通、数字房产洞察等数字管理手段提升团队转化能力。

通过输出技术和服务，58同城、安居客正在规划打造数智营销一体化的云端数智营销中心，持续构建高效数智化营销服务平台，在为用户升级一站式看房体验的同时，也在持续帮助开发商建设数智化营销体系。

第六章　社区服务数字化重构

社区是城市生活的基础单元，是城市居民生活的基石，是体现民生保障的窗口，也是基层治理的基础。党的二十大报告明确指出，到2035年基本实现国家治理体系和治理能力现代化。实现人民对美好生活的向往，增进民生福祉，提高人民生活水平，这样的内容曾经多次出现在党的报告中。房地产企业如何配合好政府落实落细落靠具体工作，针对房地产项目和社区做好规划设计和服务的数字化、智慧化工作，是解决好民生问题的重要体现。

第一节　社区服务数字化重构概述

社区服务数字化重构是新形势下创新社会管理的一种新模式。

当房地产市场发展到充分竞争的时代，消费者将越来越在乎建筑之外的附加产品，也就是说，如今的消费者已经不单单购买建筑的壳，人们更关注房地产企业能否在建筑的基础上赋予其更多的优质价值，这已经成为驱使人们购房的终极动因之一。

房地产行业的一个巨大的商机就是在单纯盖房子、卖房子之外，打造出功能完备和强大的网络应用与服务系统，大幅增加房子的附加价值，真正做到以人为核心，使围绕着人的一切事物都能随时随地被人所调动和应用，将科技化与人性化进行完美结合。近年来，国内的房地产开发企业纷纷转型，由“住宅供应商”转型成为“城市综合配套服务商”“城市运营商”等，一些企业开发的项目甚至已经成功改变和升级了区域面貌。

一、物业管理数字化

物业管理是房地产服务行业的重要业务之一，数字技术广泛应用于房地产物业管理的方方面面，推动了物业管理数字化的进程，提升了物业管理服务的质量和水平。

(一)物业管理数字化的内涵和特色优势

1. 物业管理数字化的内涵

物业管理数字化是指通过GIS(地理信息系统)、BIM(建筑信息模型)、定位网、云计算、新一代通信设施、VR、人工智能、数据挖掘、知识管理、网格化管理等数字技术的协同赋能，以数据归集为基础，通过统一的大数据云平台建立高效联动机制，畅通政、企、民三者的互通渠道，旨在快速打通与物业管理有关的各单位间的沟通渠道，深度挖掘与分析融合数据，发现及时、反应快速、监测预警是其重要的特点。

物业管理数字化不仅能够实现物业管理精细化、协同办公移动化、物业管控一体化、业务交互多元化以及业务系统集成化，还将改变传统物业管理模式，推进物业管理模式创新，提升物业服务能力，降低物业服务行业的运营成本，推动物业管理行业的转型升级。

2. 物业管理数字化的特色优势

物业管理数字化运用数字科技让物业管理更简单、更有价值。为了更好地为业主服务，全面提高物业管理水平，物业管理企业通过加强物业管理数字化平台建设，提升管理、服务、安全三大功能的成效，将业主情况、人事档案、房产资源、费用收缴、财务报表、设备资料、安全防范、绿化保洁和车辆管理等业务数字化、智能化。通过对居住环境进行实时收集和分析优化，以云端互联为物联平台，以智慧环境监测和控制为策略，结合指挥单元式温湿度系统的硬件部署，为业主打造可定制、连通、学习提升的绿色、健康、智慧、便捷、节能的居住体验。

物业管理数字化平台能够持续积累业主行为数据，涵盖缴费、消费、履约等各类社区内的行为，通过对这些数据进行分析更精准地为业主提供服务。在物业管理的成本中，人工成本和能耗成本占很大的比重，智慧社区利用机器人取代部分人工岗位，如门岗、保洁、老人社区服务等，并且通过物业管理数字化平台实现能耗的自动控制，由人管机器变成电脑管机器，能够实现成本的降低、运营效率的提高。

对业主来说，物业管理数字化能够有效提升物业的服务力，改善社区长期存在的问题，提高生活品质，为房屋资产增值。对物业公司来说，物业管理数字化更是一次战略焕新、破境突围的绝好时机，积极拓展多元业态，摆脱目前的种种困境，促进企业的商业模式变革，实现企业的可持续发展，推动行业服务升级与产业体系蝶变。

(二)传统物业服务模式面临的瓶颈

和发达国家相比，我国的物业管理以及相关社区服务起步较晚，发展相对滞后，传统物业服务模式总体上面临着四个关键瓶颈。

1. 服务质量难以保持稳定提升

传统的物业管理服务是劳动密集型行业，物业管理的用工及运营成本逐年升高，且一线员工流动率高，经验和知识难以积累，影响服务的稳定性和质量的提升。

2. 业务的连续性和服务品质的标准化缺乏保障

传统的物业管理服务集中管控难度大，标准化服务难以执行。物业管理企业的服务标的是住宅小区以及各类园区、楼宇，随着物业管理企业的发展壮大，所服务的项目也分散在全国各地，难以实现公司统一的集中管控，进而影响了其业务的连续性保障和服务品质的标准化、一致化。

3. 利润呈现逐年下降趋势

物业服务的收入和利润提升困难。物业费具有一定的刚性，业主的消费心理决定了物业费难以上涨的特性，由于物业管理服务的主要收入来源与物业服务面积挂钩，因此物业收入提升较为困难，随着建筑物以及各类设施设备的损耗逐年增加，加上人工、水电等成本不断上涨，物业管理企业的运营成本呈现上涨趋势，因而利润空间越来越小，盈利困难。

4. 业主满意度提升困难

传统物业管理模式无法精准定位业主的服务需求，也无法满足移动互联网带来的多元化需求，导致业主对物业服务的满意度不高，进而可能会出现业主交纳物业费不积极等连锁反应。

(三)物业管理数字化系统的构成

物业管理数字化系统集云计算、大数据、物联网、人工智能、移动互联网等新技术于一体，能够联动软硬件设施，使物业服务企业可以实时感知所服务范围的正常运行，并且可以在AI大数据平台或管理后台查看服务数据、访客数据、停车数据、缴费数据等多项管理数据。该系统统筹整理各类资源，实时共享各类信息，完成在线服务、在线监管、在线协同办公和在线评估，有效提高物业服务质量和效率，通过物业服务的标准化、信息化与智能化，最大限度、最低成本地满足业主的多元化需求。

物业管理数字化系统的总体架构包括感知层、网络层、功能层、服务层和应用层。

1. 感知层

感知层包括设备数据感知模块(照明、送排风、给排水、门禁)、环境数据感知模块(温湿度监测、二氧化碳浓度监测、人员监测和能耗监测)、执行器模块和网络中继单元等。

2. 网络层

采用集成Wi-Fi(无线保真)的智能终端采集的数据，可通过网络层的通信协议与云服务器进行无线传输；一般设备模块的数据可通过现场总线方式接入物业管理数字化系统。

3. 功能层

为提高物业管理数字化系统的可扩展性与可移植性，同时确保物业工作人员的工作效率，功能层为该系统提供API(应用程序编程接口)管理、泛在接入管理、小区信息管理、小区设备管理、养老管理、缴费管理、报修与投诉管理等功能。

4. 服务层

服务层基于应用层的功能需求，提供用户权限管理、小区信息查询、数据分析与预测、信息推送、报修与投诉、居家养老、线上缴费、线上服务质量评价、信息全局统计展示等服务。

5. 应用层

应用层通过Web端的人机交互界面，基于系统的控制策略，为业主提供各种可视化的智慧应用。

二、智慧社区建设

社区是城市最基本的组成部分，是城市居民赖以生存和发展的载体，其智慧化是城市智慧水平的集中体现。智慧社区以社区居民为服务核心，实现公共服务智慧化，满足居民的生存和发展需要。

(一)智慧社区的内涵

2020 年 7 月，住房和城乡建设部将智慧社区定义为“利用物联网、云计算、大数据、人工智能等新一代信息技术，融合社区场景下的人、事、地、物、情、组织等多种数据资源，提供面向政府、物业、居民和企业的社区管理与服务类应用，提升社区管理与服务的科学化、智能化、精细化水平，实现共建共治共享管理模式的一种社区”。

智慧社区是社区管理的一种新理念、新模式，是通过对各种智能技术和方式的充分利用，将社区现有的各类服务资源优化整合，在政务、商务、娱乐、教育、医护及生活互助等方面为社区居民提供多种便捷服务的新模式。从管理形态上看，智慧社区是一种基于大规模信息智能处理的创新型社区，能够实现生活、服务数字化、网络化、智能化。智慧社区建设的主要目标是实现以智慧政务提高办事效率，以智慧民生改善人民生活，以智慧家庭打造智能生活，以智慧小区提升社区品质。

智慧社区的规划设计包括客户服务、收费管理、工程运维、经营管理和安全保障等，其目标是构建社区综合智慧化服务体系。站在业主、物业管理人员、商家等多个角度，通过打造一体式的 App(手机应用软件)、小程序、公众号等服务资源，结合后台管理系统，为社区各类人员提供丰富多样的服务，比如社区医疗服务、场所预定、班车服务、物业报修服务、社区电子通知公告、社区票券服务等。

智慧社区的生活方式一般围绕一个大屏(智能电视)和一个小屏(智能手机)展开，绝大部分与业主的衣、食、住、行、娱、教、医相关的需求都是从这两个终端传递出去的，大屏侧重解决娱乐、教育、医疗等问题，小屏侧重解决社交、购物、餐饮等问题。

(二)智慧社区发展的背景

1. 智慧社区建设是全球智慧城市建设的组成部分

自 2008 年 IBM(国际商业机器)公司提出智慧城市的理念，致力于实现城市互联化、感知化和智能化目标以来，全球政府首脑、专家和企业开始推进智慧城市的建设。基于大数据、物联网、云计算、5G 等高新技术的智慧社区是智慧城市的一个“细胞”，因此智慧社区是智慧城市的一部分，也是对智慧城市理念的继承、发展和实施，它将是一个把“以人为本”理念落到实处的智能管理系统，有望帮助人们将工作和生活都变得更加舒适、便捷、高效。当前我国智慧城市建设已经从一种城市发展理念转变为实践探索，各级政府、社会各界在思想认识上高度重视，纷纷投入大规模的建设之中。

在传统的社区发展模式中，社区各部门之间的协同和联动难以实现，服务问题突出。而从近几年的社区发展情况来看，随着社会经济的发展，人民生活水平不断提高，国家对基层治理的重视程度和扶持力度不断加大，传统社区发展模式已经无法契合现代社会发展的节奏。社区管理只有抓住机遇，积极运用新一代信息技术，开创社区治理新方法，打造高效的新型社区治理模式，才能紧跟智慧社区发展步伐。

2. 我国出台多项政策文件推动智慧社区建设走向深入

2016 年 12 月，民政部等十六部门联合发布的《城乡社区服务体系建设规划(2016—2020 年)》提出要构建“设施智能、服务便捷、管理精细、环境宜居”的智慧社区。2017 年 6 月，《中共中央 国务院关于加强和完善城乡社区治理的意见》要求增强社区信息化应用能力，提高城乡社区信息基础设施和技术装备水平。近年来，《智慧社区建设指南(试行)》《关于推进社区公共服务综合信息平台建设的指导意见》等文件相继出台，对于智慧社区建设具有重要推进作用。

智慧社区是新形势下社会管理创新的一种新模式。智慧社区建设，是智慧城市建设的缩小版，是智慧城市建设的窗口，是以人民为中心发展思想的落实和体现，以提升社区群众的幸福感为立足点和落脚点，通过打造智慧社区为百姓提供更加高效便捷的服务，从而推进和谐社区建设。

(三)智慧社区的主要功能

智慧社区是智慧城市的组成部分，是智慧城市建设中虚拟政务、公共服务和安全监控等系统的延伸。同时，智慧社区自身也提供一些独立的功能与服务。智慧社区的功能设计充分考虑社区内的信息传递与共享，为智慧社区的各组成单位——居委会、物业公司、居民、周边企业及政府相关部门提供便捷的生活及工作条件，通过各项服务与数字化平台实现智慧社区的全面化、可视化管理。智慧社区的服务功能主要有 9 个方面，即社区基础信息管理、社区电子政务、社区医疗卫生、社区物业与综合监管、社区停车服务、社区电子商务、社区物流服务、社区家政服务和智慧家居。

1. 社区基础信息管理

社区基础信息管理功能采集和管理社区居民、房屋等物业服务基础资料和档案，实时记录物业服务动态信息，发布附近的餐饮、娱乐、消费等各种便民信息，为居民提供通过线上途径更便捷地获取信息的渠道。

2. 社区电子政务

通过在社区管辖区域部署多媒体触控大屏，与管辖区域的其他应用系统紧密融合，可以向社区居民推送各类政务公开信息、管理服务内容、服务信息、政策法规信息和监督机制政务信息，并通过触摸屏与居民进行互动。此外该功能还可以实现政务服务线上预约和办理功能，并提供政务办事流程的详细说明，使居民能够通过网络进行政务办理，实现“最多跑一次”。

3. 社区医疗卫生

社区医疗卫生最为主要的功能是为社区居民提供基础的医疗保健服务，为有需要的居民提供家庭护理和上门救助。通过数字技术实现对居民健康档案的管理，对居民定期体检进行提醒，并且能够满足居民挂号预约等需求。

4. 社区物业与综合监管

社区物业负责社区安防、消防、停车管理、维修维护、物业费用收取、环境卫生等多项社区事务。综合监管主要针对物业服务中需要严守底线的社区安防，严格进行出入门禁管理，包括访客实名登记、规范居民门禁卡实名办理、人脸识别、门禁出入视频监控、公安联网比对等安防措施。

5. 社区停车服务

社区停车服务以RFID(射频识别技术)、视频监控、IC(集成电路)卡为载体，通过智能设备使感应卡记录车辆及持卡人进出的相关信息，实现对停车场的管理。智能停车可提供车位管理、停车引导和反向找车等功能，从而实现对管辖区域内车辆停车的引导，提升社区停车的智能化管理。

6. 社区电子商务

社区电子商务可以集合社区一定范围(如1000米)内的商家，如美食、美发、超市、中介等，商户在网上发布商品或服务信息，社区居民在线上进行选购。社区电子商务不但拓宽了商户的营销渠道，也能够形成团购促使商户提供更大的优惠力度，让利于社区居民。

7. 社区物流服务

社区物流服务是直接面向社区的商户和居民，将商品从供应商运送到社区店铺或居民的末端物流形式，是物流中真正的“最后100米”。社区物流服务主要是通过与物流公司的合作，服务于社区周围商户的商品配送和仓储管理，同时为社区居民提供快递收投、暂存、状态查询等服务。

8. 社区家政服务

社区家政服务涵盖居民家庭对清洁、维修、护理、教育、家庭管理等多方面的需求，社区家政能够为居民提供高质量、个性化和安全便捷的服务，老人可以得到照料和陪护，婴幼儿童可以得到看护和教育，繁杂的家务可以得到专业料理和服务。

9. 智慧家居

智慧家居主要在居民家庭内部进行配置，是以住宅为平台，利用综合布线技术、安全防范技术、网络通信技术、自动控制技术、音视频技术将家居生活有关的设施集成，构建高效的住宅设施与家庭日常事务处理的管理系统，提升家居便利性、安全性、艺术性、舒适性，并打造环保节能的居住环境。居民能够通过手机、平板电脑等终端掌握家里的情况，并能够控制家电，如设定空调的温度、洗衣机开始洗衣的时间等，同时具有安全预警功能，一旦发生危险，可立即进行紧急求助，与小区物业进行联系，使居民的安全得到保证。

三、社区服务数字化建设

社区服务数字化建设主要是将数字技术融入社区服务工作，在社区管理和服务模式的建设上实现智能化、互联化、物联化，充分利用数字技术资源，满足居民高质量生活的需要。

(一)社区服务数字化的内涵

社区服务数字化就是将数字技术与社区服务工作深度融合，形成更加智能化、互联化、物联化的社区管理与服务模式，包括构建社区管理、社区政务、物业服务、社区服务与家庭生活等各个方面的数字技术应用平台和通道，从而使社区相关成员在沟通时更加充分，有效地开发、共享、利用社区数字资源，增强居民的获得感、幸福感、安全感，满足居民高品质生活需求。

(二)社区服务数字化建设的主要内容

社区服务数字化建设主要包括五项内容：一是针对社区居民的业务功能设计，二是针对物业公司的物业与综合监管系统，三是针对政府相关部门的社区电子政务系统，四是基于系统集成技术的智慧社区业务系统，五是社区智能决策支持系统。

1. 业务功能总体规划设计

社区服务数字化建设的总体规划与设计依托于信息技术，尤其是云计算、物联网、人工智能、系统集成等，旨在通过构思与设计，实现社区居民生活和社区综合管理的智能化。

(1)系统总体结构设计

社区服务数字化系统以基础设施为社区的神经末梢，致力于把人、物、地、网络等要素互联互通，为智慧社区的管理与服务提供支持，通过云计算平台、交互平台等载体形成有序的网络系统，实现面向政府、企业、公众等诸类社区活动的智能化。

(2)基础设施建设

当前，在我国要实施社区服务数字化建设，有相当多的社区在基础设施和功能等方面条件还不具备。为了达到社区服务数字化系统应用的条件，需要对社区楼宇、社区内线网等基础设施进行升级改造，主要包括必要的网络设施建设、各类传感器的铺设，还包括社区服务中心的信息化建设以及数据库系统的建设等。

(3)数据管理

通过数据集成、应用集成和平台集成等技术手段，推动社区服务数字化系统与各类政务服务平台、公用事业服务平台相关资源、信息和流程的协同及共享，充分利用数据交互成果，为住房公积金、住房保障、就医、就学、养老、供水、供电、供气、供暖以及社区警务等提供动态需求信息。

依托社区服务数字化系统，对多主体、多来源、多应用、多服务产生的数据进行全周期系统化管理。优化数据组织方式，按照用途、用户、权限等维度对数据封装打包，进行分布式文件存储。鼓励物联网设备制造企业按照统一标准接入社区服务数字化系统，并与CM(内容管理)基础平台、公共服务平台以及各类电子商务服务平台实现便捷的数据交互。

2. 社区物业与综合监管系统规划与建设

提高设施设备智能管理水平，实现智能化运行维护、安全管理和节能增效。通过基于位置的服务(LBS)、声源定位等技术，及时定位问题设备，实现智能派单，快速响应，提高维修管理效率。通过大数据智能分析，对消防、燃气、变压器、电梯、水泵、窨井盖等设施设备设置合理报警阈值，动态监测预警情况，有效识别安全隐患，及时防范并化解相关风险。监测分析设施设备运行高峰期和低谷期情况，科学合理地制订设备运行时间表，加强节能、节水、节电控制，有效降低能耗。

3. 社区电子政务系统规划与建设

推进社区服务数字化系统与城市政务服务一体化平台对接，促进“互联网＋政务服务”向居住社区延伸，打通服务群众的“最后一公里”。对接房屋网签备案、住房公积金、住房保障、城市管理、医保、行政审批、公安等政务服务平台，为政务服务下沉到居住社区提供支撑。对接供水、供电、供气、供暖、医疗、教育等公用事业服务平台，为社区居民提供生活缴费、在线预约等便民服务，助力实现公共服务线上“一屏办”“指尖办”。

4. 智慧社区业务系统规划与建设

(1)社区基础信息管理系统

社区基础信息管理系统是智慧社区建设中信息资源的共享平台，通过整合海量的信息为社区居民和服务商提供信息资源，依托信息平台的共建共享功能，将信息资源有针对性地进行分类供应，实现信息获取的方便准确，提供多样化信息服务业务。信息资源主要涵盖同城信息、互联网信息、社区网信息三大领域，满足社区居民的信息需求。

(2)社区车辆服务系统

加强车辆出入、通行、停放管理。增设无人值守设备，实现扫码缴费、无感支付，减少管理人员，降低运营成本，提高车辆通行效率，统筹车位资源，实现车位智能化管理，提高车位使用率。完善新能源车辆充电设施，方便绿色出行。实时监控车辆和道闸、充电桩等相关设施设备运行情况，保障车辆行驶和停放安全。

(3)社区电子商务系统

构建线上线下生活服务圈，满足居民多样化生活服务需求。连接居住社区周边餐饮、购物、娱乐等商业网点，对接各类电子商务平台，为居民提供定制化产品和个性化服务，实现家政服务、维修保养、美容美发等生活服务一键预约、服务上门，丰富生活服务内容。通过在居住社区布设智能快递柜、无人售卖机等终端，发展智能零售。

(4)社区物流服务系统

以物业服务企业或物流企业为代表的社会组织，共同签订关于末端物流的联盟合作协议，在物业管辖区域设置专门场所，旨在为居民统一收发物流包裹提供服务，在条件较好的区域可以对末端物流签收的整个过程进行高清视频监控，以录像为证，防止和规避纠纷发生，为居民收发快递提供方便。

(5)社区家政服务系统

依托社区服务数字化系统，在做好物业基础服务的同时，发挥熟悉居民、服务半径短、响应速度快等优势，为家政服务提供便利。发挥物业服务企业连接居住社区内外的桥梁作用，精准掌握居民消费需求，对接各类供给端，为居民提供各类家政服务，主要包括家政保洁、水电维修、居家老人护理、家电维修、电脑维修服务等。

5. 社区智能决策支持系统规划与建设

社区智能决策支持系统基于前述各个系统所提供的实时信息，基于数据共享与交换，提供智能决策支持服务。通过共享信息平台，依托统计分析和数据挖掘的基础引擎，社区智能决策支持系统通过建立相关分析模型，形成定制的分析流程，便于自动提取数据库中的数据，再通过分析形成有价值的分析结果，提供决策支持服务。同时，还能根据数据库中的数据自动生成报表，将上报内容设计成特定格式，定期自动发送到使用者的计算机桌面或电子邮箱中。

第二节　社区服务数字化重构的背景

“数字中国”建设热潮带来了各行各业、方方面面的变革，社区服务的数字化建设也成为“数字中国”建设的重要内容。国家出台一系列的引导性政策，房地产市场的发展也对社区服务数字化提出了新的要求。如今，良好的物业管理和社区服务已经成为影响楼盘销售效果的重要因素，也成为影响业主或租户选择物业公司的重要参考因素。社区服务的数字化是社区和物业公司提升服务品质的最佳出路。

一、政策和市场层面的背景

社区服务数字化建设，数字技术是最为重要的基础性要素。同时政府的政策性引导和支持，也是极为重要的影响因素，市场通过需求资方进行调节，也是不可或缺的影响因素。因此，要从政策和市场两个层面关注和思考社区服务数字化重构问题。

(一)政策层面

在“数字中国”的建设中，为了加强物业监管、规范物管服务，近年来物业管理领域引导性政策不断出台。2021 年，住房和城乡建设部等十部门联合印发《关于加强和改进住宅物业管理工作的通知》，强调了加强智慧物业管理服务能力建设、提供定制化产品和个性化服务的重要性。2021 年 12 月，国务院办公厅印发《“十四五”城乡社区服务体系建设规划》，提出加快社区服务数字化建设：提高数字化政务服务效能，构筑美好数字服务新场景。2022 年 10 月，住建部办公厅、民政部办公厅发布《关于开展完整社区建设试点工作的通知》，明确指出要引入物联网、云计算、大数据、区块链和人工智能等技术，建设智慧物业管理服务平台，促进线上线下服务融合发展。这是国家层面对于智慧社区、智慧物业领域的又一政策强化。

根据《物业管理条例》及《民法典》对物业有关方面的规定，政府正逐步加强物业监管，伴随示范项目评价、信用星级评定等工作的推动，将促使物业行业优中择优、洗牌整合。

(二)市场层面

随着住房绝对短缺问题的解决，人们对住房的核心需求已经不仅仅是简单的住房物理空间，还包括更有品质的物业服务、更便利的社区生活服务、更和谐的邻里关系，以及更加安全高效的房屋交易、出租、改造、维修等住房衍生服务。由于市场繁荣时售后管理面积、客户体量、运作体系迅速膨胀，势必造成物业管理企业服务中众多新的问题不断出现，加之时间久远，有相当数量的小区住宅已经进入维护保养阶段。经济社会的发展以及生活水平的提高，大多数业主越来越注重生活的品质，传统的粗放型管理方式方法已经不能满足百姓的需要，探索新的物业管理和服务模式已经成为必须面对和解决的重大问题。

1. 城市居住服务现状有很大的改善空间

社区的首要功能是居住，并且社区在城市中占绝对主体，社区居住服务与品质的提升对于城市发展、城市面貌和居民生活均会产生巨大的影响。从现实情况看，人们的居住品质仍然存在诸多挑战，居住服务的升级空间极大。我国的物业服务覆盖率只有65%，大量的老旧小区基本没有物业服务。而且整体而言，小区业主对物业服务的质量普遍不满意，调查显示，接近60%的业主对物业服务不满意。比如，北京楼龄在20年及以上的老旧小区中超过六成小区无电梯，16%的老旧小区没有集中供暖，20%的老旧小区绿化率低于30%，26%的老旧小区无门禁系统，老旧小区普遍没有实现人车分流，超过七成老旧小区的车位配比小于1∶1。在我国城市住房的现状之下，物业服务尚有很大的空间可以提升，还有很多的业务内容可供发挥。

2. 房地产消费者的需求层次升级呼唤社区服务改善

根据马斯洛的需求层次理论，人们的需要从最底层的生理需求到中间层的安全需求和社会需求，再到上层的尊重需求和自我实现需求，人们总是率先满足基础的底层需求，再转向中上层的需求。当人们有了自己的住房，形成了长期稳定的住所，哪怕只是一个能遮风避雨的地方，也意味着解决了最基本的生理需求。拥有基本住房的人会进而开始追求居住的小区能够提供安保、门禁等来保证居住安全，提供良好的卫生和绿化环境来保证住户健康等，即人们对于安全的需求。以上两类反映的是人们对居住空间物理属性的需求。

在此基础上，人们还会对学区、交通、邻里关系、社区配套等方面有所需求，这反映的是人们的社会需求。更高层级的需求还包括人们为了满足获得尊重的需求而购买有品质的改善住房，为了满足自我实现的需求而购买气派的豪宅。在房地产消费者向着更高层级需求升级的过程中，不仅要进行房地产的改善置换，与住房相配套的物业服务与社区服务也要进行相应的提质升级。信息化与生活方式的融合也使物业管理必须适应消费者需求的变化。对社区服务进行数字化转型与重构，是实现社区服务与房地产消费者的需求同频同步升级的有效路径。

3. 数字化转型是物业管理企业转型升级的最优选择

随着互联网发展、网购普及和社区消费潜力释放，传统物业服务已经不能满足居民高品质生活的需要，新型社区电子商务应运而生。正是基于信息流、资金流、物流融于一体的发展优势，形成了若干创新的业务模式，由传统的单一物业管理逐渐向新型的集成化服务转型，大幅提升了物业行业的整体形象和规模效应。

新技术的研发和应用将深入改变未来的社区生活，技术发展带来的变化将颠覆我们今天习惯的生活模式、物业管理机制、社区组织方式。近年来，大数据、5G、人工智能等新数字技术蓬勃发展，我国物业管理行业也迎来了发展的新契机。发挥数字优势，实现数字化转型，已成为物业服务企业强化内部治理、提供优质服务的重要手段。数字化建设已然成为物业服务企业发展的重点和焦点，如何发挥自身优势，与互联网公司、科技公司合作，这是众多物业服务企业都在探索的问题。实践证明，采用专业力量打造数字化能力，构建涵盖基础物业管理、智慧社区、数据治理、智慧安防、物业机器人等方面的数字化服务体系，由数字技术衍生出新的服务业务，有利于提升客户体验，从而增加物业行业的效益和价值。

物业企业开发智能 App(即智慧物业系统)成为目前社区服务数字化的主要方向之一。以智能化设备为基础、以信息化为核心的智能化物业管理，以及以大数据为核心的智慧物业管理，能够有效满足业主对智能化、数据化、智慧化增值服务的需求。智慧物业系统显著提高了业主、物业员工、物业管理者之间的联系效率，为物业管理企业节约数量可观的人力和时间成本，能够提供方便快捷的一站式生活服务，诸如快递物流、房屋租赁、报修投诉、电子商务、小区通知等服务。

物业服务公司对业主有天然的地理优势，并掌握着大量的业主信息，因此在社区服务方面会形成非常大的盈利点，尚存巨大的资源潜力待挖掘，又占据着天时地利人和的优势，社区服务的数字化就是物业服务的全新发展模式。

二、社区服务数字化建设的要求与条件

社区服务关系到服务的质量和水平，关乎千家万户的幸福感和满意度，因此要从长远考虑，坚持以人为本的服务理念，充分利用数字资源，强化数字化建设，将满足人民群众的需求放在首要位置。

(一)社区服务数字化建设的根本要求

提升居民生活的智能化水平，提升政府的办事效率和服务能力，推进城市治理的智能化，这是社区服务数字化建设的根本要求。

1. 提升居民生活的智能化水平

社区服务数字化建设应该坚持以人为本的服务理念，以为居民提供安全、高效、便捷的智慧化管理与服务为宗旨，以社区居民的幸福感、获得感为出发点和落脚点，全方位满足居民的生存、发展和生活需要。立足社区服务数字化建设，通过智慧社区数字化平台将社区服务渗透到居民生活的各个方面，充分利用智能楼宇和智能家居的服务功能，将智慧应用从社区引入居民家庭内部，为千家万户提升生活品质创造条件。通过互联网、物联网和多功能智能传感器等高科技应用，把各种电子信息设备互联互

通，实现通信设备、家用电器、娱乐设备、保安（监控）装置及水电气热表等的智能化应用，进而可以实现对各类设备远程智能控制，使其根据环境情况自动变换状态，实现居民的智能化生活，显著提升社区居民的生活品质。

2. 提升政府的办事效率和服务能力

通过社区服务数字化建设，可以借助数字化、信息化的手段，将党和国家的大政方针政策传递到千家万户，推进电子政务向社区和居民家庭延伸的速度和质量。依托社区服务数字化推进社区电子政务，能够更加有效地提高政府的办事效率和服务能力，完善城市社区公共服务体系，有助于推进社区治理现代化建设。推行电子政务，强化社会管理和公共服务的功能，既能充分体现以人为本、服务民生的宗旨意识，又能打造出信息畅通、人人共享、服务完善的现代化社区。

3. 推进城市治理的智能化

社区服务数字化建设应该通过应用信息技术规划、设计、建造和运营社区基础设施，实现社区中所有管理要素的全面互联、互通、互动，形成人与物之间的多维联动效应。通过以社区为单位进行数字化、智能化建设，立足现实、放眼未来，以点带面、点面结合，逐步实现“点—线—片—面—整个城市”的智能化。社区作为城市的基本“细胞”，社区服务数字化建设构成智慧城市的“大脑”，为城市各类随时、随地、随需应用提供基础条件，达到对城市的实时控制、精确管理和科学决策，实现城市各个系统以及系统之间高效协调运作，提升城市治理现代化的水平，提高经济社会发展的效率，为推进中国式现代化奠定基础。

（二）实现社区服务数字化的必要条件

社区服务数字化首先要建设集成服务移动平台，这是最基本的条件，是数字化社区服务触达人群的渠道和载体，通常情况下是 App 类移动互联网应用，便于社区居民随时随地使用。

实现社区服务数字化，运营机制建设是保障。规则制定和制度建设要挺在前面，包括物业服务申请流程、积分兑换、产品或服务的购买流程、价格折算、入住商户获益结算方式等规则必须明确。要构建横向覆盖众多服务的运营机制，这是实现社区服务数字化的根本要求。要有线下纵向的服务商管理，如何挑选、合作、利益分配等，既确保服务商的利益，又能保证业主获得高品质服务。社区服务数字化依靠线上渠道解决问题只是其中的一个方面，整合社区集群的各种供应链资源，去中心化地致力于社区业主的服务和物业管理，这是另一个方面，也是最重要的方面。

第三节　社区服务数字化重构典型案例

实现社区服务数字化，不仅需要政策上的支持，更需要实践上的探索。社区服务的核心对象是家庭和人，所有的服务都要坚持以人为本的理念。社区是居民生活的集合体，也是居民生活需求的直接触点。依托互联网思维和数字技术，为业主提供增值服务，这是社区服务的根本目标。

一、花样年转型互联网社区服务平台

(一)花样年社区服务彩生活基本概况

花样年集团是一家深圳地域性房地产公司。2008 年，花样年成立彩生活服务集团，向社区综合服务平台供应商转型，运用小投入、大产出的轻资产模式，将企业打造成一个以金融为杠杆、以服务为平台、以开发为工具的金融控股集团。

2014 年 6 月，社区服务运营企业彩生活公司在我国香港上市，引领了行业内从物业服务中的基础服务“物的管理”，到增值服务“家庭服务”，再到社区服务的变革。彩生活公司从传统的硬服务——产品营造，转变到软硬服务结合——产品加服务，再变为软服务为主。通过线上线下一体化，将线上的虚拟服务与线下的实体服务密切结合，成功探索出一条社区服务运营的数字化、智慧化路径。根据花样年集团 2021 年中期财务报告，截至 2021 年 6 月 30 日，彩生活公司负责物业服务的楼盘项目总建筑面积为 5.649 亿平方米，为 2817 个社区提供服务，遍布全国 279 个城市。

社区是共性生活的集合体，是生活需求的直接触点。彩生活力图让消费者住的房子功能齐全、舒适安逸，社区服务周到细致，让所有业主住得更有幸福感、更有获得感。彩生活的商业价值凸显点与传统物业企业恰恰相反，购买房子成为入口，导流了企业未来将要服务的消费者。未来的房地产市场会是大量的二手房交易，二手房的交易价格跟社区服务是直接关联的，有好的社区服务、好的社区配套，物业才能保值增值。

彩生活服务是一种全新的物业服务模式，要求在房地产开发和运营初期，对互联网、智能化、自动化进行改造和升级，摈弃传统物业管理中的弊端，创造性地将“房子＋社区＋技术＋服务＋金融”结合起来，实现业务数字化，实现社区内需求与社区外物流、资金流、信息流、商流相互对接，让业主得到极大的便利和体验乐趣。彩生活通过互联网和云计算技术，为社区业主提供优质的全生命周期的居家生活与服务体验，打造一个集信息、产品、服务于一体的沟通交流平台，满足用户的需求，把所有服务标准转化为平台上的服务，交由相应的供应商来提供具体服务。

(二)花样年彩生活服务内容与核心思维

花样年彩生活着眼于新理念、新技术，注重居民的幸福感与获得感，以提升社区居民的生活和居住质量为原则，通过社区服务的数字化和智能化，设计出富有特色的彩生活社区服务体系。

1. 服务内容

彩生活的基本运营模式为“互联网平台＋物业＋增值服务”。彩生活对小区实行标准化、信息化管理，原有的大量的保洁、保安、保绿人员将被生活管家所取代。这些专业性更强的管家不仅服务优质、态度友好，还经常通过开展各种活动与业主互动，并将业主日常生活的需求全部纳入服务体系之中，让业主真正体会到"高端服务、智能服务"到家的感觉。此外，彩生活还创造了 B2F(business to family，商户到家庭)模式，与小区周围 1000 米内的商家合作，将其引入彩之云 App 和 400 电话平台，打造"一公里"商业生态圈，方便业主享受便捷服务。

2. 核心思维

彩生活运用互联网思维来重组和发展业务，将海量、免费、大数据等互联网思维引入社区管理当中。核心思维包括免费思维、体验为王、用户至上和大数据思维。

(1)免费思维

"零物管费"增加客户黏性，通过整合业主的大量消费实现利润。彩生活依托大数据整合周边商户提供的各种商品及服务，鼓励社区业主去购买，通过消费来获得积分，再用积分兑换物业管理费和其他社区服务费用。由此，积分是业主就近购物消费免费获得的，一举两得，从而实现"零物管费"，这是社区服务数字化的积极探索和成功实践。

(2)体验为王

花样年不仅仅为业主盖房子，而且要盖好房子，成为体验式经济的推动者。花样年开发的项目不仅给业主提供居住空间，更关键的是要成为这个空间的服务者和创意者，为业主提供一个体验美好生活的平台。

彩生活把社区打通，做好 F2F(face to face，面对面)体验，通过建立"彩空间"让业主实际学习、体验、熟悉进而喜欢彩生活各类功能、产品的使用，客户体验最终会转化为对其生活方式的影响。彩生活强调发展人与人之间的关系，把小区变成暖洋洋的社区，让业主感到有趣、方便和实用，体验到更便捷、更细心、更周到的社区服务。

(3)客户至上

传统的物业管理中"物"是被关注焦点，但是花样年将物业管理的重点放在"人"身上，彻底颠覆了物业管理的传统理念，将服务从被动式服务转化为主动式服务，"把社区服务做到家"服务理念的提出，是"用户至上"互联网思维的鲜明体现，更是一种创新思维。"把社区服务做到家"包含两层意思，一是争取做到最好，在同行业同领域树立标杆样板，成为社区服务领域的专家；二是要关注"家"这个单元，把满足和实现人的需要作为出发点和落脚点，让业主时时刻刻感受到"家的温暖"。"家"代表了社会关系的最小单元，社区是百姓居家生活的集合体，也是经济社会最基本的聚集单元。彩生活打造出全新的 B2F 商业模式，服务家庭，研究家庭的生活需求，如生老病死、吃喝玩乐、教育等，有针对性地提供不同的服务组合。

(4)大数据思维

彩生活数字化、智慧化的物业管理和社区服务大多数通过线上途径进行，随着彩生活社区服务业务的范围逐渐扩大，线上服务平台积累了大量的人气。平台的活跃度和流量的积累带来了数据的集中，也就形成了大数据。通过对海量服务流程相关数据的观测和分析，能够有利于彩生活公司改进业务流程，迭代出业主更需要、更喜爱的服务内容。业主在平台上的任何一单投诉都可以将责任定位到具体工作人员，也便于根据投诉的种类和数量去研究服务的解决方案，提高业主的满意度。

彩生活不仅运用数据能力驱动打通社区家庭供应链的全网营销，还能够通过统筹管理各业务板块的数据，实现精准营销和智慧运营。平台上积累的大数据带来了更多维度的业主信息，为进一步取得社区的业主画像做了铺垫，信息越全面，平台对业主的画像就越精准，彩生活也就相应地具备了更强的风控能力。

(三)花样年彩生活核心优势——智慧社区

传统物业管埋定位于物业的日常维护与管理，收入来源单一，物业管理全行业亏损严重。相比之下，智慧社区管理服务更优质，企业收益更丰厚，通过高科技使得劳动力获得了解放，项目管理控制的集中度得以提升，在降低成本的同时，也大大提高了效率。

1. 释放闲置劳动力，打造社区管家

传统的物业管理模式主要依赖人力，物业员工70%～80%都是保安，只承担保证社区安全的职责，人员使用率低。随着劳动力资源的短缺，各地不断提高工资标准，劳动力的成本不断上升，但与此同时想要在社区内提高物业管理费用却是难上加难。彩生活解放了闲置的劳动力，依赖数字技术来提供一种信息化、专业化、机械化的便民模式，用高素质的管家为业主提供更多的服务，获取高附加值。

2. 集中管控与远程监控相结合

面对劳动力短缺和人工成本大幅上涨的问题，彩生活基于云计算技术建立"云管控"平台，使各城市的物业服务流程都实现信息化，从而实现总部对人、财、物、事的统一集中管控。该平台将原有的各自独立的系统功能进行有机整合，让物业管理工作人员通过手机、平板电脑与智能家居、门禁、楼宇对讲、远程监控、停车场管理、多媒体娱乐、防盗系统、咨询服务等各系统进行实时互动，精准对接、互联互通。各地物业公司能够统一在平台上进行费用收缴、人员管理和设施设备管理等相关操作。

除"云管控"平台之外，彩生活公司还依托全国呼叫中心技术(400)，将基于互联网技术的信息平台、基于物联网技术的远程管理平台等三个子平台整合在一起，通过互相关联、实时互动，能够对全国各地数百个项目的生产服务活动实施统一计划、统一指挥、跟踪检查等，极大地节约了运营的人力成本，不仅实现了对项目关键岗位和设施管理运营的集中管控，还能够通过技术手段进行远程监控。一是将项目部诸如大门岗、车库道口岗、接听电话的客服岗等移动岗位的现场值守，转化成远程集中值守；二是将管理的综合职责交付给移动性的岗位管家，把解决基础物业管理与增值服务这样的问题在底层就解决好；三是建立项目片区"控制环"，改变以单个项目封闭运行的模式，在城市设立片区维修机动队和清洁机动队，由区域总部运营中心根据需要通过"云管控"网络下达作业命令，既提高了管理和执行效率，又大幅减少了人员配置。

3. 将业主核心服务集成到App

彩生活开发出彩之云App，将物业管理中的业主常见需求和各类社区服务都集成在该App中，且留有未来拓展的接口，包括交物业管理费、交停车管理费、水电燃气费代收代缴、报修、投诉、房屋增值业务、金融理财、订餐、团购、论坛等，各类服务无所不有。

(四)花样年彩生活盈利模式

彩生活服务的社区超过5亿平方米，覆盖2000万人口。掌握了通向社区的服务端口，也就掌握了企业收益的重要来源。

1. 商家分成

彩生活把周边1000米范围内的所有商家都集合进彩之云App中，集成包含衣、食、住、行、娱、购、游在内的各领域商户服务资源，通过层层审核把关提供让业主放心的便捷选择，建立起一个邻里社区的“微商圈”，业主足不出户即可享受社区周边的各类服务，体验便捷的品质生活。

花样年利用现代电子商务，对客户的需求采用一种无店面的形式来实现，从中获取中间服务费用。花样年借助社区优势，节省了商家开设分散铺面的成本，从而与其分享收益。比如，花样年社区与干洗店建立了合作，提供代收衣服服务，在社区建立专用的存衣柜，同时还通过电商为其推广，为干洗店降低30%的成本。

2. 个性服务

传统的物业管理将“物”作为关注点，提供的服务基本上是无差别的，涉及面比较窄，服务也很初级，比如保洁、安全、绿化等共性需求。当社区服务坚持“以人为本”服务理念，强调将“人”作为服务对象时，就需要物业管理企业研究不同的社区、不同的人群，了解和把握业主的个性化需要、群体性特征。彩生活立足社区实际，针对不同人群开展不同的专属服务，增强客户生活的便捷性、舒适性、满意度。

生活节奏较快的白领阶层，他们的家居生活用品可能需要社区服务企业来提供；小孩需要学习和玩耍的场所；老年人需要休闲娱乐的场所和服务；而对于大户型的住宅项目，住户可能对柴米油盐这些日常生活用品的需求比较少，相对而言对高端服务的需求更多，社区服务也会相应调整侧重点。

3. 房屋增值服务

彩生活还提供房屋增值服务项目。通过设置专门的职能部门，充当房屋买卖双方的媒介，为业主提供专业服务，如代收代付租金、配置家具家电等，将住户的房源进行统一承租、分租、包装、装修，提高房屋整体租售价。

4. 团购电商

彩生活直接跟厂商合作，省去中间成本，产生团购效应，使业主可以低价购买商品，彩生活凭借平台和渠道从商家获利，供应商开拓新的销售模式和渠道，实现三方共赢。

5. 草根金融

花样年的优势在于非常了解客户的情况和需求，在业主急需用钱或银行定期存款未到期的情况下，通过社区消费系统采集信用数据，形成一个专业评估体系，确认是否借钱给该业主，通过花样年旗下的小贷公司提供50万元以下的小额贷款，赚取利息。银行提供的小微贷款往往都是50万元以上，但50万元以后资金借贷的市场需求又很大，花样年提供的金融服务定位于“草根金融”，巧妙地与银行的借贷服务实现错位。由于业主在社区有房产，出现坏账的可能性降低了很多。

彩生活的社区平台优势在金融服务需要评估业主个人信用时有所体现，业主的信用数据可以通过社区消费系统进行采集，即通过统计业主的物业管理费、水电费、停车管理费等是否在规定时间内交纳完成，对其在社区中的信用履约行为、在平台生活服务商店的消费行为等数据进行综合分析。

二、全场景智慧社区落地重庆

2019年8月8日，实地集团在重庆永川的实地·永川蔷薇国际项目率先落地国内首个全场景智慧社区。相比该集团此前在其他城市落成的智能样板间，实地·永川蔷薇国际项目还配置了智能厨房和智能浴室的模块，实现了真正的全屋智能，并通过智能机器人、社区物流系统、配套商业服务的高效协同调度与数据互联，提供社区内全场景智慧生活解决方案，是智慧人居领域的又一次领先实践。

(一)打破人居场景壁垒

实地·永川蔷薇国际项目配置全国首款室内室外智能物流机器人Delight，其能够顺畅地进行室内外行进切换。室外路面大多会有坡度起伏，普通机器人易丢失定位，遇到下沉式路面，货物有跌落损坏风险，Delight采用双雷达结合以及虚拟围栏的方案，能够在室内和室外不同的环境中顺利通行。

Delight能够提升小区业主生活的便利性，业主只需要通过手机客户端下单购物，Delight便会自动录入订单信息并规划商品配送的路线。在小区门禁及电梯数据打通的条件下，Delight不仅能规避障碍，还能打开门禁以及呼叫电梯，实现自动上楼。当Delight送货到家后，业主可以通过人脸识别、扫码或输入取件码等身份认证方式取货。

家用健康服务机器人Bingo和微诊室可以解决家用健康服务的痛点。小区业主在家中可以通过Bingo将个人与社区智能医疗服务终端“微诊室”的健康监测系统打通，实时同步用户的血压、心率、体温等数据。除了能形成个人健康档案为医生提供诊断参考外，Bingo还自带电子药盒，可按用户需要提供服药定时提醒，此外，还具有呼叫社区医疗门诊、在线视频诊断等功能。

(二)重构家庭智慧场景

实地·永川蔷薇国际项目的家庭智慧场景也是项目的特色亮点，包括智能客厅、智能卧室、智能厨房和智能浴室等模块。

在智能客厅模块中，移动式集控面板——智控Mini能够控制业主家中所有电器，如灯、空调、窗帘等，并且有多种模式可供选择，例如有朋友来访时，业主可以选择“会客模式”。客厅的茶几、沙发都是由实地集团自主研发的智能家具，茶几是一个集蓝牙音箱、无线充电功能于一体的多功能智能茶几，沙发具有自动加热、久坐提醒功能。

智能厨房和智能浴室能够使业主获得从起床到就寝全天候的智能体验，这套智能系统还为不同年龄段的用户提供了智能化的管理服务。智能厨房的所有智能产品都聚焦于业主的健康与安全。比如智能厨房中安装了实地集团独创的智能风幕机，通过风机与幕帘的集成在人和炉灶之间形成一层风帘，不仅能够隔离油烟，还能够降低温度。此外，智能厨房的炉温监测系统可全天候监测炉温，若发生干烧则及时蜂鸣报警或手机推送报警，能起到防干烧、杜绝火情隐患的作用。智能厨房中还配置了具有三合一功能的智能保温面板，可用于食物保温，即使业主备餐做饭持续时间较长也能避免先做的菜变凉；除了保温以外，面板还可以用于面团、酸奶的快速发酵以及肉类的自动解冻，极大地节省了做饭的时长。智能浴室创新性地应用了通过对红外图谱的深度学习来判断业主是否跌倒的检测系统，若其跌倒且久未站立，该系统就会蜂鸣报警或手机推送报警；在浴室地柜下方安装的地面烘干机，一旦检测到环境湿度较大，将自动开启烘干程序，为业主营造一个干爽的洗漱空间。

(三)构筑智慧社区生活

实地·永川蔷薇国际项目全场景智慧社区包括了三个维度。

第一，打通家居与户外社区智慧生活场景。智能机器人助力高效生活，该项目中的 Delight 智能物流机器人、Bingo 家庭健康服务机器人是最佳的应用，通过“产品+服务”双驱动，丰富了用户体验的方式，将智能机器人的作用发挥到了极致。

第二，实现全屋智能化。实地集团设计并研发了多款智能家居产品，在每户家庭中进行全面配置，实现全屋智能化。

第三，智慧社区生活服务全面化。目前，社区内提供的五大“内部孵化”的智慧商业配套服务，覆盖用户健康、教育、文娱、物流、购物等多方面的需求。在健康生活上，有全国首个社区 O2O 医疗服务机构——家有健康社区医疗门诊；文化娱乐教育上，打造了海绵创客学堂、社区影院；智能零售上，有贝瑞母婴；至于通勤物流，有智能物流机器人 Delight；社区安防方面，有 Hachihomey 智能社区安全解决方案。

通过不断探索、升级，实地产品和服务联动的应用场景已然成熟，智慧社区中各类场景具有普遍的适配性和广阔的市场空间，得到业内外的一致认可和好评。

三、浙江省未来社区建设——以杭州七彩社区为例

2019 年 3 月，浙江省率先提出未来社区建设试点的构想，发布《浙江省未来社区建设试点工作方案》。未来社区是共同富裕现代化城市基本单元，其建设发展将在破解当前我国社会的主要矛盾、加快我国城市化进程等方面提供示范性样板。未来社区建设有助于去房地产化，贯彻落实住有所居的民生理念，有助于打造产城融合、生态宜居和职住平衡的城市发展新格局，有助于实现智慧城市长效运营、推进城市治理现代化，有助于进一步完善城市治理体系、提升城市治理水平。

(一)社区基本概况和目标定位

七彩社区位于杭州市萧山区瓜沥镇，属于改造更新类试点，规划单元 79.21 公顷，实施单元面积 40.34 公顷，直接受益居民 9261 人，引进各类人才 3806 人，总投资约 47 亿元。七彩社区以都市圈 TOD(以公共交通为导向发展)卫星镇未来社区可持续样本为总体定位，以创建数字社区为建设目标，协同社区基层政府、企业、居民、社团、志愿者五个方面的参与主体，共同构建美好社区建设规划，着力打造非都市圈核心中小城镇可复制、可参照的高质量发展样板。

(二)社区场景开发

七彩社区建设规划在统筹推进社区各类场景的过程中突出“服务共享、社区创业、数字运营”三大特色，形成社区 IP。

1. 以社区邻里中心为引领，推动公共服务共建共享

七彩社区在老旧城中村和公交场站原地址上，按照立体开发、综合利用、功能齐全等理念，确定以公共交通为导向，打造土地复合高效利用、公共功能“七合一”的 TOD 邻里中心，将公共服务、智慧治理、交通出行、创新创业、邻里共享、文化教育、运动健康七个场景，高度融合在 10 万平方米的“一站式”社区邻里中心，以 15 分钟步行的距离覆盖全社区，系统性地解决社区居民的生活需求，重点在教育、健康和服务等场景创新上进行了有益探索。

(1)全民学习的社区教育场景

七彩社区通过全民终身学习体系的推进，让教育与社区居民实现全生命周期密切关联。在已建成运营的 A 区邻里中心，以文化中心的社区图书馆为阵地，提供“四点半学校”等功能，使之成为社区少年课外托管学习的场所；以创业孵化中心为基地，与浙江树人大学合作创办未来社区运营管理学院，以“学历＋证书”的方式输出社区运营管理人才，打通“社区创业＋社区就业”的通路。

(2)三色管理的社区健康场景

在健康场景的搭建中，借助萧山“健康大脑”打通跨部门数据，实现对七彩社区健康、亚健康、重点监护人群的“红、黄、绿”三色分类管理。同时以“公办卫生服务站＋民营社区全科医院”为载体，围绕社区全龄化家庭搭建“数字康养全时化”在线服务平台，通过智能手表(手环)、AI 睡眠监测带、感应摄像头等医用级智能设备数据传输，为社区独居老人提供 24 小时实时动态的血压、心率监控等社区级物联网监测服务，同时打通与三级甲等医院的绿色转诊通道，让优质医疗资源下沉到社区，实现公共卫生均等化。

(3)错时办事的社区服务场景

从发现和解决居民的痛点做起，让居民从“要我来”转为“我要来”。七彩社区针对居民上班时间和行政服务中心工作时间重叠的办事难问题，创新提出“8 小时之外就近办”概念，在邻里中心设置 24 小时服务、365 天办公的社区智慧公共服务中心——沥未来·七彩公共服务中心，通过24小时自助办事区、便民服务区和智慧治理展示区的"三合一"功能，让居民可以利用下班时间就近办事。目前可以办理的事项涵盖创业创新、市民卡、社保医保、城管违章、综合服务等261项业务，真正实现在家门口就能享受到公共服务。

2. 以工作生活生态为系统，推动社区创业职住平衡

聚焦瓜沥当地传统产业数字化转型，为引入的创业就业人口重构社区创业场景。针对主城区房价高企、钟摆式通勤和职住分离难题，在新建地块上(可容纳3800名创新人才)规划建设新基建设施完善、职住功能高度复合、绿色低碳全覆盖的产城融合示范样板，为引进社区的创业型企业和员工配建租住型人才公寓、定向限价销售人才住房，为都市圈年轻人提供设施全、房价低、无通勤的理想创业环境。

3. 以数字化改革为撬动点，推动数字社区整体运营

在浙江省数字化改革"152"体系下，坚持"继承＋拓展＋多跨"理念，搭建七彩数字社区治理、服务双运营平台，推动场景集成、应用融合。

(1)政府治理端运营平台——沥家园

在"城市大脑·萧山平台"的赋能下，遵循数字平台一体化理念，瓜沥镇构建了"镇、村、户"三级管理架构的沥家园数字驾驶舱。以沥家园积分体系为纽带，结合线下沥MALL小店，实现服务信息"一键通"、管理沟通"一键达"、社区公益活动"一键抢"。特别是沥家园率先实践积分制，通过平台发布任务、居民在线抢单方式，让社区居民共同参与社区公益性活动和公益性设施运营。沥家园用户服务端已在全镇包括七彩社区在内的75个村社实现全覆盖，共5.4万户村社居民完成实名注册，成为全镇居民融合互动的"通行证"。

(2)社区管理端运营平台——之江七彩云

协同之江实验室搭建七彩社区数字化运营平台，实现社区数字"三管"：管服务，通过AI赋能社区物业服务；管空间，通过数字孪生可视化系统对社区空间进行精细化管理；管社群，通过"支付＋积分＋信用"的数字化手段实现社群活力运营。七彩社区的运营服务商可通过社区经营性空间资产的3D可视化管理，全景式分析社区的公益性、惠民性和商业性空间，并用经营数据曲线预测和修正空间租售的合理性，让空间真正服务于社区居民。面对C端用户，使用基于SaaS(软件运营服务)平台的社群流量管理系统，推动线上活动和线下经营融合，促进社区全面繁荣、高质量发展。

(三)创新亮点

1. 发展路径的创新：生成式渐进迭代的社区发展之路

与未来社区其他试点全新构建"三化九场景"的既定模式不同，七彩社区的生成模式具有非常明显的数字化特征，即在各大场景彼此相互辅助、相互融合中，确保了整个生态的系统性，同时又保证了较快的迭代生成。一方面，实现了数字相融。在A区邻里中心复合型空间形成以后，持续叠加场景内容和植入数字化运营，实现空间与数字化功能双集成，同时向周边区块扩展延伸，构建出快速、灵活、可延展的弹性结构体系，逐步提升整个社区的生活标准和土地价值，符合先易后难、渐进式、不断迭代的发展演进规律。另一方面，实现了场景相融。总体按照“一心样板引领、两线同步推进、三体全面构建”的实施路径，分步骤快速推进。其中，“一心样板引领”即率先建设和运营“七合一”社区邻里中心，形成经验示范；“两线同步推进”即规划新建B区数字创新产业园与C区创新人才居住区，改造更新D区安置与次新住宅提升区，完成社区“拼图”；“三体全面构建”即确保社区居民、空间、数据之间的互联互通，最终打造全区5G数字孪生技术场景运用和可持续运营平台。

2. 建设机制的创新：全链条全生命周期的社区创新之路

七彩社区打破传统的政府、企业两条线平行推进的社区建设模式，率先在资金、土地、投建运维一体机制上实现“三混合”的创新突破，有效保障试点建设的顺利推进。

(1)混合所有制机制创新

七彩社区先行探索“政企合作＋混合所有制”在社区建设模式的实践创新，由浙江省文化产业投资集团、杭州萧山国有资产经营集团有限公司和七彩文化科技集团三方合资组建基金进行投资，同时充分发挥社会企业的专业优势负责项目全过程实施，在投资端和实施端找到最优组合，保证社区资产运营的可持续性。

(2)土地混合出让机制创新

在规划前期，七彩社区保留区块内老旧公交首末站地块不外迁，按照“企业出资金、政府出政策、群众得实惠”的思路，创新提出“原址提升＋功能混合”公交站场TOD综合开发模式，探索土地混合出让方式。地块原为交通划拨用地，重新出让时确定主体建筑属性为“公交站场＋服务设施”，不同土地权属面积按整幢建筑物的占比分割确定，解决了存量土地不能复合开发的土地出让机制难题。一楼是公交首末站，按容积率折合后以划拨方式提供土地，建成以后无偿移交给区交通投资集团作为公交首末站来使用；二楼以上则用于社区公益服务、文化康养及商业运营等“一站式”邻里服务。通过对低效用地的高效开发，在提升群众活动出行便捷性的同时，破解了政府对公共服务设施长期贴补的困局，实现多方共赢。

(3)投建运维混合一体化机制创新

七彩社区坚持以终为始的投建运维一体化理念，政府和企业相互赋能、共同成就。A区邻里中心由企业按先进理念规划，政府在供地机制上予以创新；在B区产业园，政企合作共同持有产业物业，共同招商，合力共建；在C区人才居住区，由企业“带方案、带运营”摘牌，政府和企业在人才引进核心指标上紧密合作；在D区改造提升区，由政府和企业共同策划场景，实现政府投资、企业运营。

3. 运营模式的创新：流量“吸聚变现”的社区运营之路

七彩社区走的是长期持有物业的运营之路，在A区运营探索中坚持问需于民，率先搭建全民社群平台，注重在服务中带入流量，通过导流(吸引人流)、生流(产生人流)、助流(相互导流)、化流(人流转化为消费)，最终完成流量变现，进而反哺社区。

(1)以居民日常生活需求定制复合型服务空间清单

社区从居民的工作、生活和情感三个维度进行深入调研，总结出了十大痛点问题，提出了多元空间交融的解决方案，主要体现为：在空间形态方面，以 TOD 模式实现空间与业态高度混合开发，满足居民的多样化生活需求；在功能复合方面，将公益性、惠民性、营利性业态功能融合于一体；在社会治理方面，充分发挥社区民间力量，形成以社团组织和社群文化认同为主体的公共生活，形成七彩未来社区的鲜明特色。

(2)以培育居民文化团体开启社区文化自生长模式

组建武术社、茶艺社、话剧社等社团，开展常态化主题活动，通过非遗文化培训、文化讲座等活动进一步营造社区文化氛围。挖掘热衷于公益事业且活跃度高的社群达人和意见领袖担任社长，作为社区活动的组织者、策划者和领头羊，利用七彩社区的邻里广场开展线下日常的公益性活动，同步开展线上社区群众活动，以社区节庆活动构建社区文化主脉络，激发社区文化活力。目前七彩社区长期运营 16 大社团、34 个社群、60 多种公益课程，承办文艺表演和参观交流活动 1000 余次、开办邻里文化与公益课 1000 余场次、举办邻里活动 100 余次，初步实现了从“造房子”向“造社区、造生活”的转变。同时，激励更多社会组织参与社区治理，降低社区运营成本，增强了群众对社区建设的认同感和归属感。

第七章　数字赋能长租公寓商业模式优化升级

长租公寓是房地产市场的一个新兴行业。由于我国城市的高速发展，流动人口增加，短期奋斗居住和长期定居之间产生了矛盾，其源头是住房在经济发展快、流动人口多的城市和区域供需失衡。长租公寓的核心作用就是通过将大量分散的闲置物业整合运营，从而化解这种矛盾。在“房住不炒”的主基调下，长租公寓的产生和壮大推进了房地产企业的多元化发展。在数字经济发展大背景下，强化长租公寓价值链与商业模式分析，构建基于大数据的长租公寓决策支持系统，发挥数字赋能的功效，对于完善长租公寓商业模式优化升级具有重要的意义和价值。

第一节　我国长租公寓的现状

在我国大中城市居民流动性增高与居住品质需求升级的背景下，长租公寓的涌现和发展对满足居民的住房需求有着重要意义。如何运用数字技术解决好租房中的一系列问题，让租房变得更加简单、舒心，让租房生活变得更加美好，是长租公寓企业发展的核心。

一、长租公寓的内涵和特征

随着城市高速发展以及外来人口的大量涌入，人们对住房的需求不断增加，同时伴随房价的持续上涨，为了能在短期内解决居住困难，长租公寓应运而生。

(一)长租公寓的内涵

长租公寓是以房屋为产品原型，业主转让定期使用权给委托管理方，委托方将房屋设计装修后整体或分割出租，向社会公众提供不短于一个月的房屋租赁服务，并且获得管理收益，业主方获得定期租金回报收益的租赁经营方式。长租公寓与仅能满足短期租赁需求功能的酒店、民宿相比较，能满足中长期租赁的需求是其最大的优势。长租公寓与普通居民住宅出租的不同点在于，长租公寓的装修和家具家电配备具有标准化的特征，运营管理更加科学化、现代化，产业发展更趋规模化。

长租公寓能够提供高品质的居住服务、安全的日常管理与和谐顺遂的社会交往，能够提供更加契合市场需求的优质租赁房源，并且有利于规模化经营，长租公寓在住房租赁市场体系中的地位日益提高。

(二)长租公寓的特征

1. 门槛低，缺乏行业标准

长租公寓行业是一个低门槛行业，尚未建立行业标准，从业人员水平参差不齐。我国长租公寓的大量产生和住房租赁行业商业模式的变化到来得非常突然，最根本的助推力是资本。从2012年新派公寓创新模式率先获得资本投资，投资人、投资机构、职业二房东、开发商、供应链设备商、其他跨界创业者等陆续进入长租公寓行业，长租公寓的产品形态、服务规范等在众多相关企业“摸着石头过河”的探索中逐渐有了雏形。

2. 区域化竞争

长租公寓属于区域化竞争产品，按照当前的发展和布局密度，单个项目之间的竞争半径已经缩小到1000米左右范围，其运营管理系统不完善，跨区域、跨城市的联动性会员输出价值不高，租客的品牌忠诚度不高、黏性不强，租约窗口期短(分散式公寓一般签约3～5年，个别竞争不充分的城市可以签约6年及以上)，需要不停地抢夺房源。

3. 客户群体小众化

长租公寓是小众群体的生意，租客以单身年轻群体为主，易受区域性政府公租房供应、私有住房市场供需情况的影响。“90后”“00后”逐渐成为长租公寓的主流客户群体，他们大多是独生子女，家庭条件优越、经济基础好，普遍拥有较高的文化水平和高度对称的消费信息，法治观念和自我保护意识更强，驱动了消费观念的转变和消费需求的升级。在租房过程中，他们更注重居住的生活体验，不愿意住脏乱差的房间或群租房。长租公寓很好地满足了新租房消费群体的新兴居住需求，受到了年轻一代消费群体的喜爱。

4. 盈利结构单一，盈利难度大

长租公寓模式简单但过程复杂，其商业模式的盈利核心是租金价格差，租金价格受物业所处区域的地理属性、周边环境及消费能力影响，目前在运营过程中其运营价值或运营附加值还不明显，盈利结构单一。分散式长租公寓零星散落分布在城市社区中，各具特色，难以用统一的标准来管理，可控制性不强，有很多看不见的环节成本损耗大，在这样庞大的组织架构下，紧紧依靠这单一、微薄的利润差，在覆盖成本上比较艰难；集中式长租公寓以集中性、标准化业态为主，可控性强，盈利相对稳定，但其核心价值受底层物业租金成本、各种合规性手续、资金规模等影响，很难快速复制形成规模化。

二、长租公寓的盈利模式

长租公寓按照房屋使用权、租金收益权是否转移，可以划分为包租模式和托管模式两种经营模式，长租公寓运营机构在这两种模式下的盈利来源和结构有较大的差异。

(一)包租模式

包租模式是房主将未来若干年内房屋的使用权和租金收益权全部转移给了包租公司，即长租公寓运营企业。在包租期间，包租公司对房屋行使该公司所取得的使用权。

长租公寓运营机构向房主取得房屋使用权的年限一般为 3～10 年，期限较长，合同期内尽量保证租金不增加或只做小幅增加，交一个月押金或不交押金。一般每套房屋每年向业主要 1～15 个月的免租期，用于房屋装修、卫生打扫和租房空置等相关事宜。

与传统住房租赁相比，长租公寓的房源获取与改造讲究一定的装修风格和装修品质，注重提供舒适、环保的居住用品，提升居住品质；在运营管理过程中运用数字技术提供线上找房、签约、缴费、报修等服务，提升租客的租房体验；为租后生活提供一系列的服务保障，并以居住环境为依托打造青年社交社群，重构市场对租房生活的认知，重塑租客对租房生活的概念。

在上述房源获取和运营模式下，长租公寓运营机构的盈利主要来源于房屋租金差、房屋租期内房租上涨的价格差、房主给出的免租期、以卫生管理费为主的综合管理费以及租后服务收入等。其中房屋租金差既包括长租公寓运营机构支付给房主的租金与收取租客的租金(整租)差额，还包括长租公寓运营机构通过房屋改造、增加可供出租房间数以便收取租客更多租金与支付给房主的租金(分租)差额。

(二)托管模式

托管模式中蕴含着一种委托关系，房主的房屋使用权、租金收益权并未发生转移，托管公司即长租公寓运营机构充当房主的委托代理人角色。

房屋托管，实质上是房主将房屋委托给长租公寓运营机构进行管理，在托管期间，该套房屋的使用权、租金收益仍属于房主本人，托管公司代为行使房主的权利，履行房主的职责。托管公司将房主的房屋出租后，可以一次性向业主收取月租金 50%～100%的服务费。在租客入住后，托管公司每月还可以向房主收取月租金 8%～10%的管理费。

长租公寓的托管模式主要面向持有一定数量房屋并且想从事集中式公寓业务的房主，或者有意投资长租公寓行业的投资人，或是国有企业、房地产开发商(存量资产运营)等，长租公寓运营机构为其提供从品牌授权、产品定位、产品设计、投资测算、投资决策、租客招租、运营管理、租后服务等一整套体系化的服务管理。该模式一方面为长租公寓资产方、投资方提供全方位的投资服务，另一方面为租客提供有品质、有服务保障的租房生活服务，有利于长租公寓盘活存量资产、建立新的投资渠道、输出创新性的租房产品。

在盈利模式上，包租模式不以房租差价作为盈利基础，而是以提供品牌价值、专业诊断、体系化的运营能力作为服务基础，收取管理服务费和运营收益分成。具体盈利来源包括品牌使用费、运营管理费、系统初装和管理费、租后服务长尾收入等。

第二节 长租公寓的价值链与商业模式分析

住房租赁行业的价值链一直蕴含于租房产品的生产和改造过程中。过去的租房产品形态较为单一，居住产品和居住服务都处于初级阶段，所采用的房屋隔断仅仅是石膏板，家具往往在二手市场中购置，并且房间内不做任何装饰，也不需要高品质的家居用品，更谈不上系统化管理和生活配套服务。随着长租公寓的兴起，互联网思维开始用于租房产品运营中，讲究居住品质、用户体验及用户黏性的产品逐渐涌现出来，住房租赁行业商业模式有了变革和创新的基础。

分析长租公寓企业的价值链、商业模式构成要素和商业模式存在的主要问题，对于完善长租公寓商业模式优化升级对策具有重要意义和价值。

一、长租公寓企业的价值链分析

长租公寓企业的价值链包含从房源获取、产品设计、装修改造直至租房给客户和提供后续服务的全过程，涉及装修设计、软硬件开发、建材家具、金融保险、保洁维修等多类产品与服务供应商。

长租公寓企业的价值链分为内部价值链与外部价值链，管理好企业价值链上的各种生产经营活动，对于企业能否创造价值具有决定性作用。

(一)长租公寓企业的内部价值链分析

长租公寓企业的内部价值链，就是为了满足长租公寓业务开展的需要，在企业内部发生的各部门之间的一系列交互与流程环节的总称。一家典型的长租公寓企业的内部价值链包含基本活动和辅助活动两个部分，产品设计、客户定位、投资决策、运营管理、租后服务等属于基本活动的范围，组织架构、管理制度、行政管理、人力资源、财务管理和信息系统等属于辅助活动的范围。分析长租公寓企业的价值链，就是要全面研究其价值链中所包含的各个环节的价值创造情况，剖析所有活动对于企业利润的贡献情况。

1. 基本活动的价值创造情况分析

长租公寓企业内部价值链的基本活动是长租公寓价值创造的基础和核心，产品设计和客户定位是企业服务的核心内容，比如我们面对的是什么样的客户，客户需要什么样的服务，我们应该怎样令客户满意……这些问题对于业务发展方向和确定目标市场具有重要影响。长租公寓通常走规模化和品牌化路线，产品设计、客户定位和投资决策在长租公寓企业价值链后续活动中是主要的影响因素，对长租公寓企业的价值创造具有决定性作用。而运营管理、租后服务在长租公寓的产品变化与创新中起着决定性作用，决定着长租公寓产品的收入来源，与长租公寓产品的构成关系较为密切，在一定条件下对长租公寓企业的价值创造发挥着重要的影响作用。

2. 辅助活动的价值创造情况分析

组织架构、管理制度和人力资源管理环节决定了长租公寓企业的管理效率、激励机制和团队建设，这对提高企业员工的积极性具有重要影响，决定了长租公寓产品出租率的高低。在财务管理、行政管理和信息系统等活动环节，是否采用外包服务和智能化管理系统以及采用何种服务、系统，决定了长租公寓企业内部管理成本的高低。

(二)长租公寓企业的外部价值链分析

长租公寓企业的外部价值链是与长租公寓企业具有紧密联系的外部行为主体的价值活动，这些价值活动可以按发生顺序分为租赁前、租赁中、租赁后三个阶段，包括物业获取、资金融通、设计装修、房间配置、营销推广、客户带看签约、服务配套、活动运营等。长租公寓企业处于整个行业价值链的中后端，外部价值链的价值创造情况与行业价值链中的其他企业关系密切。

1. 租赁前活动的价值创造情况分析

租赁前的一系列活动对长租公寓产品的成本构成起决定性作用。物业获取活动中，长租公寓企业与业主在签约中确定的免租期、押金、租金递增条款，房源是否需要装修改造等，这些问题所决定的成本在长租公寓产品成本中占比最大。长租公寓企业的资产使用成本和规模扩张速度取决于融资渠道。而房间配置环节决定了长租公寓的产品形态，设计装修进一步决定产品风格、服务体系，这些要素都会对长租公寓的出租率和续住率产生重要影响。

2. 租赁中活动的价值创造情况分析

租赁中活动是长租公寓产品实现去化的关键环节。营销推广环节决定了长租公寓的获客成本和去化速度；客户带看签约环节关乎房源出租的成本和效率，借助智能化系统和门店经纪人带看等方式，有利于降低成本，提高效率和效益。租赁中活动在价值创造中作为中间环节也很重要。

3. 租赁后活动的价值创造情况分析

房屋档次和品质是长租公寓的硬件，服务配套、活动运营则是长租公寓的软件。硬件和软件的优劣是长租公寓产品之间拉开差距的两大要素。服务配套、活动运营环节中所包含的服务种类和标准关系到长租公寓能否进行强有力的差异化竞争，从而影响房租溢价和出租率。

(三)长租公寓价值链中各环节对数字技术的应用

数字技术赋能长租公寓价值链，促进了管理信息化发展，是网络信息技术促进长租公寓企业高质量发展的具体体现。

1. 装修改造环节

在长租公寓房源的装修改造环节，互联网金融创新形式的运用日益增多。相当数量的长租公寓选择运用互联网金融进行装修分期或装修入股。此外，利用供应链金融提供产品租赁的分期支付业务也成为一种普遍趋势，公寓运营商可以不用购买家具、家电、智能设备等，只需要进行租赁。装修改造环节往往是需要大量资金投入的阶段，通过装修分期、装修入股和产品供应链分期，能够盘活更多物业项目，有利于长租公寓企业的规模化发展。

为房间配置智能硬件是装修改造中的一项重点工作，智能硬件能够精准计算、代缴租客的水费、电费等需要分摊的费用，尤其对于分散式长租公寓，不再需要单独排线安装分电表。不仅帮助长租公寓企业省去了前期的成本投入和后期抄表的人工成本，还通过系统和智能化设备提高了效率，降低了管理成本。

2. 服务配套环节

长租公寓配套服务涵盖的内容较为广泛，其中以维修、保洁为共性代表。维修、保洁等配套服务由劳务公司承包或长租公寓企业直接招聘等传统形式，逐渐向互联网服务商外包的形式转变。互联网服务商利用数字技术实现服务人员派单、抢单模式，使服务资源在一定区域内共享，既提高了服务效率，又降低了长租公寓企业的运营管理成本。

3. 客户带看签约环节

长租公寓企业运用智能化管理系统实现对房源、客户与业务的线上管理，其中以带看签约为主。通过管理系统可以实现远程为租客带看，租客通过系统预约看房时间后，系统自动将房门密码发送给租客。租客看中房屋后，可以在线确认合同条款、在线实名认证、远程签约并在线支付房租和押金。此外，在租客入住后，还可以通过智能系统在线获取房间的水电读数、在线报修、在线续租以及在线申请退房等。系统化和智能化相结合的管理方式为长租公寓企业提高管理效率、降低管理成本、规模化发展提供了必要条件。

二、长租公寓商业模式构成要素分析

依据价值链系统的四个维度对长租公寓企业商业模式的构成要素进行划分。通过深入分析我国长租公寓的各个商业模式构成要素的主要内容，探究其对长租公寓企业经营效果所发挥的作用，有利于了解大多数长租公寓所面临的经营困境及其存在问题的原因，进而可以更加精准地分析各构成要素的改进对策和优化方略。

(一)企业内部的资源与管理

价值链理论中往往将企业内部的资源与管理进一步分解为企业资源和企业组织形式。一家企业对组织形式的决策构成了商业模式的硬性基础，相应地，该企业所能支配资源的情况构成了其商业模式的软性基础。

1. 企业资源

企业资源是企业选择并实施其战略的基础，包括人力资源、财力物力资源、信息资源、技术资源、管理资源，即企业的资产组合、属性特点、品牌形象、员工队伍、知识产权等。不同长租公寓企业掌握的资源具有较大的差异，房源的取得形式、产品研发能力、获取资金的难易程度、企业的品牌价值都各有不同，各项资源相互联系、相互影响，共同支撑企业的运营。

2. 组织形式

企业的组织形式是企业财产及其经营管理的组织状态，表明了该企业的资产构成、分工协作以及与外部社会经济联系的方式，是企业开展经济活动和进行财务运作的基础。组织常常被誉为与人、财、物三大要素并重的第四大生产要素，因此组织形式的选择同样对企业的竞争力和经营成效至关重要。长租公寓企业对于组织形式的选择，需要考虑的要素很多，诸如企业的设立程序、管理方式、利润分配、经营风险承担、信用主体、税收等。

（二）客户

企业在对商业模式进行决策时，针对客户需要考虑目标市场与价值主张两个方面；根据企业资源和经营范围，确定渠道和供应商。

1. 目标市场

目标市场是企业通过市场细分，选择以相应的产品和服务满足其需求的一个或几个子市场。企业的目标市场选择需要综合考虑客户差异、购买力、盈利潜力和营销可行性等因素。长租公寓企业在选择目标市场时要根据市场的供求关系、企业资源、产品同质性、产品生命周期以及竞争企业采取的策略来确定，如当地房屋租赁市场是供大于求还是供不应求，市场长租公寓企业是否拥有租赁房源的所有权等，各类相关因素的变化对于目标市场的选择具有重要影响。

2. 价值主张

价值主张是描述企业所提供产品或服务的价值承诺，不仅包括企业提供给消费者的价值，还包括企业对社会、对人提供的价值。价值主张能够展示企业的文化和精神内涵，有利于树立形象与塑造品牌。企业需要对客户价值取向的发展趋势做出判断，并根据自身资源的结构特点，选取客户在购买产品或服务时所考虑的若干个关键指标，以此来明确产品的价值主张。

3. 渠道

渠道就是指商品由生产者向最终顾客转移所经过的途径和各类相关组织机构的集合。渠道本质上就是商品的市场流通环节，营销渠道能够有效地把生产经营者与恰当的消费者联系起来，有利于企业促进销售、降低成本。长租公寓企业要关注住房租赁市场供求状况，可以把寻求区别于传统租赁房源营销渠道作为突破口，将目标客户群与渠道的选择策略精准对接。

4. 供应商

供应商是向企业提供各类所需资源及相关服务的企业和个人，包括提供原材料、设备、能源、劳务等。企业对供应商的评价、选择、沟通与协调应当遵循企业整体战略，综合考虑供应商的价格、质量技术、服务、管理、企业形象等。国内的长租公寓一般都涉及与装修、建材、家具家电、保洁、维修、管理软件、金融服务等品类的供应商进行合作，长租公寓企业对供应商的选择与合作方式决定着长租公寓产品的实体形态和特色。

三、我国长租公寓商业模式存在的主要问题

长租公寓的发展越来越受到消费者的青睐，成为房屋租赁市场的新风口，大量新企业纷纷涌入长租公寓行业。然而很多长租公寓企业的经营并不顺利，通过对我国主要的一、二线城市长租公寓现行商业模式的调查，了解其经营状况，并做深入分析和研究，发现相当数量的长租公寓企业未能挖掘出自身的核心竞争力，营销策略也不够完善。对长租公寓企业商业模式存在的问题进行分析，是当前迫切需要解决的重要问题。

(一)产品同质化，运营管理能力较弱

我国十几万家长租公寓企业的产品同质化问题较为突出。由于大量资本在长租公寓行业发展初期涌入市场，大量长租公寓企业通过效仿、跟风的方式打造产品，以期在长租公寓行业占据一席之地。盲目模仿使得产品缺乏对目标客户的全面研究以及对公寓产品的精细打磨，管理人员基本由房地产或酒店行业的员工跨界担当，部分员工没有经过专门的培训就匆忙上岗，导致从业者队伍整体素质能力不强；企业整体运营管理能力较弱，缺乏核心竞争力和鲜明特色，被同类产品所取代的可能性较大，稳定占领市场的优势不强。

同时，内部运营管理机制不健全也是长租公寓企业存在的问题。例如，所提供的产品和服务不到位，工作内容与流程的标准化、精细化欠缺，服务质量不稳定等。2018 年某品牌长租公寓的房间出现甲醛超标的情况，反映出一些公司的内部运营管理存在问题。

(二)长租公寓企业资金流动性薄弱，缺乏抗风险能力

长租公寓行业属于重资产运营模式，前期投入大，资金需求量大。而长租公寓长期投资的运营模式又进一步延长了资金使用的周期，使资金使用成本长期居高不下。在此种运营模式下，长租公寓企业在激烈的市场竞争中盈利难度不断增大。

在近年来被列为经营异常的长租公寓企业中，以资金链断裂为原因而难以持续经营的企业占比最高。原因在于大多数长租公寓企业不直接拥有房源，而是通过从房东手中租赁取得房源，再将其改造后出租，同“二房东”的获利逻辑类似。长租公寓企业资金使用周期不断延长，资金使用成本越来越高，长租公寓企业的资金需求量也越来越大。以重资产模式经营的长租公寓企业往往依赖现金流实现企业经营规模的扩张和盈利，但资金流动性比较差是这些企业普遍存在的问题。

此外，由于很多长租公寓企业没有房源产权，企业无法以房源资产抵押获取融资，使得企业面临融资渠道狭窄、融资成本高的困境，甚至以“租金贷”“套路贷”等方式借用租客的信用获取现金流，不仅存在经营合规的问题，而且企业自身抗风险能力也面临挑战。

（三）目标客户定位有偏差，价值主张不清晰

我国的长租公寓崛起于政府大力倡导的“租售并举”的背景下，在这一时期诸多大中城市的房价也呈现上涨较快的态势。不少长租公寓企业为了快速抢占大量房源、彰显自身的优势，通过“高进低出”的方式以期形成规模效应，这种做法对价格敏感度高的人群吸引力比较强。在整个长租公寓行业中提供低租金产品的企业很多，使众多消费者产生了长租公寓以低价和低端为主要特色的固化印象，长此以往，长租公寓企业的目标客户群体定位逐渐偏向租房预算低和价格敏感度高的租客，难以获得品牌溢价，租金回报率低，获利阻碍大，行业风险较高。

伴随目标客户定位有偏差的情况，价值主张模糊的问题也同时存在。现有的客户群过于强调租金低廉，因而对长租公寓产品的居住品质、体验和服务鲜有较高的需求。长租公寓企业收入较为单一，除了房租之外很少有其他收入来源，不利于企业形象和品牌的打造。长租公寓行业缺乏相应的标准和规范，企业的价值主张不清晰，服务质量差异大，品牌溢价低。

长租公寓为了吸引消费群体的目光，往往容易走入以全新的设计理念颠覆传统租房的误区。一些出租率、续租率不理想的长租公寓企业罔顾租客对居住的基本需求，将功夫和成本花在重金聘请名人营销推广、安装和使用智能化硬件以及社区附加服务。忽视租客最基本的居住空间、舒适和环保等发展创新设计理念的根基，本末倒置的发展策略难以获得市场的认可。

（四）营销渠道较为传统，价值传递效率不高

在长租公寓商业模式中营销渠道至关重要，营销方式的转变是关键。长租公寓企业大多数依托线下实体门店、房地产经纪门店推荐或线上租房平台等营销渠道触达消费者，与传统租房业务的营销渠道差别不大，因而客源主要为零散的长租或短租客户，客户数量有限。传统的营销渠道限制了长租公寓企业价值传递效率，更多的客户难以有机会了解、接触和消费长租公寓产品，使得空置率升高，制约长租公寓营利和扩张。

（五）各类供应商筛选标准不统一、风格不一致

多数长租公寓企业在针对装修、建材、家具家电、保洁、维修、管理软件、金融服务等品类的供应商选择中，缺乏全盘布局，对不同服务类别供应商的筛选标准不统一、风格不一致，不仅不利于实现规模效应、管理和控制成本，还难以表达出恰当的价值主张，导致长租公寓企业缺乏经营特色和亮点，在市场竞争中难以取得满意的效果。比如有些面向中高层次消费群体的长租公寓在装修改造标准、家具家电的供应商选择中盲目追求低预算、低成本，造成公寓居住品质感较差，与目标客户的居住要求相背离，致使长租公寓的入住率不高。

（六）缺乏长租公寓专业人才，员工激励制度不合理

目前，长租公寓运营管理人才的发展与培养体系有待完善。长租公寓仍属于新兴产业，业内熟悉长租公寓运营与管理的专业人才较为稀缺。很多长租公寓企业急于快

速占领市场，直接聘请非专业人员来设计、策划长租公寓产品。健全和完善工作机制不到位，尤其是奖惩机制缺失。各家长租公寓企业对员工的激励大多是在房源出租后产生差价收益则给予业务员佣金和奖励，若房源在较长的时间内难以租出，则要求相关业务员承担责任并接受相应的惩罚。这种奖惩制度只看眼前利益，对员工的激励未能囊括长租公寓运营全流程，极易导致市场的恶性竞争，员工以较高的房屋租金吸引业主、抢占房源，制约和影响了长租公寓企业可持续发展。

四、长租公寓商业模式优化升级的对策

长租公寓商业模式要实现优化升级，应当对长租公寓企业商业模式进行改进和升级。针对长租公寓企业在经营管理中面临的问题和困境，要积极运用互联网思维，以消费者需求为导向，明晰目标市场，整合优化资源，遵循市场发展规律，创新营销方式，突破长租公寓生存和发展的瓶颈，提升消费者的租住体验，实现商业模式的优化升级，提升长租公寓企业的经营效果，促进长租公寓行业持续健康发展。

(一)深挖优势凸显特色，提升运营管理水平

2021 年《关于加强轻资产住房租赁企业监管的意见》下发，文件指出住房租赁企业不得变相开展金融业务，不得将住房租赁消费贷款相关内容嵌入住房租赁合同。在此背景下，长租公寓企业应对目标客户群体进行全面调研、精准定位，以满足客户群需要为目标，从企业自身价值链中挖掘优势资源，通过产品提质增效实现经济效益增长。依托企业优势打造品牌产品的特色优势，并及时对同类竞争产品的不足之处加以改进完善，塑造出特色更加鲜明、解决消费者痛点的标准化产品。此外，长租公寓企业还要在经营和管理上下功夫，着力打磨产品的运营管理能力，提高现存租客的续租率，提升获取新客的成功率。

长租公寓企业应注重经营的规范性，紧紧抓牢住房的居住属性这一特性，坚持一切从实际出发的原则，从企业自身资源出发去谋划长租公寓的经营方式和特色。运营管理经验丰富的企业可以通过轻资产运营，输出管理经验，稳步提升营销的效率；擅长家居装饰设计的企业可以通过设计风格、高端品质、温馨舒适的氛围，使其产品获得目标客户群的青睐；以互联网信息技术见长的企业则可以打造富有科技感、高效便捷的居住体验，吸引青年顾客群的关注；融资能力较强的企业可以快速扩张资本，在多个区域进行连锁经营等。

长租公寓企业还应加强运营管理团队的专业化建设，加强运营管理制度建设，建立标准化租房流程。在房源获取端，明确房东的获益，如添置家具家电，定期维护更新房屋装修，合理确定租期，根据市场供求和价格动态调整不同时长的租期相对应的租金；在房屋租赁端，了解客户的需求，能够准确贴近目标市场的需求提供产品，明确为租客提供的房间及服务所涵盖的范围、内容、标准，通过提升经营管理水平，让长租公寓回归房屋租赁的本质，真正实现让业主和租客满意。

(二)精准定位消费群体，差异化竞争夺取市场

"高进低出""长收短付"的经营方式，是不规范经营和短期行为的表现，是市场经济不完善的产物，长租公寓企业要迅速摆脱这种经营模式。长租公寓的经营管理企业应当意识到，长租公寓不能再靠打价格战与传统租赁住房进行竞争较量。长租公寓要把目光瞄准那些传统租赁住房还不能够满足其需求的消费群体，要善于捕捉传统租赁住房的市场空白点，抓住商机对于占有市场份额是先决条件。运用信息技术获取和分析市场空白点中的租客偏好、市场需求等，充分利用已经占有信息资源的优势，精准定位目标客户群体，为其量身定制产品和服务，提升产品溢价能力。

住房租赁市场重要的逻辑是：房子终究是用来住的。长租公寓产品首先要满足的是适合人居住的需求特点，讲究产品设计的人性化。长租公寓产品的人性化体现在居住空间的功能性和舒适度、装饰装修材料的环保性、维修等服务的响应速度等。在此基础上，综合考量企业自身的资源、入住率和利润空间，打造差异化的附加服务，提升用户体验，从而使长租公寓产品的附加价值有所提升，增加获利空间，在市场竞争中更好地生存和发展。

长租公寓企业与个人房东相比，在掌握房源数量、服务品质和协调资金能力等方面有较大优势，利用这些优势可以采取差异化的竞争策略。针对城市中的新市民和新青年，长租公寓可以依托庞大的租客数量，通过组织社交活动、打造社群文化，增强漂泊的青年人在城市中的归属感；针对居住品质要求较高的中高端客群，可以建立完备的物业服务体系，提升居住的品质感，通过延伸服务链增加盈利点；对于寻求更有保障的客户，可以通过提供更稳定的租金和租期、更宜居的户型设计、更完善的服务体系满足租客的要求。

(三)紧跟政策导向，拓展互联网化营销新渠道

为了大力解决城市居民住房困难等问题，政府颁布了"租购并举"政策，而长租公寓作为住房租赁市场的重要组成部分，要牢牢把握政策的风向标，积极将自身的业务开展与"租购同权"等普惠政策相结合，一方面能够帮助政府宣传政策扩大影响，另一方面配合相关管理部门力推与租客签订长期住房租赁合同，并协助客户办理相关手续获取和购房者同等的医疗、就业、教育、体育等基本公共服务。同时举办有益于租客的活动，吸引媒体报道，以期对企业达到正面宣传的效果。

此外，租赁住房用地的推出是长租公寓又一重大机遇。长租公寓企业应当积极与政府和大型优质企业合作，为企事业单位工作人员提供人才公寓和过渡性用房，赢得长期稳定的合作机会，提高公寓的运转效率，降低闲置率，在批量性地获取数量可观的租客中提升经济收益。面对租房交易越来越多地通过互联网实现的实际，长租公寓企业要转变思维观念，例如运用直播、移动互联网电商等渠道推进产品的宣传和交易，聘请目标客户群体喜爱的 IP 来代言，运用互联网思维拓展营销渠道，提升品牌的知名度和曝光度。

(四)统筹进行多品类供应商筛选，彰显产品价值主张

长租公寓企业在进行供应商筛选时，应优化物业结构，向核心区域和优质房产聚焦，并根据产品价值主张进行产品和服务体系的设计，再根据设计结果对各个品类的供应商进行统筹性地筛选，确保装修、建材、家具家电的档次和风格相一致，保洁和维修等服务的频率、要求、标准与目标客户群体的需求标准相匹配，并根据价值主张中对公寓产品的智能化和便捷程度要求决定管理软件的选择与餐饮、洗衣、商超等生活服务的设置。

在确定各品牌供应商的筛选标准后，长租公寓企业要采用标准化方式控制施工类项目的价格、用量、工期以及合作的条款和服务的水平，精确地控制成本投入和长租公寓将呈现的效果，这有利于长租公寓企业打造标准化的产品和定价体系。长租公寓产品中的各关键要素应互相契合，彰显鲜明的价值主张，通过高质量的产品和服务提升客户黏性，提高复购率和盈利能力。

(五)探索轻、重资产相结合的运营模式

目前，房地产投资信托基金的发展尚不成熟，长租公寓的融资渠道有限、融资成本较高。长租公寓企业先收房再出租给租客的中间商模式对资金的使用额度高、占用周期长，应逐渐向轻、重资产相结合的模式转型，以经营自有房源提升品牌知名度和市场认可度，通过托管或联合经营等方式输出品牌价值，为业主提供长租公寓运营诊断与解决方案，帮助业主实现财富增值的目标。

(六)建立全程性的员工激励与培养体系

长租公寓企业要响应国务院、教育部关于开展产教融合、校企合作的号召，积极与职业院校开展人才培养合作，通过开办学徒制班、订单培养、共建实训基地等方式，打通求学与就业的校企通道，为企业和社会培养懂业务、会经营的长租公寓管理服务人才。长租公寓企业要加强员工队伍建设，充分提升员工在企业发展中的获得感，建立与业务全流程关联的员工激励机制，如合伙人制度，提升员工做好房屋出租全程业务的积极性，从而提升长租公寓企业的整体经营效果。

对于长租公寓产品而言，由于每处物业所处的地理位置不一样，客群定位和产品定位不一样，各种物业形态用于做长租公寓的目的不一样(有纯粹用作投资的，有为创业企业解决配套的，有用作员工福利的，等等)，资产持有人的专业性以及他们对投资回报率的诉求不一样，并不是单一的某种商业模式就能满足行业所有投资需要。当然，无论采用何种商业模式，长租公寓的设计和运营要牢牢把握“以人为本”的原则和底线。既然是居住产品，不管在房间里居住的人来自哪里、干什么工作、居住多长时间，长租公寓企业提供的房间至少应该符合人性的基本要求，如基本的空间要求、基本的采光要求、家居用品的环保和舒适性、及时的租后服务保障等，这样才符合市场和人性的基本需求特点，也是未来的趋势和主要的发展方向。

长租公寓商业模式的创新及变化，正是住房租赁市场兴起和繁荣后带来一系列体

系化变革的必然结果，也是完善整个住房租赁市场、为各种物业形态的投资和合作形成补充的必要条件，只有这样才能形成住房租赁市场健康良性的发展。

第三节　基于大数据的长租公寓决策支持系统

伴随着经济的发展和人们消费观念的转变，居民对租赁住房品质的需求也在不断提高，长租公寓作为能够满足消费者升级居住需求的全新租赁住房形式应运而生。对于长租公寓企业而言，在进行投资决策前都会做一系列深入细致的调查研究工作，比如对市场研判、业务咨询和过往经验等进行分析，但是在长租公寓行业中构建出基于全面信息收集的、涵盖长租公寓企业全生命周期的决策支持信息系统仍然是一项艰巨的任务。

数据是开发和设计网络信息系统的基础，大数据就是决策支持系统能够助力企业拥有更强的决策力、洞察发现力和流程优化能力的关键。通过将模型分析技术与传统的数据存储、检索技术相结合，不仅能够提高企业的决策效率，还能提升投资决策的精准度。

一、长租公寓决策支持系统的需求分析

对系统需求进行全面分析，是长租公寓决策支持系统能够成为辅助企业管理和决策工作强有力工具的先决条件。首先要了解企业的业务需求，明确实现需求要获取的数据信息种类及来源；其次是根据数据的处理需求选取与之相适应的数据处理方法、技术和模型，并且根据企业对数据的应用需求构建与之相匹配的系统架构和人机交互方式；最后通过梳理决策支持系统的工作流程来指导决策支持系统中各个子系统的功能设计，从而满足长租公寓企业在信息获取、控制管理和行为决策等方面的要求。

(一)企业业务需求分析

目前，长租公寓企业的资金占用比高、成本回收周期长、产品设计缺乏特色、市场定位出现偏差等问题普遍存在。为了提高市场占有率和客户续租率，降低空置率，长租公寓企业的业务需求，一是能够全面动态反映住房租赁市场的供需状况以及动态更新业务相关城市的经济、政策、人口、区域规划的数据信息；二是能够掌握居民的租房行为特征和网络环境中的居住评价；三是能够将各个主流互联网住房租赁交易平台上的数据纳入决策支持系统之中；四是在进行数据运算与分析时要结合企业自身的特点和现状做出恰当的决策；五是该决策支持系统应具有一定的灵活性，能适应持续发展的企业和变化的需求，并且具备可扩展性和技术开放性。

(二)数据处理需求分析

根据企业业务需求分析可以得出决策支持系统数据的特征，长租公寓决策支持系统涉及的信息数量大、来源广泛、关联性强、动态变化，来源于线上和线下、企业外

部和内部，数据的质量参差不齐，定量信息与定性信息兼而有之。

长租公寓决策支持系统应采用基于大数据的多源数据获取、更新、处理和融合技术——联机处理技术和数据挖掘技术，构建多源数据获取和动态更新机制，建立涵盖宏观统计数据、邻里信息、交易信息、舆论信息以及企业内部信息的数据库。建立描述性统计分析、多元回归分析等数据分析模型，以及情感分析、观点提取等自然语言处理模型，并通过数据挖掘技术建立数据挖掘模型，根据数据的应用需求从海量数据中提取隐含和潜在的、对决策有用的信息，分析住房租赁用户行为与市场热点，辅助企业决策。

(三)数据应用需求分析

针对我国各大中城市长租公寓行业和企业面临的问题，长租公寓决策支持系统的主要应用领域为针对选址、产品定位与设计、定价、营销策略等方面的半结构化的决策问题进行辅助，为企业提供分析问题、建立模型、模拟决策过程和方案的环境，提高决策水平和质量。

基于上述数据应用需求，该决策支持系统应利用大数据、人工智能等信息技术，采集与长租公寓经营管理相关的经济、社会等宏观统计数据，政策、居住环境、舆情等信息，住房租赁交易情况等市场数据，构建由数据管理部分、模型管理部分、知识管理部分与人机交互接口等组成的决策支持系统，形成一个事前预测、事中控制、事后反馈的工作流程，服务于企业的日常业务管理与新项目决策。

(四)长租公寓决策支持系统的工作流程分析

长租公寓决策支持系统的主要工作流程将会按照运营、管理和决策的实际工作过程，针对长租公寓典型商业模式构成的四方面要素进行分析。对客户的分析，需要分析选定城市的区域性住房租赁市场供需情况、客户需求和购买力水平、本企业的交易数据等信息，对长租公寓企业目标市场和价值主张的选择进行研究；对供应商的分析，要综合分析长租公寓产品所处的生命周期、客户评价和竞争对手的经营特色等信息，对供应商的筛选标准和合作方式进行研究；对企业资源与管理的分析，需要通过长租公寓企业经营规模的扩张和盈利情况、工作内容与流程的标准健全情况、资金流动性指标、房源租赁期限和空置率等信息进行判断；对渠道的分析，则应当根据营销渠道和营销活动的转化率，对长租公寓企业渠道选择策略进行研究。

二、长租公寓决策支持系统的设计

长租公寓决策支持系统要以数据运算和处理为驱动，以模型和知识体系构建为支撑，在大数据和数据挖掘技术的基础上，结合现代企业管理指标和方法，对相关数据进行收集、整理、分析，并进一步指导管理决策。在此总体设计思路的指引下，长租公寓决策支持系统下设的三个业务功能子系统，除实现各自特定的功能外，子系统之间又有着大量的信息交换关系，构成一个有机的、系统的业务功能结构，使海量的信息得到充分共享，从而为长租公寓企业的管理和决策提供支持。

(一)住房租赁市场信息查询子系统

该子系统主要提供各类住房租赁市场信息的查询、索引和展示，为长租公寓企业管理者提供全面、充足、富有时效性的市场信息数据。住房租赁市场信息主要包括当地的经济、政策、人口数据、周边环境、各类租赁房源的供应情况和交易数据等信息。因此，住房租赁市场信息查询子系统可以细分为三个内容模块：第一个模块是宏观数据模块，可以查询区域性经济、政策、人口方面的数据信息；第二个模块是供需数据模块，可以查询区域内租赁房源的供应和需求状况；第三个模块是邻里信息模块，可以查询区域规划和周边配套等数据信息。

(二)长租公寓业务跟踪管理子系统

该子系统主要针对长租公寓企业各项经济活动的经济指标和数据进行整理和可视化分析，利用联机处理技术对数据库中的数据进行筛选、分析、汇总，按照企业选定的周期对各项业务经营现状进行动态监测，通过与同类企业业绩的横向对比、与本企业既有业绩纵向分析以及 KPI(关键绩效指标)完成率考核等方式跟踪业务的发展动态，关注经营数据和效果变化发展的趋势，评估当前的管理决策是否合理，从而发现问题并探究问题成因，向长租公寓企业进行预警并敦促企业及时提出有效应对的措施。

(三)长租公寓业务决策辅助子系统

该子系统主要提供投资项目选择与评价，企业管理者可以通过输入长租公寓项目类型、地点、规模等参数来查询对应的长租公寓投资方案分析与决策建议，系统中的决策模型还能通过投资项目敏感性分析进行多项方案的比选。长租公寓业务决策辅助子系统将白领、蓝领、企业宿舍、养老、涉外五类长租公寓细分领域作为五个项目类型分别进行查询、分析与决策，每个项目类型又可以进一步分为集中式和分散式两个模块。各项目类型的长租公寓在决策过程中的选址要求、成本和租金水平等都有较大的区别，这些变化的参数将在决策分析模型中进行设置。

三、长租公寓决策支持系统的系统架构

长租公寓决策支持系统的结构由其需要实现的功能决定，根据对企业业务需求、数据处理需求以及数据应用需求等的全面分析，从以下四个方面构建其系统架构。

(一)数据管理部分

决策支持系统的数据管理部分，主要管理和存储与长租公寓决策问题有关的数据。该部分的数据来源分为线下和线上两类，线下数据需要整合形成可直接聚合的事实数据和维度数据，线上数据则通过 Python 爬虫获取。

通过收集和抓取 20 个住房租赁试点城市(广州、深圳、南京、成都、厦门、杭州、武汉、佛山、沈阳、合肥、郑州、肇庆、天津、石家庄、太原、沈阳、宁波、青岛、南宁、西安)的宏观统计数据、邻里信息、交易信息、舆论信息以及企业内部信息等数

据，按照其所属的空间和时间进行归类，建立以城市、行政区划、板块为空间尺度，以年、月为时间尺度的长租公寓专题分析数据库。其中宏观统计数据包括经济、政策、人口的数据信息；邻里信息包括区域规划、居住环境和氛围、附近的商圈和办公集聚区、周边房源状况和数量等信息；交易信息主要是住房租赁交易平台上展示的各板块待出租房源的面积、户型、租金、平均房间价格和出租方式等信息；舆论信息主要是网络环境中对于各类房源的居住评价；企业内部信息包括企业记录的交易账目、订单、库存、客户和供应商的信息。

集中式公寓与分散式公寓的决策支持系统中数据管理部分包含的数据大体上相同，区别在于分散式公寓往往处于社区或小区之中，具有既作为长租公寓服务对象，又作为社区或小区物业服务对象的双重角色，因此还需将物业收费标准和服务品质、公共设施和小区居民素质等信息纳入长租公寓专题分析数据库的分散式公寓业务决策支持数据库中。

(二)模型管理部分

决策支持系统是以模型驱动的人机系统，指标和模型是决策支持系统结构中的核心。在模型管理部分，需要根据企业对数据的应用需求提取和运用数据库中的信息，对与长租公寓经营决策相关的指标进行梳理，选择建模技术并从数据分析的视角构建分析模型。

长租公寓决策支持系统的建模需要将定性分析和定量计算相结合，由用户和计算机协作完成决策。长租公寓决策支持系统的指标可分为经济数据、政策信息、人口情况、周边环境、供应状况、舆论信息和企业内部信息七个维度，形成一套住房租赁市场分析指标体系。该指标体系中的量化数据可以运用描述性统计分析、多元回归分析和数据挖掘等模型进行分析，而针对文本数据可以使用情感分析、观点提取等模型进行分析，从而构建能够实现宏观统计数据与人均租房消费能力的关系分析、租赁住房供应情况分析、房租价格相关因素分析、各类客群租房偏好分析等相关因素分析的长租公寓管理决策分析模型。利用这些管理决策分析模型，能够将面向过去的各类住房租赁市场数据转化成预测未来的长租公寓决策信息。

(三)知识管理部分

知识和推理是决策的本质。长租公寓决策支持系统面向的长租公寓运营管理问题中蕴含着一些房地产专业领域特有的解决方案、相关关系、法规条款及限制条件等内容，为了实现决策支持系统流畅地进行知识推理，确保其有效地辅助长租公寓企业解决现实环境中的复杂问题，需要知识管理部分来实现这些目标。知识库是其中最重要的部分。知识库采用层次结构，其中的最底层存放宏观数据、邻里信息、交易信息、舆论信息、企业内部信息等事实数据的名称、分类和概念等；中间层用来存放数据、指标与模型之间的规则和因果关系，住房租赁行业的结构关系以及长租公寓的业务逻辑等逻辑关联；最高层存放的是策略，能够保障该决策支持系统辅助企业做出决策的质量水平。

(四)人机交互接口

人机交互接口是长租公寓决策支持输入和输出信息的界面，主要负责接受系统用户的指令以及协调数据管理部分、模型管理部分、知识管理部分之间的通信。长租公寓企业管理者在决策管理系统中可以通过选择“住房租赁市场信息查询”“长租公寓业务跟踪管理”或“长租公寓业务决策辅助”功能，点击界面中预设的城市、区域、公寓类型等选项，并输入价格、面积等数字形式的限制条件，系统将会以文字报告、图表或可视化图形的形式展示与用户指令相对应的行情变化趋势、产品交易量对比或排序、企业竞争策略、未来交易量预测信息。

当前，我国长租公寓企业机遇与挑战并存，急需企业积极地进行商业模式转型，挖掘优势与特色。现代企业的重心在经营，核心在决策。在大数据技术背景下，长租公寓决策支持系统依托海量全面的市场信息，更加精准地分析和预测行业发展，能够提高长租公寓企业管理决策的准确性和及时性。在决策支持系统运用的过程中，企业还应根据实际的需要扩展系统的功能和指标体系，并定期更新系统数据，确保系统决策的有效性，提升长租公寓企业的管理水平和经济效益。

第八章　数字经济时代住房因素对市民定居意愿的影响

——以杭州新市民定居因素研究为例

数字经济时代经济和科技高速发展，住房因素的多元性以及市民定居意愿选择的多样性，为房地产业高质量发展带来新的机遇和挑战。通过对相关研究成果的综述和翔实调查数据梳理总结，深入分析数字经济时代住房因素对市民定居意愿影响的基本情况，提出数字经济时代住房因素对市民定居意愿影响的解决路径及政策性建议。

第一节　数字经济时代住房因素对市民定居意愿影响概述

数字经济赋能房地产业，使得市民尤其是新市民的住房因素发生了众多变化，这一系列变化直接影响着市民定居意愿的选择。厘清新市民的内涵与特征，深入解读数字经济时代住房因素的变化，分析新市民群体对于城市发展变化的影响作用，有助于推进新型城镇化战略的实施。

一、数字经济时代新市民的内涵解析

新市民的概念有广义和狭义之分，新市民是在城镇化背景下形成的庞大群体。新市民为城市发展注入活力，促进新市民融入与定居是推进新型城镇化建设的重要保障。

(一)新市民的概念阐释

针对不同地区和背景，在不同时期对新市民的概念有不同的界定，比较典型的是狭义说，即新市民指外来务工人员、新生代务工者、农民、失地农民，他们有的是为了过上更好的生活，有的是为了子女接受更好的教育，来到城镇并暂且在这里生活和工作。他们凭借自己的劳动，为城镇的发展做出了巨大的贡献。但是由于受到各种制度的限制，在这个群体中有相当一部分人还没有享受到城镇的基本公共服务，还没有真正实现在城镇安居乐业，游离于城市文化与农村文化两大板块边缘。广义来讲，新市民是原籍不在当地，因工作或上学等各种原因来到一个城市的各种群体的集合统称，包括当地从农村转入的非本市市民、从外地进入城市的打工人员、从外地进入城市从事商业经营的人员、原户籍不在本市的大学生以及留在城市从事各种工作的外籍人员。

住建部 2018 年在全国范围内开展了新市民住房问题的调查，调查中对新市民的统计口径为，在城镇居住 6 个月以上(含)，年龄在 16～60 周岁常住人口中的非本市户籍、本市农村户籍人员。本书沿用了这一划分标准。从户籍来看，新市民的户籍并没有迁入本地。从人员构成上来说，新市民既包括由“非市民”(生活在农村)转变为“市

民”(到城市生活)的那一部分，也包括城市之间迁移的那一部分机械人口的增长，即原本就是市民，因迁移的原因，对新进入的城市来说他们就是新市民。从地域上看，他们或者从农村来到城市，或者从一个城市流动到另一个城市，目前稳定地居住在城市辖区。从职业上看，新市民是从事非农生产活动的职业群体。因此，本书对新市民的界定为年龄在16～60周岁，户籍为外市户籍(含外市城镇户籍和外市农村户籍)和本地农村户籍，已在当地居住6个月以上，从事非农业生产活动的群体。

(二)城镇化背景下形成了庞大的新市民群体

2012年党的十八大报告提出，坚持走中国特色新型工业化、信息化、城镇化、农业现代化道路。2014年《国家新型城镇化规划(2014—2020年)》提出走中国特色新型城镇化道路，要坚持以人为本，公平共享，有序推进农业转移人口市民化。《2019年国家新型城镇化建设重点任务》提出，要加快农业转移人口市民化，优化城镇化布局形态，推动城市高质量发展，加快推进城乡融合发展。“十四五”规划提出要完善新型城镇化战略，提升城镇化发展质量，推动城市群一体化发展，以促进城市群发展为抓手，全面形成“两横三纵”城镇化战略格局。建设现代化都市圈，推进以县城为重要载体的城镇化建设。杭州更是紧随国家脚步，放宽落户政策，落实国家建设新型城镇化政策。

在大力推进城镇化背景下，全国各地城镇化率不断提高，外来人口不断涌入。杭州作为浙江省的省会，拥有优良的社会资源、丰富的就业机会、适宜的气候，每年都吸引大量外来务工人员和来杭创业人员涌入，2010年杭州的流动人口规模仅为4万人，截至2020年，杭州流动人口已达到15.9万人，增长了近3倍，年均增长率为29.75%(见图8-1)。

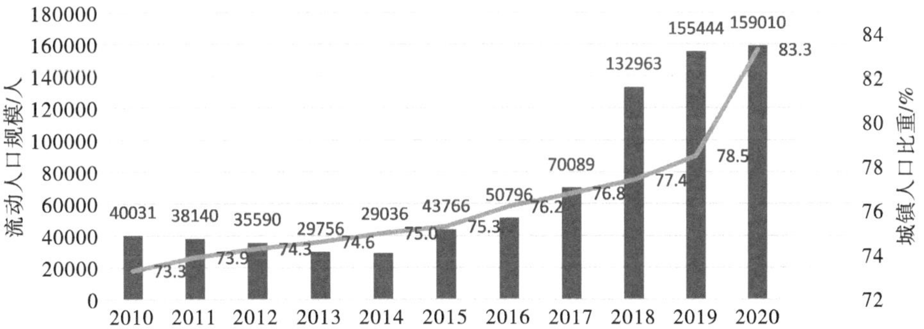

图8-1　杭州城镇化率和流动人口规模统计图

这些外来人员或是从农村迁移到城市，或是从一个城市迁移到另一个城市，形成了以进城农民工、新就业大学生、外来经商和工作人员等为主体的新市民群体。他们为城市经济快速增长提供了人力和智力保障，为促进社会结构转型、提升城镇化和现代化水平做出了重要贡献。

(三)新市民为城市发展注入活力

新市民是能进一步推动城市发展的重要保障。他们有助于一个城市的活力提升,是推动城市发展不可缺少的重要力量。

1. 新市民的增加有利于促进城市发展、提高城市经济效益

新市民的不断涌入,标志着城市流动人口不断增加,他们在促进城市发展、提高城市经济效益等方面发挥重要的作用。一方面,他们为城市经济发展提供了充足的劳动力和人才资源支持,无论是基础设施、工业,还是第三产业等领域,他们都发挥着极其重要的作用,为城市经济社会发展注入了新生力量;另一方面,新市民本身就是一个购买力庞大的消费群体,新市民来到城市,其衣食住行用等消费都需要在城市中进行,这对于拉动内需、促进城市相关行业发展具有重要的推动作用。

2. 新市民的增加有利于繁荣和发展城市文化

文化是城市的魂,城市文化因各种文化元素融合而更加丰富多彩。新市民进入新的城市,来自不同地域的习俗、方言、文艺形式等也被新市民带入城市,各种具有地方特色的文化在城市中相互交织和汇聚,使城市文化形态更加多样性、多元化,为新文化的形成提供了生长的土壤和空间。同时,新市民群体所具有的流动性特征,使得他们在离开城市之后,又以传播者的身份成为城市文化的宣传者、践行者,促使城市文化的影响力不断扩大。

3. 新市民的增加有利于提高城市的社会效益

统计数据表明,当前我国农村剩余劳动力已达 2.5 亿。大多数农村家庭的经济收入没有稳定的保障,农村剩余劳动力的就业问题亟待解决。而在城市中,新市民的涌入不仅满足了城市发展的需要,也为农村人口的再就业提供了大量岗位,增加了这一群体的经济收入,提升了他们的生活质量和水平。由此可见,新市民的涌入对于城市的发展具有重要的作用,提升了城市的社会效益,为城市发展增加了和谐稳定因素,对城市乃至全国的经济社会发展发挥了巨大的积极作用。

(四)促进新市民融入与定居是推进新型城镇化战略的重要保障

在中国人传统的居家观念中,房子有着特殊的意义。房子就是家的缩影,尤其是对于家庭观念很重的中国人来说,有了自己的房子,就意味着有了一个安身立命之所,有一个心灵栖息之地。对于新市民而言,住房是他们来到陌生城市之后生活和工作的必备条件,也是他们在新的城市中加速适应新环境和实现社会融合的根本保障。不管是租房还是购房,不可否认,住房因素对新市民是否在此定居的影响很大。

然而大量新市民受住房条件的限制,只能选择在城乡之间、城市之间“漂泊”的流动迁徙式生活方式,想要真正融入城市困难重重,这对于推进我国新型城镇化的可持续发展影响重大。

对于新市民而言,为了能够改善居住条件,满足心理上的获得感和稳定感,完全融入城市生活之中,他们中绝大多数人最基本的要求和愿望就是在流入地城市能够真

正拥有属于自己的住房，享受与户籍人口同样的待遇。

通常情况下，满足新市民住房需求的主要途径是购买、租赁和单位提供住房。当前由于多种条件制约，新市民以租赁和单位提供住房为主要居住形式。这两种形式的住房大多是临时性过渡房，相当一部分新市民的住房条件有待进一步改善，这对于他们建立对城市的归属感是不利的，对于能否确立定居的意愿影响更大。杭州限购政策与较高的房价对新市民来杭定居决策的影响很大。

由此可见，梳理总结出影响新市民定居选择的关键因素，并结合当地住房租赁市场的现状及其存在的问题，有针对性地提出保障新市民住房权益的有效建议，对于规范住房市场，有效满足杭州新市民的住房需求，具有重要意义。基于此，本书通过问卷调查深入细致地了解杭州新市民住房定居选择遇到的问题，重点研究住房因素对新市民定居决策的影响，并梳理出杭州新市民定居选择的影响因素，为杭州新市民定居选择提出建设性建议。这不仅有助于住房买卖、租赁市场的繁荣和发展，也能够为解决杭州新市民的住房需求问题提供新思路。

二、数字经济时代住房因素对市民定居意愿影响研究的意义和价值

随着一个社会现代化程度的提高，流动人口的规模会不断上升，考察住房因素对新市民定居选择的影响有重要的意义和价值，能更好地为新市民定居决策提供合理的建议。

(一)研究的意义

新市民基本住房需求的妥善解决事关我国城镇化的健康发展。新市民为城市的发展做出了重要贡献，在某些领域和行业成为城市建设的主力军。但是当前很多城市还没有将新市民纳入享受保障性住房的范围。在参考现有研究的基础上，通过问卷调查，对调查结果进行梳理总结，可以发现解决杭州新市民的住房问题已是迫在眉睫。一方面，现阶段杭州市的房价对于杭州新市民的支付能力而言是遥不可及的，而杭州市住房市场还不能满足新市民的居住需求；另一方面，要通过对杭州新市民的基本住房和住房公积金等情况进行调研，充分利用定量研究方法找出杭州新市民定居选择的影响因素，并依据杭州市现有实际住房情况为新市民保障性住房建设提出政策性建议。有效维护新市民在杭州的各项合法权益，有助于推动杭州住房交易市场的健康发展。所以，不管从国家经济社会发展的角度，还是从解决新市民当前生活困难的层面，都应该把新市民基本住房问题的解决作为民生问题的重中之重。

(二)研究的价值

住有所居是民生问题中极为重要的问题。妥善解决好新市民的基本住房问题、满足其基本住房需求是维护社会稳定、彰显社会公正的具体体现，在社会主义和谐社会建设中具有重要意义和价值。能否实现住有所居的目标，是衡量社会是否公平的一个

主要标尺。长期以来，由于各种因素，我国的新市民基本住房问题迟迟没有得到解决，大多数新市民主要靠自己的力量来解决居住问题，而从政府层面、从政策性保障的角度对新市民基本住房问题的解决严重不足。居住条件差已经是普遍现象，成为新市民在新城市生活必须要面对的一个主要难题。这不仅引起了一系列新社会问题的产生，还严重影响了我国社会主义和谐社会建设。因此，政府出台针对性的住房保障政策，解决好新市民的基本住房问题，将其纳入住房保障体系，有利于更好地实现社会公平，维护社会的和谐稳定。

第二节　新市民住房及定居意愿调查分析

调查和总结数字经济时代住房因素对市民定居意愿影响的现状，能够为深入研究奠定理论基础，同时也能通过分析为解决问题提供思路。

一、问卷调查和实证分析

通过问卷调查获取数据资料，通过实证分析对所收集的问卷数据进行分析，找出新市民定居决策的影响因素。

(一)问卷调查

问卷调查法，是以书面形式向调查者发出问卷，也可以是利用网络平台发放调查问卷，请被调查者如实填写对相关问题的意见或看法，以此来收集研究材料和信息的一种方法。通过对特定群体展开抽样调查，在保证样本数量充足的前提下向调查对象发放调查问卷获取数据并进一步梳理总结调查结果。通过调查来了解杭州新市民的基本信息和住房因素对定居决策的影响，这是问卷调查设计的思路。在杭州新市民集中分布的区域进行抽样调查，并对回收的有效问卷进行分析，这是调查的过程。作为研究的数据来源，获取第一手信息资料能够为深入研究奠定坚实基础，也能够增强研究的真实性、可靠性。

(二)实证分析

主要运用SPSS软件进行数据处理，包括初步的描述性统计、变量相关分析等，利用Logit(逻辑回归)模型分析估计住房因素与定居决策的关系以及可能存在的调节效应。同时，采用倾向得分匹配法(PSM)以克服样本的选择偏误。最后，用SPSS软件的process软件包检验模型的中介效应。在实证分析中Logit回归分析是一种常用的统计分析方法，运用这种方法的主要目的是确定一个或多个解释变量对因变量的影响程度。在这里，因变量的主要特点是，在测量层次上被划分为具有相对次序(或有自然的排序)的不同类别，并且不连续。定序Logit回归分析的基本原理是，通过定义潜变量，将离散因变量的次序转化成相互连续的变量，进而通过确定误差项的分布形式定义胜算，最后对胜算比两边取对数，将模型转化为多元线性回归，从而得出模型的参数。

以此为基础，分析住房因素对新市民定居决策的影响，构建出新市民购房需求影响因素的实证模型——定序 Logit 回归模型。由此可见，定序 Logit 回归分析能够找出关键性影响因素，为提出应对策略与建议提供依据。

(三)技术路线

第一，进行调查问卷的设计与发放，对当前新市民的住房与定居意愿进行定性研究。以问卷调查为主，对新市民的基本特征、住房公积金情况和住房及定居意愿相关情况做初步了解。

第二，理论与实际相结合，根据杭州市住房交易市场的情况，依托预调研的数据进行指标筛选，从个体基本信息、住房公积金相关情况、住房及定居意愿相关情况三方面出发，构建出新市民定居选择影响因素的指标体系。

第三，根据调查回收到的数据，运用二元 Logit 回归分析，研究各种因素对新市民定居选择影响程度的高低，找出关键性影响因素。对杭州新市民的住房与定居进行系统性分析。

第四，在此基础上，将理论与实际相结合，基于调查和分析结果，为提出解决问题的思路以及政策性建议提供现实依据。

二、调查设计及误差控制

(一)调查设计

要获取准确的调查数据，调查问卷的设计至关重要。调查的目的、内容、对象，每一个问题都需要精心规划和设计，这是深入研究问题的基础。

1. 变量和问卷设计

调查问卷围绕调查目的和内容来设计研究变量。具体分为三个调查主题，分别是新市民基本特征调查、住房公积金相关情况调查、住房及定居意愿相关情况调查，具体如表 8－1 所示。

表 8－1　调查主题及具体调查内容

序号	调查主题	具体调查内容
1	新市民基本特征调查	年龄 性别 婚姻状况 户口所在地 户口性质 最高学历 工作时间

续表

序号	调查主题	具体调查内容
1	新市民基本特征调查	工作性质 工作单位 从事职业 居住状况 税后年收入
2	住房公积金相关情况调查	缴存住房公积金状况 提取和使用住房公积金情况 住房公积金需改进的地方 住房公积金政策了解程度
3	住房及定居意愿相关情况调查	来杭原因 打算居住时长 杭州城镇户口转变意愿 居住房屋的权属 新购住房的打算 租购同权政策的了解程度

2. 分层抽样设计

本次问卷调查样本分配采用分层抽样法，对调查总体样本框按地区分层，根据《杭州市 2020 年第七次人口普查主要数据公报》和《2021 年杭州统计年鉴》数据得出杭州市各行政区新市民人口数量，并按照各区新市民数量同比抽取调查对象(见表 8 - 2)。

表 8 - 2　新市民调查对象样本分布比例

区域	新市民人口分布
上城区	14.00%
拱墅区	7.00%
西湖区	8.14%
滨江区	5.36%
萧山区	21.77%
余杭区	15.36%
临平区	14.77%
钱塘区	7.59%
富阳区	3.59%
临安区	2.41%

结合问卷调查的精确度要求、预算条件以及样本量经验法则综合确定样本量。本

次调查问卷发放总量应不低于2000份，每个区收集的样本量不低于50个。

(二)误差控制

统计调查过程中数据误差主要来自抽样误差和非抽样误差，其中，抽样误差包括对总体随机抽样时带来的误差，非抽样误差主要包括问卷设计、调查对象、调查人员这三个方面带来的误差。误差的控制贯穿于整个统计工作过程，包括调查问卷设计、数据处理、调查分析等工作过程。

1. 抽样误差控制方案

采用分层抽样法控制误差，精心编制抽样框并对样本进行交叉检验。

(1)样本结构与总体结构差异误差控制

本次问卷调查样本分配采用分层抽样法，以杭州市10个区为总体调查框，按每个地区新市民人口比例确定各个区域的问卷发放数量，减少样本结构与总体结构差异误差。

(2)抽样框编制与交叉样本检验

在开展抽样调查之前，调研组对抽样框的编制和设计要做好充足的准备，在抽样调查中及时对不完善的抽样框采取积极的补救措施。

在预调查过程中，调研组先确定两套子样本方案，采用同样的抽样方案，分派两组调查员进行预调查取得数据后，分别计算两套子样本的样本指标并进行比较。假如发现有悬殊偏差，就说明在调查工作中可能有系统性误差存在，必须及时进行纠正。通过交叉检验，便可以及时发现和控制系统性误差的出现，提高样本的代表性。

2. 非抽样误差控制方案

非抽样误差产生于统计调查工作整个过程中的每一个环节，这是需要重点控制的误差。主要包括设计误差、调查误差和汇总误差。

(1)问卷设计误差控制

产生误差的原因是调查问卷内容与结构设计不科学。首先对问卷内容设计和预调查进行误差控制。

①问卷题目设计紧扣调查目的，问卷内容要考虑调查时间、调查环境以及调查对象的年龄结构、文化水平、职业等对调查结果的影响。问卷控制在A4纸3个版面内，避免问卷过长、被调查者疲劳而产生数据失真的现象。

②问卷设计好后，先选择和调查目标对象特征相近的人群进行预调查，以检验问卷内容能否满足研究需求、语言是否通俗易懂、结构是否合理、题量是否合适等。同时，考虑到问卷内容的针对性与时效性，在预调查过程中，根据具体情况对问卷内容设计中存在的问题及时修改，必要时也可以有针对性地实施复调查。

(2)调查对象的误差控制

①研究中采用多种举措使调查对象愿意参加调查，比如在调查之后派发纪念品，使被调查者感到有所收益；通过保护隐私的声明消除调查对象的顾虑；通过阐述本次调查的意义和价值，加强被调查者的参与感，加强调查对象对调查内容的重视，提升

问卷填写的有效性。

②通过对问卷调查的程序进行标准化的设计与实施，选择适当的调查时间、场合和方式以及营造良好的氛围，合理地控制调查过程中的无关变量。

(3)数据汇总误差控制

①对调查对象填写的问卷进行检查和核实，校正错误和遗漏的答案，剔除空白、严重缺答案的无效问卷，通过经验判断和逻辑审核检查数据完整性、正确性、一致性、可信性，综合判定调查问卷的有效性。

除此之外，课题组还通过数据分析来评估或测量数据的准确性和一致性。

②通过系统性培训提高负责数据汇总的课题组成员的专业素养和水平，数据汇总人员还需要具有较强的责任感。

三、调查的基本情况分析

为使研究结果更具科学性、广泛性，通过随机抽样技术确定调查区域的问卷发放范围和发放数量，充分考虑各类人群、各区域的问卷发放比例，本次调查共发放问卷2200份，其中杭州上城区308份、拱墅区154份、西湖区179份、滨江区118份、萧山区479份、余杭区338份、临平区325份、钱塘区167份、富阳区79份、临安区53份。最后实际回收问卷2200份，有效问卷1859份，回收率100%，有效率84.50%，经过对调查取得数据进行汇总、整理和分析，得出以下结论。

(一)新市民群体特征分析

对新市民群体特征的调查主要包括性别、年龄、婚姻状况、文化程度、户口所在地、已来杭工作时间、工作性质、身份特征等方面。经过对1859份有效问卷进行统计分析，新市民群体呈现以下特征。

1. 年龄结构呈年轻化，工作时间不长

杭州新市民多为35岁(含)以内的人员，占调查总人数的88.43%；男性占调查总人数的比例为56.54%，女性占43.46%。来杭工作时间基本在10年(含)以内，占比为92.25%，工作4年(含)以内占58.96%(见表8-3)。

2. 来杭以就业为主，主要选择制造行业

在参与调查的新市民中，受雇于他人企业的人员居多，占调查总人数的76.82%，创业人群占13.02%。同时，从事社会基层工作和服务业的人数较多，其中从事制造业的人数占总调查人数的23.18%，从事批发、零售业的占13.99%，从事房地产业的占12.53%，从事住宿业与餐饮业的占12.05%，从事交通运输业、仓储和邮政业的占8.71%；从事技术相关行业、金融业、管理的人数较少，从事科学研究和技术服务业的占9.20%，从事建筑业的占6.29%，从事水利、环境和公共设施管理的占2.90%(见表8-4)。

表 8-3　新市民年龄及来杭工作时间

调查项目	项目分类	人数/人	占比
年龄	16～20 岁	135	7.26%
	21～25 岁	359	19.31%
	26～30 岁	584	31.41%
	31～35 岁	566	30.45%
	36～40 岁	188	10.11%
	41～45 岁	18	0.97%
	46～50 岁	9	0.48%
	51～55 岁	0	0
	56～60 岁	0	0
性别	男	1051	56.54%
	女	808	43.46%
来杭工作年数	1～2 年	467	25.12%
	3～4 年	629	33.84%
	5～6 年	431	23.18%
	7～8 年	125	6.72%
	9～10 年	63	3.39%
	10 年以上	144	7.75%

表 8-4　新市民工作性质及工作单位类型

调查项目	项目分类	人数/人	占比
工作性质	受雇于他人或单位	1428	76.82%
	创业	242	13.02%
	自由职业	72	3.87%
	务农	0	0
	临时性工作	171	6.29%
	无工作	0	0
	其他	0	0

续表

调查项目	项目分类	人数/人	占比
从事行业	农、林、牧、渔业	0	0
	制造业	431	23.18%
	采矿业	0	0
	建筑业	117	6.29%
	电力、热力、煤气及水生产和供应业	0	0
	科学研究和技术服务业	171	9.20%
	批发和零售业	260	13.99%
	房地产业	233	12.53%
	住宿业与餐饮业	224	12.05%
	租赁和商务服务业	0	0
	公共管理、社会保障和社会组织	0	0
	水利、环境和公共设施管理	54	2.90%
	信息传输、软件和信息技术服务业	117	6.29%
	交通运输业、仓储和邮政业	162	8.71%
	卫生和社会工作	0	0
	居民服务、修理和其他服务业	0	0
	文化、体育和娱乐业	0	0
	金融业	0	0
	教育业	0	0
	其他	90	4.84%
工作单位类型	机关团体/事业单位	674	36.26%
	国有及国有控股企业	350	18.83%
	集体企业	99	5.33%
	私营企业	431	23.18%
	外商、港澳台投资企业	36	1.94%
	其他	269	14.47%

3. 以非农业人口为主，家庭整体流动明显

数据显示，新市民主要群体来自浙江省其他城市和外省，分别占调查总人数的59.92%和25.12%。且新市民户口大多数为非农业户口，占调查总人数的61.86%，调查对象中的新市民大多与他人共同居住，单独居住的人员仅占25.12%，而共同居住的对象中有配偶或伴侣、父母、子女及其他(诸如同事、合租对象等)占比74.87%，其中，与配偶或伴侣居住的群体占调查总人口的 37.65%，与子女居住的占比为 10.17%，与父母居住占 9.68%，另有其他室友共同居住的占 17.37%(见表 8-5)。

表 8-5 新市民户口情况及家庭居住状况

调查项目	项目分类	人数/人	占比
户口所在地	杭州市	278	14.95%
	浙江省其他城市	114	59.92%
	浙江省外	467	25.12%
户口性质	农业户口	709	38.14%
	非农业户口	1150	61.86%
婚姻状况	已婚	1006	54.12%
	未婚(丧偶属于未婚)	736	39.59%
	离异	117	6.29%
共同居住人员	无	467	25.12%
	配偶或伴侣	700	37.65%
	子女	189	10.17%
	父母	180	9.68%
	其他	323	17.37%

4. 本科及以上学历居多，学历和收入呈一定正相关

通过有效问卷的回收，新市民的学历以本科以下居多，占调查总人数的 68.10%。收入水平与学历呈一定的正相关性，本科及以上学历的新市民群体家庭年总收入大多在 20 万元以上，随着来杭工作时间的增加，工资收入水平也会逐渐提高(见表 8-6)。

表 8-6 新市民学历及家庭收入状况

调查项目	项目分类	人数/人	占比
最高学历	小学及以下	0	0
	初中毕业	233	12.53%
	高中/中专/技校毕业	395	21.25%
	大专	638	34.32%
	大学本科	440	23.67%
	硕士及以上	153	8.23%

续表

调查项目	项目分类	人数/人	占比
税后家庭年总收入（工资性收入、财产性收入、经营性收入、转移性收入）	5 万元及以内	126	6.78%
	6～10 万元	440	23.67%
	11～15 万元	341	18.34%
	16～20 万元	611	32.87%
	21～25 万元	135	7.26%
	26～30 万元	81	4.36%
	31～35 万元	53	2.85%
	36～40 万元	72	3.87%
	41～45 万元	0	0
	46～50 万元	0	0
	50 万元以上	0	0

(二)新市民住房公积金相关情况调查分析

新市民住房公积金是影响其购买住房的一个重要因素，对新市民住房公积金相关情况调查分析，可以为分析其定居意愿的选择提供帮助。

1. 住房公积金普及率较高

在调查中，大部分新市民都缴存了住房公积金，缴存的有 1275 人，占调查总人数的 68.59%；未缴存住房公积金的有 584 人，占 31.41%(见图 8－2)。在杭州，企事业单位对住房公积金的缴存较为重视，为新市民日后购买住房提供了有力保障。

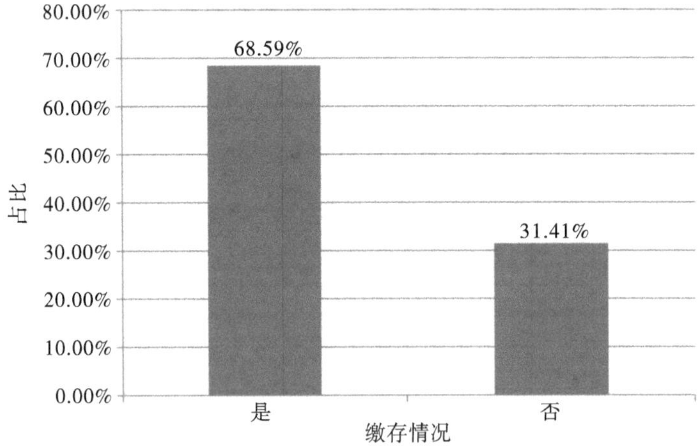

图 8－2　杭州新市民公积金缴存情况

2. 个人缴存住房公积金的意识不强

如图 8－3 所示，对 584 名没有缴存公积金的杭州新市民进行原因调查，发现个体工商户不清楚可以建立住房公积金的占比最高，达 42.47%，因务农/已退休/一直未工作未缴存的占 22.26%，近期没有购买住房计划的占 17.81%，单位没有缴存的占 12.16%。说明部分新市民所就业的单位尚未完善相关住房公积金制度，此外，有些新市民还没有购房的打算，并且缺乏相关住房保障的意识。

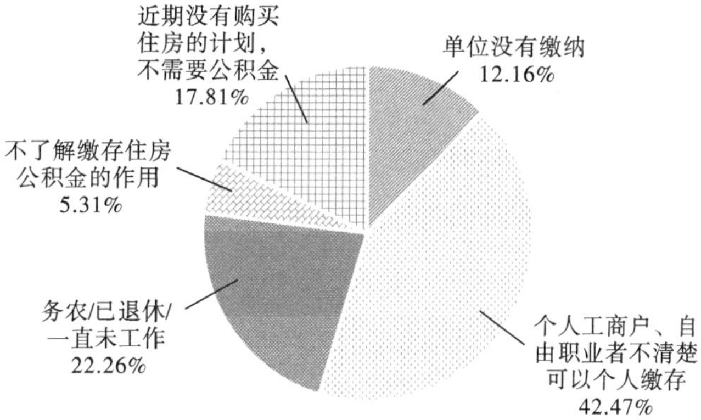

图 8－3　杭州新市民没有缴存公积金的原因

3. 大多数新市民未曾提取过住房公积金

在缴存了住房公积金的 1275 人中，有 862 人未提取过住房公积金，占 67.61%，只有 413 人提取过住房公积金，占 32.39%(见图 8－4)。说明大部分杭州新市民尚未提取过住房公积金进行购买、建造、翻建、大修自住住房等房屋相关事项。其中一部分新市民尚未考虑购房事宜，另一部分新市民未满足住房公积金提取条件。

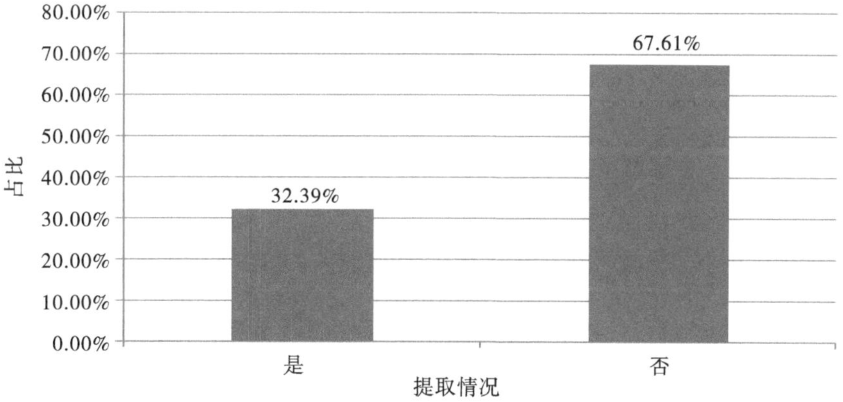

图 8－4　杭州新市民是否提取过住房公积金

4. 多数新市民未使用过公积金贷款购房

如图 8－5 所示，在缴存公积金的 1275 人中，没有使用过住房公积金贷款的有 961 人，占缴存人数的 75.37%；使用过公积金贷款的杭州新市民有 314 人，占缴存人数的 24.63%。数据表明，新市民在住房公积金贷款优惠的政策下，也只有少数人使用过公积金贷款进行购房，侧面体现出杭州市房价的高昂及新市民购房能力的不足。

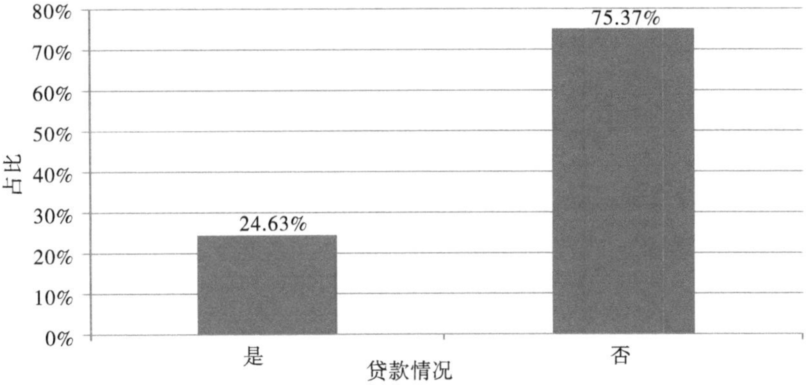

图 8-5　杭州新市民是否使用过住房公积金贷款

5. 新市民认为公积金存在提取手续、贷款额度等方面问题

在使用过住房公积金贷款的 314 人中，认为住房公积金贷款手续烦琐的有 117 人，占 37.26%；认为贷款时存在最高贷款额度不足的有 81 人，占 25.80%；认为贷款审批时间长的有 18 人，占 5.73%；此外，有 31.21%的住房公积金贷款者认为存在其他方面的问题(98 人)。由此可见，政府需要加强公积金贷款的相关服务，同时完善公积金的监管问题，便捷市民购房服务(见图 8-6)。

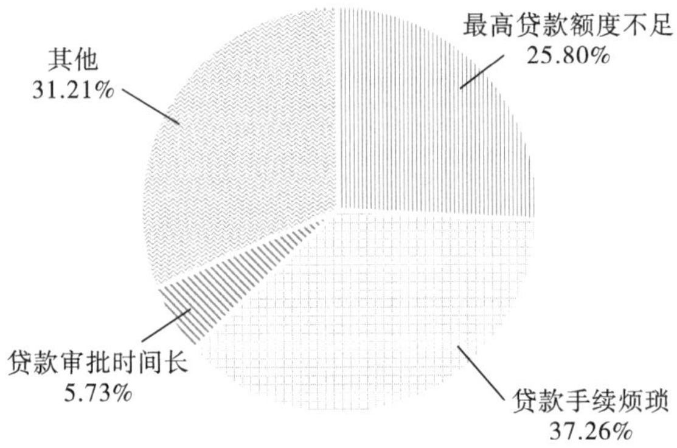

图 8-6　住房公积金提取和贷款需要改进的方面

6. 杭州新市民对杭州住房公积金缴存、提取和贷款等有一定程度的了解

在全部 1859 名调查对象中有 521 人对住房公积金缴存、提取和贷款政策完全不了解，占 28.03%；有 593 人对住房公积金有一定的了解，占 31.90%；有 745 人对公积金有较为清楚的了解，占 40.08%，其原因在于新市民的工作性质和类型，相关企业对住房公积金的缴存以及个人的重视程度。相关部门应该加强新市民对住房公积金的了解，为其普及相关的政策并给予相关购房建议(见图 8-7)。

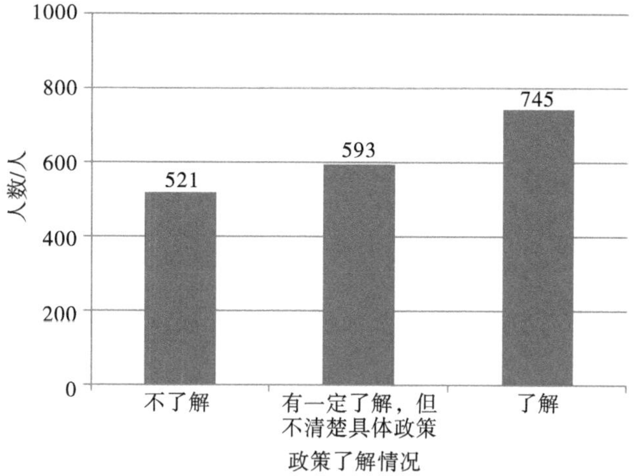

图 8－7　住房公积金政策了解情况

(三)新市民住房相关情况分析

数据是最具有说服力的依据，梳理总结新市民住房相关情况调查数据，能够为了解和把握新市民定居意愿提供现实依据。

1. 新市民来杭州的原因以就业创业为主

如图 8－8 所示，大部分新市民来杭州主要是为了就业创业，为子女教育、养老、医疗而来杭生活的新市民比例依次递减，以上分别占调查总人数的 68.10％、18.34％、7.26％、4.36％。由此可见，杭州经济繁荣，人才和创业的相关政策吸引了大批优秀人才来杭。

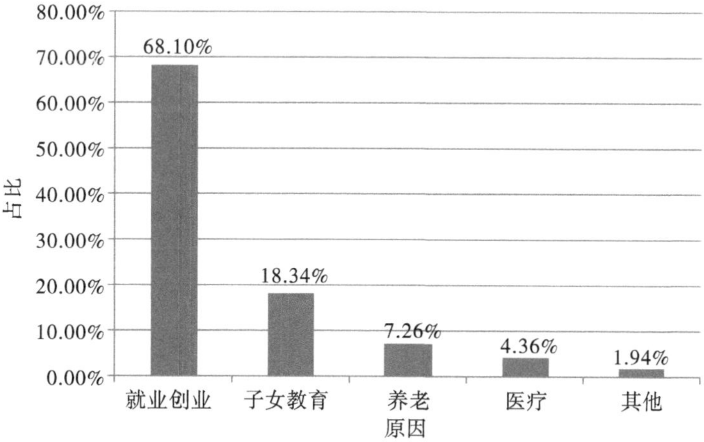

图 8－8　新市民来杭州的原因

2. 多数新市民未来杭州居住时间不明确

如图 8－9 所示，大多数新市民对长时间定居在杭州没有很明确的态度和意愿，其中只准备在杭州居住 1 年以内的有 279 人，准备在杭州居住 1～2 年的有 287 人，准备在杭州居住＞2～5 年的有 278 人，有 377 人打算在杭州定居 5 年以上，而还没决定是否留杭的有 638 人。说明在杭州生活压力大，不确定因素太多，同时也没有足够大的吸引力留住所有新市民，这需要相关政府部门加强和完善人才补助政策，让更多的青年人才能够在杭州扎根定居。

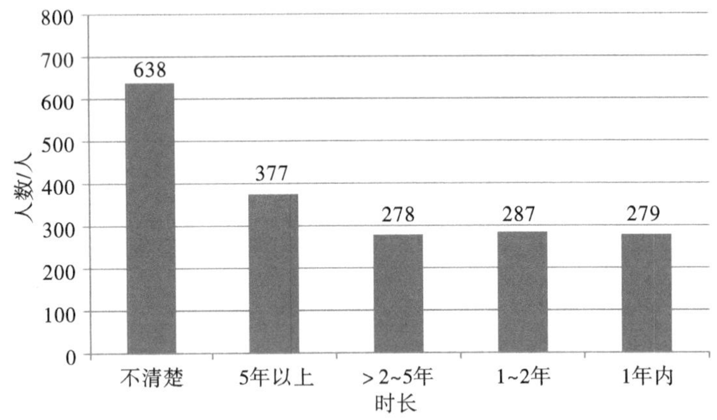

图 8－9　新市民愿意在杭州居住的时长

3. 新市民对转为杭州城镇户口意愿不强

在回收的 1859 份有效问卷中，较多新市民没有打算将户口转为杭州城镇户口，有 1056 人，占 56.80%；有意愿转户口的有 803 人，占 43.20%。一些不清楚是否在杭州定居的新市民仍然想将户口转为杭州城镇户口，说明杭州带给新市民压力的同时，也同样有着许多机会吸引着新市民将户口迁移到这座城市(见图 8－10)。

而导致新市民对转为杭州城镇户口意愿不高的主要原因是杭州房价、物价太高，杭州落户条件苛刻等。

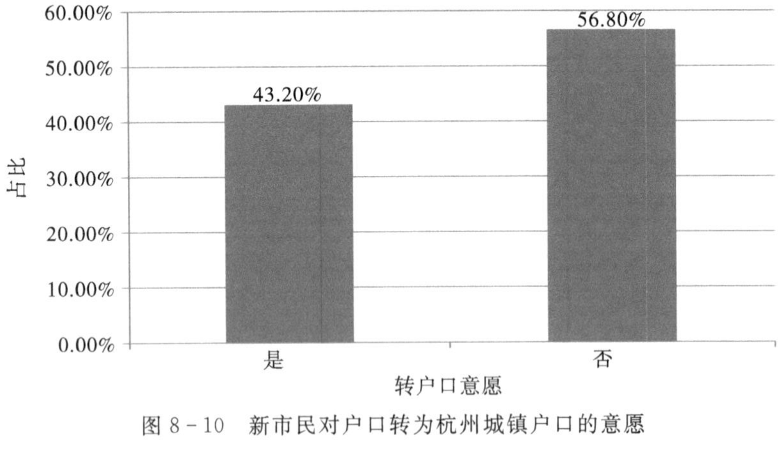

图 8－10　新市民对户口转为杭州城镇户口的意愿

在不打算将户口转为城镇户口的 1056 人中，不想在杭州定居(287 人)、杭州房价太高(414 人)、不符合落户政策(240 人)，分别占 27.18%、39.20%、22.73%。究其原因还是杭州物价和房价太高，这部分新市民没有足够的经济实力保障自己在杭州的生活(如图 8－11)。

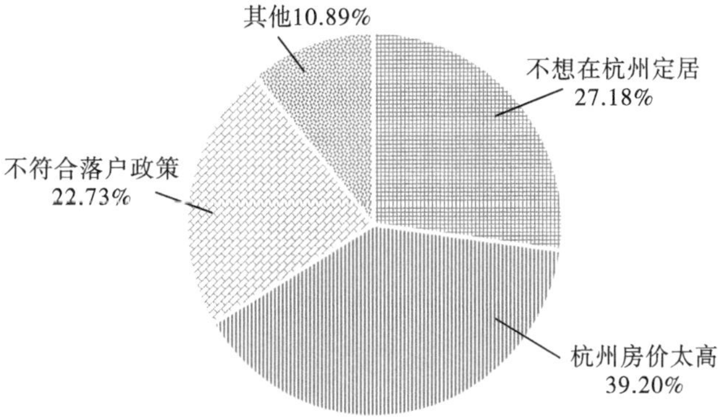

图 8－11　新市民不打算将户口转为城镇户口的原因

4. 新市民居住的房屋权属以自有住房为主

在对参与调查的杭州新市民目前居住的房屋权属情况调查中发现，有住房的新市民(1101 人)占调查总人数的 59.23%，租赁住房(399 人)的新市民占 21.46%，单位分房等免费居住的情况(359 人)占 19.31%。数据表明，超过半数新市民已经拥有自有产权住房(见图 8－12)。

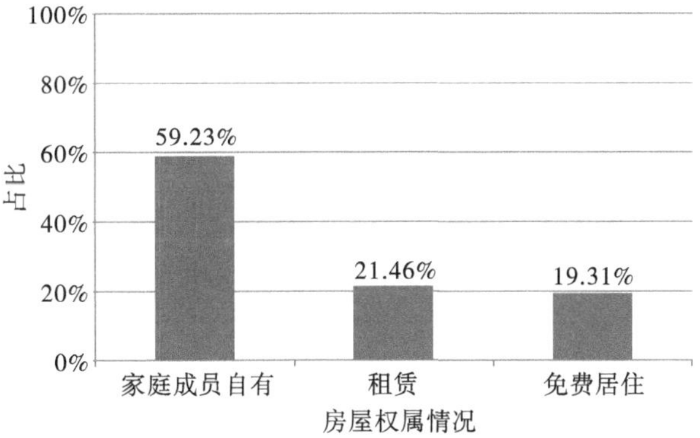

图 8－12　新市民目前居住的房屋权属情况

5. 多数新市民对在杭州新购住房的意愿不强

对新市民在未来两年是否有购房意愿的调查结果显示，有明确购房打算的新市民有 789 人，占调查总人数的 42.98%；还没有明确意向的有 225 人，占 12.10%；没有购房打算的有 835 人，占 44.92%(见图 8－13)。

通过对没有购房打算的 835 名新市民不打算购房的原因进行了解，无按揭偿还能力的有 226 人，没钱付首付的有 167 人，受制于多套房限制的有 108 人，已经拥有住房的有 88 人，工作地点不稳定的有 79 人，社保缴存时长限制的有 69 人，由于户籍限制的有 49 人，不急于购房的有 29 人，没有找到合适房源的有 20 人(见图 8－14)。数据表明，杭州房地产市场价格高昂是阻碍新市民拥有住房的主要因素，也同样是影响新市民在杭州定居的主要原因。

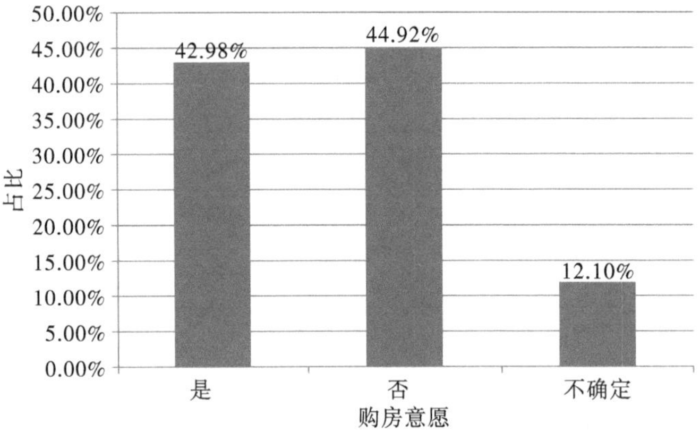

图 8－13　未来两年是否有在杭州新购住房的打算

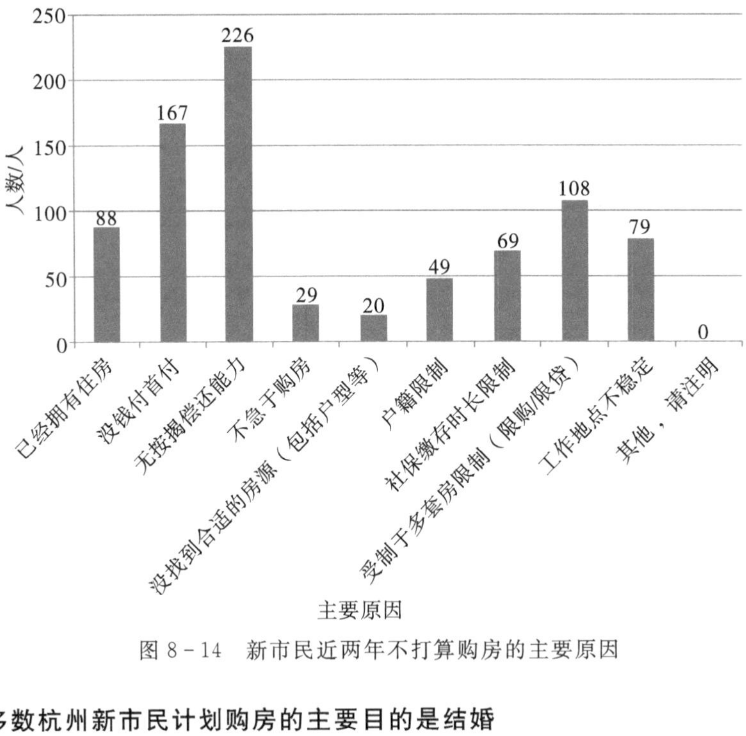

图 8－14　新市民近两年不打算购房的主要原因

6. 大多数杭州新市民计划购房的主要目的是结婚

通过对有明确新购住房意愿的 799 名杭州新市民的进一步调查发现，他们计划购房的主要目的是结婚、自己居住、子女教育、换房、持有出租或出售，分别占比 45.93%、26.03%、13.02%、9.26%和 5.76%(见图 8－15)。其中结婚购房是大多数定居杭州新市民的主要目的，自住是新市民在杭州定居的主要奋斗目标，子女教育是新市民购房的必要条件。

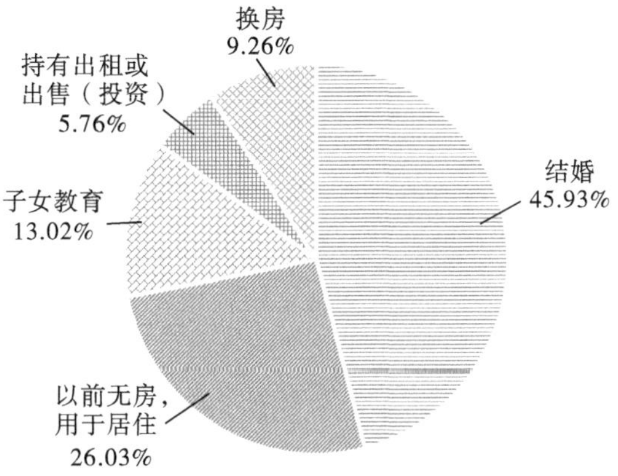

图 8－15　新市民计划购房的主要目的

7. 新市民预计购买刚需房屋的比重较大

对在未来两年有新购住房意愿新市民的购房面积需求的调查显示，预计会购买 60m² 及以下的有 160 人，购买 61～75m² 的有 60 人，购买 76～90m² 的有 339 人，购买 91～110m² 的有 180 人，购买 111～140m² 的有 40 人，购买 140m² 以上的有 20 人（见图 8－16）。数据可以体现，购买 90m² 及以下住宅的家庭大多为刚需或投资，需求较多；购买 90m² 以上的大多为改善性住房。

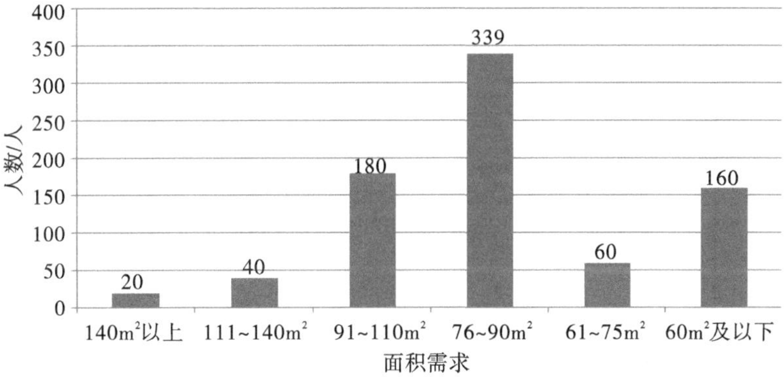

图 8－16　新市民对购房面积的需求

8. 新市民对租购同权政策了解不够深入

对于新市民来说，住房保障问题始终是其定居意愿的主要影响因素，因而大部分新市民对政府出台的租购同权政策都有一定的了解。其中对租购同权政策非常了解的有 198 人，占调查总人数的 10.65%；听说过但没有深入了解的有 1275 人，占 68.59%；没有听说过的有 386 人，占 20.76%(见图 8－17)。

大多数新市民认为租购同权政策对承租人子女入学有一定的保障，但不能完全保障。在 1473 名了解和听说过租购同权政策的新市民中，认为租购同权政策能完全保障符合条件的承租人子女入学权利的有 142 人，认为该政策在一定程度上保障承租人子女入学权利的有 918 人，认为租购同权政策不能保障符合条件的承租人子女入学权利的有 413 人(见图 8 - 18)。经调研可知，租购同权政策更多是得到年轻人的青睐。

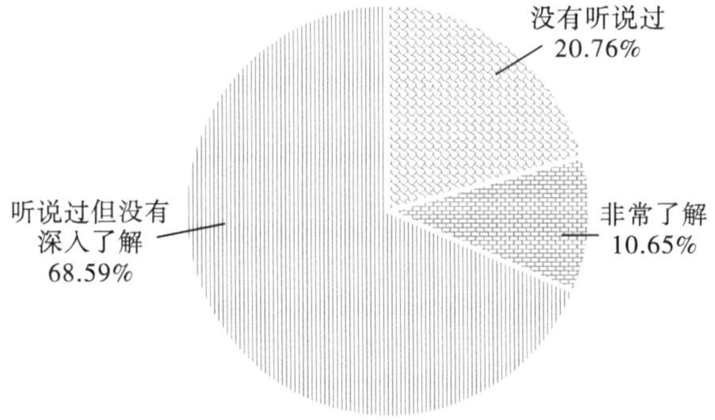

图 8 - 17 新市民对租购同权政策的了解程度

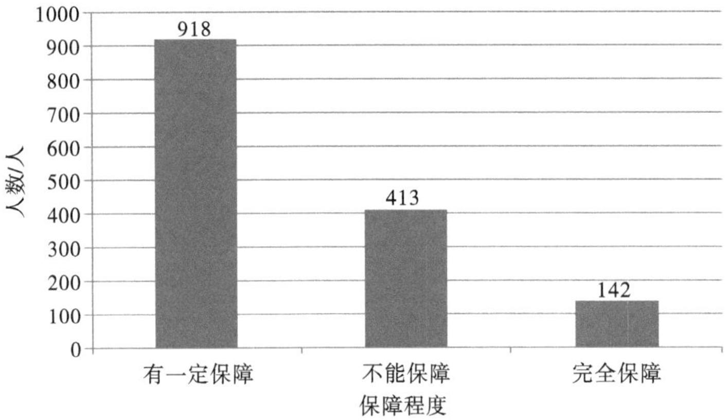

图 8 - 18 新市民对租购同权政策能否保障承租人子女入学的看法

初来杭州的新市民对自己的住房问题极为重视，也会关注政府出台的相关政策，在调查中，听说过并考虑购买共有产权住房的有 943 人，占调查总人数的 50.73%；31.90%的新市民听说过但不考虑购买共有产权住房(593 人)；17.37%的新市民没有听说过共有产权住房(323 人)(见图 8 - 19)。

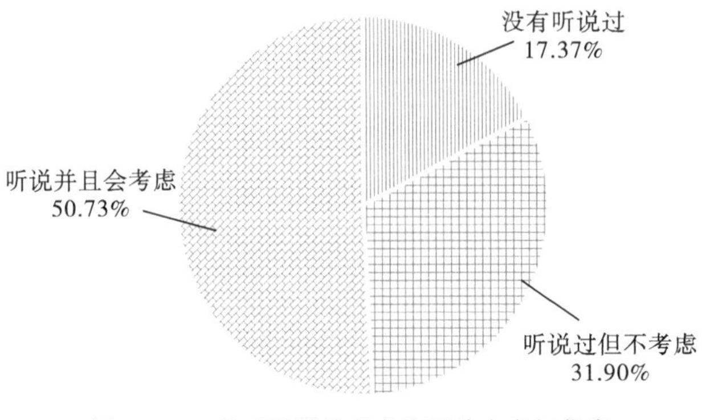

图 8 - 19 是否听说并考虑购买共有产权住房

总之，在调查中，我们了解到杭州新市民的基本特征(年龄、户口情况、工作性质、居住状况等)，调查和分析了住房公积金对杭州新市民住房情况及定居意愿产生的作用。也发现当前杭州新市民的住房情况存在诸多问题和困难：由于杭州市房价高涨，多数新市民面临着买房难、住房难、生活没保障的困难，即使有住房公积金的保障，但大部分人还是没有提取和使用过住房公积金，因为他们难以支付高昂的房价。与此同时，中央经济工作会议自 2015 年就提出了“租购并举”，党的二十大工作报告上再次强调了“房子是用来住的、不是用来炒的”。杭州市也推出共有产权住房试点，从经济适用房的以售为主到公租房的以租为主转向，大力发展共有产权住房，为新市民解决住房问题提供了保障。

第三节　基于 Logit 模型的住房与新市民定居决策分析

基于 Logit 模型的住房与新市民定居决策分析，就是基于新市民定居选择的住房因素影响指标体系，分别构建新市民定居意愿与住房影响因素的理论模型和实证分析的定序 Logit 回归模型，并对模型中的变量进行量化。

一、基于 Logit 模型的住房与新市民定居决策分析研究设计

基于 Logit 模型的住房与新市民定居决策分析研究设计，主要是数据来源、模型构建、变量定义及描述性分析，基于这三个维度的实证性研究是深入研究的重要支撑。

(一)数据来源

数据来源于新市民住房及定居意愿调查问卷中的微观数据与样本所在地区的房价、经济增长、城市人口规模等宏观数据相匹配得到的数据库。问卷调查内容包括新市民群体特征、住房状况、缴存住房公积金情况以及样本在迁入地的定居计划等。杭州市区房价、经济增长、城市人口规模等宏观数据来源于《杭州市统计年鉴》以及统计公报。

(二)模型构建

模型构建包括基准回归模型和调节效应模型，模型构建的分析方式是量化分析的重要保障。

1. 基准回归模型

$$Y_i = a_0 + a_1 \mathrm{HO}_i + a_2 \mathrm{HPF} + \sum_{i=1}^{k} b_i C_i + \varepsilon_i \tag{8-1}$$

式中，被解释变量 Y_i 表示样本 i 是否愿意在城市长期定居，为一个二分变量；HO_i 代表样本 i 是否拥有住房产权；HPF_i 代表样本 i 的住房公积金缴存情况；C_i 为区域特征、家庭特征、个体特征等控制变量；ε_i 为随机扰动项，以表征不可观测的变量产生的影响。采用 Logit 模型进行回归分析。

2. 调节效应模型

为了考察住房公积金制度对住房价格与新市民定居决策关系的调节作用，在模型

(8－1)中加入房价收入比。

$$Y_i = a_0 + a_1 HO_i + a_2 HPF_i + a_3 PI_i + \sum_{i=1}^{k} b_i C_i + \varepsilon_i \quad (8-2)$$

式中，PI_i 代表样本 i 的房价收入比。

进一步加入住房公积金与房价收入比的交互项。

$$Y_i = a_0 + a_1 HO_i + a_2 HPF_i + a_3 PI_i + a_4 HPF \times PI + \sum_{i=1}^{k} b_i C_i + \varepsilon_i \quad (8-3)$$

(三)变量定义及描述性分析

为了更为准确地掌握影响新市民定居意愿的主要因素，被解释变量、解释变量、控制变量的设计及调查至关重要。

1. 被解释变量

将新市民的定居意愿作为核心被解释变量，调查问卷中设计的相应题项是“您家未来打算在杭州居住多长时间？1年内；1～2年；2～5年；5年以上；不清楚”参考周颖刚、祝仲坤等学者的研究，本书将选择5年以上的新市民视为愿意在当地长期定居，赋值为1，其余选项赋值为0。

2. 解释变量

核心解释变量是房价收入比和住房产权。

(1)房价收入比

根据中国经济数据库(CEIC)中地级市的住宅销售总额和销售总面积两个指标，计算得到住房平均价格。同一个城市内的房价水平对劳动力居住成本的影响存在异质性，绝对房价对不同收入水平的劳动力的效用不同。所以，在这里采用房价收入比作为核心解释变量。房价收入比可以度量家庭层面的住房可负担性，可以衡量不同家庭收入水平下，迁入地的住房可负担性对新市民定居决策的影响。

(2)住房产权

调查问卷住房产权的相应题项是“您家现在所居住的房屋属于以下哪种？家庭成员自有；租赁；免费居住”若其住房性质为家庭成员自有，赋值为1，否则为0。

3. 控制变量

(1)缴存住房公积金情况

祝仲坤、范兆媛等学者的研究均表明，住房公积金对流动人口的定居意愿有显著影响。调查问卷询问了调查对象缴存公积金的情况，设置为虚拟变量，缴存公积金为1，不缴存公积金为0。

此外，参考相关文献，还控制了调查对象的个体特征、职业特征、家庭特征、流动特征，以及迁入城市的经济、规模等区域特征变量。

(2)个体特征

第一，性别：设置为虚拟变量，男性＝1，女性＝0。

第二，年龄：受访者在接受访问时(2018年)的周岁年龄。

第三，婚姻：设置为虚拟变量，已婚=1，未婚及离异=0。

第四，教育水平：设置为虚拟变量，高学历即本科及以上=1，本科以下=0。

(3)职业特征

第一，工作状况：设置为虚拟变量，有工作=1，无工作=0。

第二，单位类型：设置为虚拟变量，机关事业国有企业=1，其他=0。

第三，行业类型：设置为虚拟变量，劳动密集型行业=1，其他=0。

(4)家庭特征

第一，家庭结构：设置为虚拟变量，与配偶同住=1，不与配偶同住=0。

第二，家庭收入：设置为连续变量，2022年家庭总收入。

(5)流动特征

第一，流动方式：设置为虚拟变量，农村流入=1，跨市流动=0。

第二，迁入时间：设置为连续变量。

主要变量定义及描述性统计见表8-7和表8-8。

表8-7　主要变量定义

变量类型	变量名称	变量定义
被解释变量	定居意愿	设置为虚拟变量，打算在当地居住5年以上=1，其他=0
解释变量	房价收入比	设置为连续变量，迁入地2022年商品住房销售均价/2022年家庭总收入
	住房产权	设置为虚拟变量，在迁入地拥有住房=1，无住房=0
控制变量	住房公积金	设置为虚拟变量，缴存公积金=1，不缴存公积金=0
	性别	设置为虚拟变量，男性=1，女性=0。
	年龄	设置为连续变量，受访者在2022年的周岁年龄
	婚姻	设置为虚拟变量，已婚=1，未婚及离异=0
	教育水平	设置为虚拟变量，本科及以上=1，本科以下=0
	工作状况	设置为虚拟变量，有工作=1，无工作=0
	单位类型	设置为虚拟变量，机关事业国有企业=1，其他=0
	行业类型	设置为虚拟变量，劳动密集型行业=1，其他=0
	家庭结构	设置为虚拟变量，与配偶同住=1，不与配偶同住=0
	家庭收入	设置为连续变量，被调查对象2020年家庭总收入
	流动方式	设置为虚拟变量，农村流入=1，跨市流动=0
	迁入时间	设置为连续变量，迁入当地年限

表 8-8 变量的描述性统计

变量类型	最小值	最大值	均值	标准偏差
定居意愿	0	1	0.47	0.5
房价收入比	0.00	2.28	1.25	0.65
住房产权	0	1	0.47	0.5
住房公积金	0	1	0.59	0.49
性别	0	1	0.51	0.43
年龄	0	1	0.73	0.31
婚姻	18	60	42.26	12.46
教育水平	0	1	0.51	0.33
工作状况	0	1	0.52	0.47
单位类型	0	1	0.23	0.412
行业类型	0	1	0.61	0.49
家庭结构	0	1	0.47	0.34
家庭收入	10000	1000000	145336.19	17150
流动方式	0	1	0.56	0.57
迁入时间	0	40	20.31	11.7

二、住房价格对新市民定居决策影响的检验结果

住房价格是影响新市民定居决策的重要因素。住房价格对新市民形成挤出效应，住房价格挤出效应具有个体差异。

（一）住房价格对新市民形成挤出效应

以房价收入比作为解释变量，考察解释变量对新市民定居决策的影响，逐步引入不同的变量。在模型(8-1)中，将个体特征、家庭特征和区域特征等作为控制变量，以控制其他潜在因素的影响。在模型(8-2)中，加入了房价收入比这一解释变量，以直接考察其对新市民定居决策的作用。在模型(8-3)中，进一步加入了住房公积金与房价收入比的交互项，以探讨公积金是否对房价收入比与定居决策之间的关系产生调节作用。采用 Logit 方法对模型进行估计，估计结果见表 8-9。

表 8-9 的回归结果显示，在模型(8-2)中房价收入比的估计系数是−0.7737，并且在 1%水平上显著，这意味着房价收入比对新市民定居意愿有负向影响，房价收入比的提高会大大降低新市民在杭州定居的意愿。

表 8－9　房价收入比、住房产权与新市民定居决策：Logit 回归结果

变量类型	模型(8－1)	模型(8－2) (加入房价收入比)	模型(8－3) (加入住房公积金与房价收入比的交互项)
样本量	1859	1859	1859
住房公积金	2.0955*** (－0.1406)	2.1864*** (－0.1455)	2.6072*** (－0.1687)
住房产权	0.4222*** (－0.1257)	0.4945*** (－0.1288)	0.6005*** (－0.1459)
性别	0.1298 (－0.122)	0.1258 (－0.1248)	0.0695 (－0.1411)
年龄	0.0610*** (－0.0072)	0.0568*** (－0.0074)	0.0610*** (－0.0083)
婚姻	0.057 (－0.0213)	0.054 (－0.1013)	0.046 (－0.047)
教育水平	1.1018*** (－0.1228)	1.1239*** (－0.1258)	1.0852*** (－0.1424)
工作状况	0.4422*** (－0.124)	0.5084*** (－0.1273)	0.4289*** (－0.144)
单位类型	0.0321 (0.0024)	0.0276 (0.0020)	0.0253 (0.0018)
行业类型	0.3951*** (－0.1277)	0.5165*** (－0.1313)	0.6288*** (－0.147)
家庭结构	－0.0184 (－0.1223)	－0.0474 (－0.1251)	－0.0821 (－0.1415)
家庭收入	0 (0)	0 (0)	0 (0)
流动方式	0.0313 (－0.1221)	0.0235 (－0.125)	－0.1406 (－0.142)
迁入时间	0.0578*** (－0.0075)	0.0599*** (－0.0078)	0.0616*** (－0.0087)
房价收入比		－0.7737*** (－0.0995)	－1.0892*** (－0.1272)
住房公积金×房价收入比			3.8873*** (－0.2557)
对数似然	－828.423	－796.6529	－644.6267
卡方	914.3414	977.8816	1281.9341

注：括号内为对应的 t 统计量的值；***、**、*分别表示在 1%、5%、10%显著水平上显著。

在模型(8－3)中，住房公积金×房价收入比的估计系数为3.8873，在主效应房价收入比的估计系数为负的情况下，该调节项系数为正，这意味着住房公积金对新市民定居意愿有负向的调节作用。

那么，住房产权的锁定效应是否会调节房价收入比对新市民的挤出效应呢？在模型(8－2)中引入房价收入比与住房产权的交互项，得到模型(8－4)，模型估计结果见表8－10。通过回归分析发现，房价收入比与住房产权的交互项系数是负的，但是却并不显著，也就是说虽然住房产权对新市民定居意愿有一定的正向调节作用，但随着房价收入比的上涨，有房家庭的定居意愿和无房家庭的定居意愿并没有显著差异，这一结论有别于已有文献提出的房价收入比对无房者影响更大。

表8－10　房价收入比与住房产权交互项对定居决策的影响

变量类型	模型(8－2) (全样本)	模型(8－4) (加入房价收入比与住房产权的交互项)
样本量	1859	1859
房价收入比	−0.7737*** (0.0995)	−0.2400 (0.1487)
住房产权	0.4945*** (0.1288)	1.6207*** (0.2726)
住房公积金	2.1864*** (0.1455)	2.2009*** (0.1463)
性别	0.1258 (0.1248)	0.1274 (0.1259)
年龄	0.0568*** (0.0074)	0.0569*** (0.0074)
婚姻	0.057 (0.0213)	0.054 (0.1013)
教育水平	1.1239*** (0.1258)	1.1362*** (0.1271)
工作状况	0.5084*** (0.1273)	0.4858*** (0.1286)
单位类型	0.0318 (0.1288)	0.0297 (0.2726)
行业类型	0.5165*** (0.1313)	0.5334*** (0.1325)
家庭结构	−0.0474 (0.1251)	−0.0200 (0.1263)

续表

变量类型	模型(8-2) (全样本)	模型(8-4) (加入房价收入比与住房产权的交互项)
家庭收入	0.0000 (0.0000)	0.0000 (0.0000)
流动方式	0.0235 (0.1250)	−0.0101 (0.1263)
迁入时间	0.0599*** (0.0078)	0.0593*** (0.0078)
房价收入比×住房产权		−0.9422 (0.1991)
对数似然	−796.6529	−785.3148
卡方	977.8816	1000.5578

注：括号内为对应的 t 统计量的值；***、**、*分别表示在1%、5%、10%显著水平上显著。

进一步按照是否有住房，将整体样本分成有住房和没有住房两个分样本，分别用Logit模型进行回归，见表8-11。模型(8-5)和模型(8-6)的回归结果表明，无论是否拥有住房，房价收入比对新市民的定居意愿均有显著的负向影响。显然拥有住房产权并没有显著缓解高房价给新市民带来的生活压力，现阶段房价影响新市民定居决策的传导机制中，挤出效应占据主导地位。

表8-11　房价收入比对定居决策的影响：是否有房的影响

变量类型	模型(8-2) (全样本)	模型(8-5) (有住房)	模型(8-6) (无住房)
样本量	1859	1101	758
房价收入比	−0.7737*** (0.0995)	−1.1896*** (0.1340)	−0.2298*** (0.1620)
住房产权	0.4945*** (0.1288)		
住房公积金	2.1864*** (0.1455)	2.3524*** (0.1859)	2.0690*** (0.2503)
性别	0.1258 (0.1248)	−0.0289 (0.1601)	0.3620* (0.2128)
年龄	0.0568*** (0.0074)	0.0471*** (0.0095)	0.0739*** (0.0124)

续表

变量类型	模型(8-2) (全样本)	模型(8-5) (有住房)	模型(8-6) (无住房)
婚姻	0.057 (0.1313)	0.054 (0.1692)	0.49 (0.2232)
教育水平	1.1239*** (0.1258)	1.0492*** (0.1619)	1.4184*** (0.2187)
工作状况	0.5084*** (0.1273)	0.4386*** (0.1624)	0.5873*** (0.2197)
单位类型	0.0364 (0.0074)	0.0316 (0.0095)	0.0286 (0.0124)
行业类型	0.5165*** (0.0213)	0.5062*** (0.1013)	0.5860*** (0.089)
家庭结构	−0.0474 (0.1251)	−0.1280 (0.1609)	0.1162 (0.2132)
家庭收入	0.0000 (0.0000)	0.0000 (0.0000)	0.0000 (0.0000)
流动方式	0.0235 (0.1250)	0.1103 (0.1605)	−0.2738 (0.2140)
迁入时间	0.0599*** (0.0078)	0.0483*** (0.0099)	0.0833*** (0.0134)
对数似然	−796.6529	−484.5161	−282.9442
卡方	977.8816	551.3134	438.8121

注：括号内为对应的 t 统计量的值；***、**、*分别表示在1%、5%、10%显著水平上显著。

(二)住房价格挤出效应的个体差异

为讨论房价收入比对不同教育水平群体的影响，在模型中加入房价收入比与教育水平的交互项，回归结果显示房价收入比与教育水平的交互项不显著，房价收入比对不同教育水平的新市民定居意愿的影响并没有显著差异。进一步将样本分为本科以下和本科及以上两个分样本，分别检验房价收入比对分样本定居意愿的影响，结果如表8-12。回归结果表明，房价收入比对不同教育水平的新市民定居意愿的影响均显著为负，但是从分样本的边际效应来看，高房价对低学历新市民定居意愿的边际效应更大。其原因一方面由于低学历群体工作稳定性相对高学历群体而言较弱，换工作流向其他城市的概率更高，因此房价收入比对低学历群体的边际作用更大；另一方面也可能是因为高学历群体的平均收入更高，支付购房款的能力更强，而低学历群体由于收入较低，对住房价格的敏感性更高，因此迁入地房价的上涨对低学历群体的影响更大。

表 8－12　房价收入比对定居决策的影响：教育水平的差异

变量类型	模型(8－2) (全样本)	模型(8－7) 加入房价收入比与 教育水平交互项	模型(8－8) 本科及以上	模型(8－9) 本科以下
样本量	1859	1859	944	915
房价收入比	−0.7737*** (0.0995)	−0.8258*** (0.1428)	−0.7581*** (0.1375)	−0.8775*** (0.1505)
住房产权	0.4945*** (0.1288)	0.4941*** (0.1288)	0.4003** (0.1775)	0.6459*** (0.1924)
公积金	2.1864*** (0.1455)	2.1815*** (0.1458)	2.2933*** (0.1986)	2.0901*** (0.2200)
性别	0.1258 (0.1248)	0.1244 (0.1248)	−0.0055 (0.1701)	0.2562 (0.1869)
年龄	0.0568*** (0.0074)	0.0569*** (0.0074)	0.0535*** (0.0098)	0.0609*** (0.0115)
教育水平	1.1239*** (0.1258)	1.0044*** (0.2655)	0.0000 (0.0000)	0.0000 (0.0000)
婚姻	0.057 (0.0213)	0.054 (0.1013)	0.49 (0.089)	0.41 (0.052)
工作状况	0.5084*** (0.1273)	0.5093*** (0.1273)	0.5559*** (0.1723)	0.4010** (0.1923)
单位类型	0.0346 (0.1273)	0.0371 (0.1273)	0.0249 (0.1723)	0.0221 (0.1923)
行业类型	0.5165*** (0.1313)	0.5161*** (0.1313)	0.4499** (0.1764)	0.5452*** (0.2002)
家庭结构	−0.0474 (0.1251)	−0.0451 (0.1252)	−0.1186 (0.1701)	0.0688 (0.1878)
家庭收入	0.0000 (0.0000)	0.0000 (0.0000)	0.0000 (0.0000)	0.0000 (0.0000)
流动方式	0.0235 (0.1250)	0.0245 (0.1250)	0.2228 (0.1701)	−0.2478 (0.1886)
迁入时间	0.0599*** (0.0078)	0.0600*** (0.0078)	0.0492*** (0.0105)	0.0758*** (0.0119)
房价收入比× 教育水平		0.0999 (0.1958)		
对数似然	−796.6529	−796.5227	−428.3302	−359.3926
卡方	977.8816	978.1421	396.3854	425.6560

注：括号内为对应的 t 统计量的值；***、**、*分别表示在1%、5%、10%显著水平上显著。

第四节 数字经济时代住房因素对市民定居意愿的影响及政策性建议

对于刚刚步入大城市工作的年轻人来说，首先要面临的问题就是住房。解决新市民住房难、住房贵等住房保障性问题已成为杭州市政府乃至全国性工作的重要方向，北京、上海、深圳等城市已将共有产权房试点纳入保障范围，为数亿住房困难群众提供了住房保障。杭州作为新一线城市和特大城市，租房人口占常住人口的比例已达到40%以上，人口净流入量也逐年上升。为留住新青年、新人才，建设保障性住房的工作已成为重中之重。

一、数字经济时代住房因素对新市民定居意愿的影响

在数字经济时代，住房因素林林总总，对于新市民定居意愿的影响也体现在方方面面。

(一)房价是影响新市民定居决策的重要因素

根据调研及定居决策模型分析，新市民定居杭州的意愿不强，主要原因是杭州房价高昂，绝大多数新市民家庭无法购置一套属于自己的住宅。初来杭州的新市民在了解到杭州市房地产市场的天价数字后，往往萌生返乡的想法，甚至许多新市民偕伴侣在杭州打拼多年，却只能以租赁的方式获得自己的居所，仍旧没有经济实力支付房子的首付和商业贷款每月的按揭。大多数新市民面对住房压力望而却步，动摇其定居杭州的意愿。

(二)拓宽住房公积金使用渠道可以增强新市民定居意愿

在对新市民在未来两年是否有新购住房意向的调研中，一些新市民由于没钱付首付、无按揭还款能力，因而在短时间内没有购房的打算。调查对象中68.59%的新市民缴存了住房公积金，并且相当一部分人对公积金的相关政策和用途有一定的了解。从调查中可以发现新市民对住房公积金的关注度较高，有利于日后购买房产使用公积金贷款减少按揭还款的压力。根据定居决策模型分析，缴存住房公积金未能起到增强新市民定居意愿的作用。主要原因在于，目前住房公积金的使用渠道较为局限，对收入和储蓄不高的新市民群体购房支持力度和生活改善程度不高，未完全实现住房公积金让更多的人承担得起购房月供还款金额的设立目标，需要进一步拓宽住房公积金的使用渠道，从而让新市民群体在杭州买得起房，生活能有保障，并愿意留在杭州。

(三)实施保障性住房政策有利于新市民在杭州安家

对于初入杭州的新市民来说，大多会遇到阶段性的住房困难问题，尤其是刚刚毕业、初入职场的新市民、青年人收入不高，支付每月房租的压力很大，甚至占月工资收入的三分之一到三分之二。与此同时，长期以来我国房地产市场供给重视销售轻视

租赁，政策支持很少关注到规模庞大的租赁市场，租赁与购买市场在结构上是失衡的。当前租赁房源缺少符合新市民和青年人需求的小户型，这个群体租不到好房的问题相当突出。针对以上诸多租房困境，杭州市实施保障性住房政策有利于解决新市民的住房问题，能够有效促进新市民来杭州安家落户。

二、数字经济时代住房因素对市民定居意愿影响的政策性建议

在分析数字经济时代住房因素对市民定居意愿影响的基础上，从杭州房地产市场的实际出发，坚持"房住不炒"的理念，提出可行性较强的政策性建议，以期为坚定新市民定居意向助力。

(一)明确和制订可获得住房保障人员的标准

在确保不影响本地户籍人口保障供应的基础上解决杭州新市民住房问题的同时，也要尽可能避免"以租代租"和"以租代售"现象的发生。可将新市民按照收入水平划分为中等收入人群和低收入人群两个群体，在住房保障方式上，可以分别采取各不相同的住房保障形式，即对中等收入群体以购买性住房保障为主，实施以提供经济适用房、限价房或共有产权住房等为主体的保障形式；对低收入群体提供保障性租赁住房，实现"应保尽保"。

(二)建立与完善住房保障政策

杭州市政府应该健全"租购并举"的住房保障体系，加强以公租房、保障性租赁住房和共有产权住房为主体的住房保障制度建设。梳理清楚保障性租赁住房的需求、房屋资源情况和存量土地，用好用实农村集体建设性用地、园区的配套用地、企事业单位的闲置用地、闲置的存量房屋和废弃用地，为建设和筹措保障性租赁住房提供依据，并且适当利用新供应国有建设用地。建立与完善住房保障政策，构建满足杭州新市民多元化需求的，以经济适用房、公共租赁房、共有产权房等为主体的住房保障体系；发挥合力作用，积极鼓励用人单位和民间资本参与外来职工住房建设，推进杭州市保障性租赁住房落地开花结果；加快建立联动协调的审批机制，强化房源筹集的政策保障，形成政府、用人单位和民间资本共同参与的外来务工人员保障住房建设和供给的新格局。

(三)降低保障性租赁住房的运营成本

保障性租赁住房的租金要比周边同等地段、同等装修房屋价格低，为使承租人可以承受租金的压力，又让投资主体可持续运营，这就需要杭州市政府通过土地、税收、金融，甚至水电政策的优惠，鼓励金融企业建立健全面向保障性租赁住房建设运营主体的租赁住房贷款产品体系，降低保障性租赁住房的建设和运营成本，或对相关开发建设的企业进行资金上的补贴，降低其运营成本。政府还应建立保障性租赁住房维修资金制度，将定期从每套保障性租赁住房的租金中提取一定比例的维修费用作为制度予以坚持，专款专用于整个经济寿命期内房屋的维修，这不仅对于保障性租赁住房的

保值增值发挥重要作用，而且有助于推进“以租养房”政策的良性循环。

（四）提高住房公积金可贷款额度

杭州多家银行商业贷款利率在2021年实现五连涨，一些银行首套住房贷款利率突破6.3%，二套住房贷款利率高达6.4%。而住房公积金贷款的利率只有3.25%，但是，公积金的贷款存在贷款时间长的问题，部分房地产企业不支持公积金贷款，贷款额度也较低，家庭购房的公积金贷款最高额度不超过100万元。

随着杭州日益增长的房价，100万元的贷款额度不过杯水车薪，远远满足不了购房者的需求，对于新市民来说仍然要负担巨额的利息。因此，提高住房公积金贷款额度能有效提高新市民购房的可能性，让新市民付得起首付、还得起月供，能够实现拥有独立产权住宅的愿望，从根本上实现新市民在杭州定居。

（五）拓宽住房公积金的使用渠道

为了更好地满足新市民的居住需求，提高住房公积金的使用效率和便利性，应拓宽住房公积金的使用渠道。具体措施包括允许市民使用住房公积金支付首套购房的首付款，提高租房市民的住房公积金提取额度，覆盖市民在装修、维修、家居改善等方面多元化的住房需求；鼓励家庭成员间互助使用住房公积金，例如允许子女使用父母的住房公积金购买首套住房，或者允许父母使用子女的住房公积金支付养老住房的费用；允许住房公积金跨地区转移和使用，消除地域限制，方便异地购房或租房。

（六）控制杭州市房价市场

随着城市经济水平的提升和G20峰会的举办，杭州市一举成为全国一线城市，对杭州市房地产市场的投资成为大多数企业和外商资本的选择。同时，杭州市人口净流入量逐年提升，对房屋住宅的需求数量和需求品质都在提高。

这一系列的原因成为杭州市房地产市场价格攀升的源头，而新市民流入杭州，面对高昂的房价，萌生出退出杭州之意。因此，控制杭州房价市场是将新青年、新人才留在杭州的有效手段之一。

在杭州房地产市场当中，可以发现$90m^2$以下房屋的单价比$120m^2$以上房屋的单价高1.5倍不止，存在着刚需住房比改善性住房单价高的现象。而对于杭州新市民来说，$90m^2$以下的住宅是其购房的首选，而改善性住房是资金较雄厚的家庭的购买选择。由此提出建议，适当控制和降低杭州市房地产市场的价格，主要是降低$90m^2$以下小面积住宅的价格水平，控制$120m^2$以上改善性住房的价格标准，实现“房住不炒”，满足年轻群体住房的刚性需要，让更多的新市民住得起房、买得起房。

参考文献

[1]孙一平. 从数字技术到数字职业：内涵、特征与类型[J]. 中国人事科学，2023(2)：23-30.

[2]何玉长，王伟. 数字生产力的性质与应用[J]. 学术月刊，2021，53(7)：55-66.

[3]国务院发展研究中心“国际经济格局变化和中国战略选择”课题组. 全球技术变革对国际经济格局的影响[J]. 中国发展观察，2019(6)：11-20.

[4]王政. 我国移动物联网连接数占全球70%[N]. 人民日报，2023-01-30(1).

[5]易宪容，陈颖颖，位玉双. 数字经济中的几个重大理论问题研究：基于现代经济学的一般性分析[J]. 经济学家，2019(7)：23-31.

[6]强化数字引领 推动高质量发展：二〇二二数字经济论坛发言摘编(一)[N]. 人民日报，2022-11-08(10).

[7]国家统计局. 数字经济及其核心产业统计分类(2021)[J]. 中华人民共和国国务院公报，2021(20)：16-30.

[8]安筱鹏. 推动数字经济和实体经济深度融合：数实融合重构企业创新模式[N]. 经济日报，2022-09-23(11).

[9]强化数字引领 推动高质量发展—：二〇二二数字经济论坛发言摘编(二)[N]. 人民日报，2022-11-09(17).

[10]钟华. 企业IT架构转型之道：阿里巴巴中台战略思想与架构实战[M]. 北京：机械工业出版社，2017.

[11]杨虎涛. 新基建的新意义[J]. 红旗文稿，2020(10)：24-26.

[12]任保平，张倩. 中国式现代化新征程中高质量数字基础设施建设的新要求和实现路径[J]. 求是学刊，2023，50(2)：48-56.

[13]涂子沛. 数据之巅：大数据革命、历史、现实与未来[M]. 北京：中信出版社，2014.

[14]迈尔-舍恩伯格，库克耶. 大数据时代：生活、工作与思维的大变革[M]. 盛杨燕，周涛，译. 杭州：浙江人民出版社，2013.

[15]李惠玲，王婷，周海锐. 基于区块链技术的房产信息共享平台研究[J]. 工程经济，2019，29(5)：46-49.

[16]周海荣. 从应用场景来探讨物联网时代应急广播体系技术架构搭建[J]. 中国传媒科技，2021(6)：143-148.

[17]何昊宸. 人工智能与计算智能在物联网方面的应用探究[J]. 软件，2022，43(7)：98－100.
[18]王新建. 区块链技术在房产信息全国联网中的应用[J]. 中国房地产(上旬刊)，2019(2)：20－23.
[19]中国房地产估价师与房地产经济人学会. 房地产经纪职业导论[M]. 3版. 北京：中国建筑工业出版社，2020.
[20]刘建利. 我国房地产经济信息共享系统研究[M]. 北京：中国建筑工业出版社，2019.
[21]陈淑云，张颖，张冬阳. 数字经济与房地产中介：创新 or 摧毁：以贝壳找房为个案[J]. 湖北社会科学，2023(6)：73－84.
[22]郑根让，史志强，何成，等. 1+X证书制度下以书证融通重构专业核心课程体系：以WEB前端开发证书与软件技术专业为例[J]. 职业教育研究，2020(1)：12－17.
[23]帅珍珍. 数字化时代房地产的营销趋势研究[J]. 上海商业，2022(1)：47－49.
[24]吴超，赵静，罗家鹰，等. 营销数字化：一路向C，构建企业级营销与增长体系[M]. 北京：机械工业出版社，2023.
[25]波特. 竞争优势[M]. 陈小悦，译. 北京：华夏出版社，2005.
[26]长青，黄荟婕，张璐，等. 企业能力视角下价值主张形成机理研究：以小米公司为例[J]. 科技进步与对策，2020，37(13)：102－111.
[27]吴宪和. 分销渠道管理[M]. 4版. 上海：上海财经大学出版社，2021.
[28]肖飞，刘文超，郭文华，等. 基于大数据的房地产分析与决策支持系统设计与实现[J]. 国土资源信息化，2021(3)：34－39.
[29]沈梅. 企业管理决策支持系统[M]. 昆明：云南大学出版社，2007.
[30]龚英. 贵州易地扶贫搬迁新市民就业质量提升路径研究[J]. 贵州开放大学学报，2023(1)：63－68.
[31]周颖刚，蒙莉娜，卢琪. 高房价挤出了谁?：基于中国流动人口的微观视角[J]. 经济研究，2019，54(9)：106－122.
[32]丁怡婷，徐靖，洪秋婷. 让新市民租得起住得好[N]. 人民日报，2021－07－31(2).
[33]周之文，周克足. 数字经济：国家战略行动路线图[M]. 北京：中国经济出版社，2023.
[34]王喜富，陈肖然. 智慧社区：物联网时代的未来家园[M]. 北京：电子工业出版社，2015.
[35]卜妙金. 分销渠道管理[M]. 2版. 北京：高等教育出版社，2007.
[36]郭毅. 市场营销学原理[M]. 北京：电子工业出版社，2001.

[37]马化腾，孟昭莉，闫德利，等. 数字经济：中国创新增长新动能[M]. 北京：中信出版社，2017.
[38]杨新臣. 数字经济：重塑经济新动力[M]. 北京：电子工业出版社，2021.
[39]陈亚萍. 新型智慧社区：基层社会治理模式创新[M]. 北京：人民日报出版社，2020.
[40]陈根. 互联网＋房地产：万亿市场的角逐[M]. 北京：电子工业出版社，2017.
[41]张秀智，黄英，曹伊清，等. 房地产经纪理论与实务[M]. 北京：中国人民大学出版社，2021.
[42]高军，杨现领. 看见可能：迎接新经纪时代[M]. 厦门：厦门大学出版社，2023.
[43]贝壳认证考试部，贝壳研究院. 数字化时代的房地产经纪理论与实务[M]. 北京：中国建筑工业出版社，2022.
[44]住房和城乡建设部政策研究中心，平安银行地产金融事业部. 房地产业转型、升级与创新研究[M]. 北京：中国建筑工业出版社，2019.
[45]王喜文. 智能＋：《新一代人工智能发展规划》解读[M]. 北京：机械工业出版社，2019.
[46]王维莉，等. 人工智能赋能智慧社区[M]. 上海：上海科学技术出版社，2021.
[47]吴伟巍. 房地产网络平台信任机理及价格结构[M]. 南京：东南大学出版社，2018.
[48]李翔宇，刘涛. 认识数字新基建[M]. 北京：机械工业出版社，2022.
[49]曹磊，陈灿，郭勤贵，等. 互联网＋：跨界与融合[M]. 北京：机械工业出版社，2015.
[50]张义勇，龙东平. 透视长租公寓行业[M]. 北京：电子工业出版社，2020.
[51]塔普斯科特 T，塔普斯科特 A. 区块链革命：比特币底层技术如何改变货币、商业和世界[M]. 凯尔，孙铭，周沁园，译. 北京：中信出版社，2016.
[52]爱德地产研究院. 地产数智化经营[M]. 北京：中信出版社，2020.
[53]麦德奇，布朗. 大数据营销：定位客户[M]. 王维丹，译. 北京：机械工业出版社，2014.
[54]亚瑟. 大数据营销：如何让营销更具吸引力[M]. 姜欣，任东英，温天宇，等译. 北京：中信出版社，2014.
[55]王学敏，姚文豪，高雨涛，等. 房地产智慧企业[M]. 北京：清华大学出版社，2020.
[56]明源地产研究院. 房企数字化制胜[M]. 北京：中信出版社，2019.
[57]项勇，冉先进，魏军林. 互联网＋建筑：产业转型升级路径研究[M]. 北京：中国经济出版社，2018.

[58]袁国宝. 新基建：数字经济重构经济增长新格局[M]. 北京：中国经济出版社，2020.
[59]明源地产研究院. 中国房企新战略[M]. 北京：中信出版社，2021.
[60]腾讯科技频道. 跨界 2：十大行业互联网+转型红利[M]. 北京：机械工业出版社，2015.
[61]欣奇克利夫，金姆. 塑造互联网思维的企业[M]. 赵俐，苏宝龙，张猛，译. 北京：人民邮电出版社，2015.
[62]张嘉卿. 房地产传统营销与网络营销实战全案[M]. 北京：化学工业出版社，2018.
[63]北京国际信托有限公司，等. 中国长租公寓市场投融资研究[M]. 北京：中国金融出版社，2019.
[64]江晓东. 实战大数据：DT 时代智能组织工作方法[M]. 北京：中信出版社，2016.
[65]吴信东，徐凯波，沈桂兰，等. 营销智能[M]. 北京：科学出版社，2022.
[66]阳冀. 人工智能营销[M]. 北京：中国人民大学出版社，2019.
[67]陈国胜，陈凌云. 数字营销[M]. 大连：东北财经大学出版社，2021.
[68]叶剑平，邹晓燕. 房地产市场营销[M]. 3 版. 北京：中国人民大学出版社，2023.
[69]中国网信编辑部. 春风化雨润神州：习近平总书记指引数字文化建设述评[J]. 中国网信，2023(4)：4-11.
[70]肖周燕，李慧慧. 中国主要城市群人口迁移倾向研究：基于百度指数的应用[J]. 人口与经济，2021(4)：22-36.
[71]余华义，陈东. 中国地价、利率与房价的关联性研究[J]. 经济评论，2009(4)：41-49.
[72]李真，王伟. 保障性住房投融资研究[J]. 财会研究，2014(7)：78-80.
[73]任宏，王波. 浅析经济适用房的选址[J]. 重庆工商大学学报(西部论坛)，2005(1)：74-76.
[74]郑思齐，张英杰. 保障性住房的空间选址：理论基础、国际经验与中国现实[J]. 现代城市研究，2010，25(9)：18-22.
[75]杜静，赵小玲. 我国保障性住房选址的决策因素分析：以南京市为例[J]. 工程管理学报，2012，26(1)：84-88.
[76]李伟军，吴义东. 住房公积金、金融知识与新市民住房租购决策：基于 CHFS 的证据[J]. 中南财经政法大学学报，2019(4)：139-148.
[77]谢海生，李怡晴. 新市民住房问题解决思路初探[J]. 中国房地产，2019(22)：

13 -16.

[78]许帅文，汪灏，汪夏明，等. 新市民租房需求影响因素研究[J]. 建筑经济，2020，41(3)：104 - 108.

[79]刘玉波. 连云港市新市民住房问题研究[J]. 淮海工学院学报(人文社会科学版)，2019，17(11)：110 - 112.

[80]肖建，邢磊. 嘉兴新居民定居城市意愿与影响因素分析[J]. 嘉兴学院学报，2013，25(2)：44 - 47.

[81]李长安，刘娜. 多措共举破解"新市民"住房难[J]. 人民论坛，2019(19)：78 - 79.

后　记

党的二十大提出加快发展数字经济，促进数字经济和实体经济深度融合。《“十四五”数字经济发展规划》从顶层设计上明确了我国数字经济发展的总体思路、发展目标、重点任务和重大举措。房地产企业借助数字化的浪潮，依托大数据、区块链、移动互联网、虚拟现实、人工智能为支撑的数字经济发展技术，加之国家层面数字化转型相关政策的支持，将产业数字化作为房地产业数字经济发展的新引擎，促进数字技术与房地产业深度融合，赋能房地产业转型升级。诸如房地产经纪业务数字化转型的路径，房地产营销数智化转型的实践探索，社区服务数字化重构的理论与实践，数字赋能长租公寓商业模式优化升级的影响因素，对于数字经济时代房地产业发展趋势的展望等，都是需要在理论和实践上进行深入研究的问题。

作为长期在高等职业院校从事房地产专业教育教学工作的青年教师，担负着培养职业技术专门人才的使命和任务，这也使得我在长期的科学研究和教学研究工作中，一直关注着房地产学科的建设和发展，重视房地产专业学生的培养和就业工作。坚持教学与科研相结合，教学相长；注重校企融合的实习实训，为学生厚植理论基础和提升专业技能奠定基础。

本书在研究和写作的过程中，花费了大量的时间和精力收集整理资料、设计调查问卷、统计调查结果，进行理论探讨和案例总结分析。从研究思路、设计框架和拟定写作提纲，到写作过程中的数次修改完善，付出了辛苦和努力。

本书研究、写作过程中，参考借鉴了学术界许多专家学者的研究成果，在此对相关作者表示真挚的感谢。由于水平有限，本书难免存在不足之处，希望学界的同仁和读者朋友批评指正。

本书的出版得到西安交通大学出版社领导和责任编辑的大力帮助，得到浙江金融职业学院的全力支持以及学院领导和同事的帮助及鼓励，在此一并表示深深的谢意。

贾甜夏

2024 年 3 月于杭州